생성형 AI 도시 읽기

- 미래도시 라이프스타일과 함께 -

원제무

pnc
publishing and culture
피앤씨미디어

머리말

불과 10년 전 까지만 해도 상상할 수 없던 일들이 현실화되고 있다. 도시에서 AI 기술을 포함한 디지털기술이 하루가 다르게 변혁을 거듭하고 있다. SF영화에서나 등장하던 가상현실이 이제 현실 속으로 들어오고 있다. AI 기술 덕분이다.

도시계획 관련분야의 공부하면서 우리는 AI 기술의 본질과 이 AI 기술 속에서 도시가 추구해야 할 목표지향성과 비전을 제대로 인식하고 있는가? 성찰하지 않을 수 없다.

이 책은 AI가 도시에 주는 의미와 함의를 살펴봄으로써 우리의 도시계획적 사고와 지식의 지평을 넓혀 보려는 의도로 집필되었다. 그렇게 함으로서 AI가 열어주는 도시 AI, AI 어바니즘, AI 에이전트에 대한 이해도 보다 깊게 할 수 있기 때문이다.

이 책의 대부분의 장은 독자분들의 미래도시에 대한 상상력을 자극하기 위해 2035년을 목표 년도로 하여 AI 기술의 발전 트랜드를 미래에 미리 투영해본 장면들로 출발한다.

2035년, AGI 기반 도시 "AI 어바니즘 시티 네오" 오신 것을 환영합니다!

#장면1 도시 계획 과정

시민 여러분, 안녕하세요! 오늘은 AI 어바니즘 시티 네오의 새로운 공원 조성 계획에 대한 의견을 듣고 싶습니다! AGI "알파"가 여러분의 의견을 실시간으로 분석하고, 3D 시뮬레이션을 통해 다양한 공원 디자인을 보여드릴 거예요. 마음에 드는 디자인에 투표하고, AI 아바타를 통해 토론에도 참여해 보세요!

#장면2　교통 계획

AGI "엡실론" 덕분에 교통 체증은 옛말이 되었습니다. 자율 주행 시스템과 스마트 모빌리티가 완벽하게 연동되어 최적의 경로를 안내하고, 교통 혼잡을 예방하죠. 실시간 교통 정보는 물론, 개인 맞춤형 경로 안내까지 제공되어 시민들은 편리하고 안전하게 이동할 수 있습니다.

#장면3　모빌리티 서비스

스마트 시티 네오에서는 다양한 모빌리티 서비스를 이용할 수 있습니다. 자율 주행 택시, 공유 자전거, 드론 택배 등 AGI "이오타"가 최적의 모빌리티 서비스를 연결해주고, 실시간 교통 상황을 반영하여 최적 경로를 안내합니다. 시민들은 편리하고 효율적으로 이동하며 시간을 절약할 수 있죠.

#장면4　도시 건축 설계

이 건물은 AGI "감마"가 설계한 친환경 스마트 빌딩입니다. 에너지 효율을 극대화하고, 햇빛, 바람, 온도 등 주변 환경에 최적화된 디자인이죠. 내부 환경은 AI가 실시간으로 조절하여 언제나 쾌적함을 유지합니다.

#장면5　환경 계획

AGI "델타"는 도시 곳곳의 센서를 통해 대기 질, 수질, 토양 오염을 실시간으로 모니터링하고 분석합니다. 오염 발생 시 즉각적인 원인 분석과 함께 최적의 환경 개선 전략을 제시하죠. 덕분에 스마트 시티 네오는 언제나 깨끗하고 건강한 환경을 유지합니다.

#장면6　문화 시설

AGI "제타"는 시민들의 문화 활동을 분석하여 취향에 맞는 공연과 전시를 추천합니다. 새로운 문화예술 시설 건립 계획에도 AGI가 활용됩니다. 시민 의견 수렴, 이용패턴 분석, 최적 위치 선정까지, AGI가 모든 과정을 지원하여 시민들에게 최고의 문화예술 경험을 선사합니다.

#장면7　공원 녹지 계획

도심 속 푸른 오아시스, 스마트 시티 네오의 공원은 AGI “에타”가 관리합니다. 시민들의 이용 패턴을 분석하여 편의시설을 개선하고, 다양한 프로그램을 제공하죠. 도시 녹지 현황을 실시간으로 파악하여 녹지 공간 확보 계획도 수립합니다.

위 장면들은 물론 이 책에 담겨있는 내용이다. 이 책에서 2035년 AGI 기반 도시에서 시민 참여, 지속가능성, 스마트 기술을 통해 시민 삶의 결이 높아진 인간중심도시를 이루어 낸다는 가상도시의 예를 보여준 것이다.

AI 도시와 현실 도시의 경계가 모호해지고 있다. 가상 현실과 AI 비서가 언제든 우리 손가락의 지시에 따르려고 항상 대기하고 있다. 챗GPT 와 같은 생성형 AI는 기존의 일하는 방식과 사람 간의 소통에 있어서 새로운 지평을 열어 가고 있다. 마치 250년 전의 증기기관이 세상 사는 판을 뒤집어 놓은 것처럼 거대한 진환짐이라 아니힐 수 없다.

이제 이런 눈부신 AI 개발의 성과를 도시관련 학과 학도들이 어떻게 도시라는 다양한 그물망에 엮어 넣느냐 하는 과제가 우리 앞에 놓여 있다. 이 책은 이러한 지적 호기심과 질문을 풀어가는 조그마한 열쇠 노릇을 하고자 한다. 이러한 관점에서 이 책은 도시관련학문을 전공하는 대학생과 대학원생들에게 초점을 맞추었다.

석사나 박사학위 연구생들이 연구과제물이나 논문을 시작할 즈음 “아! 나는 이 AI 관련 도시연구과제를 시작하려는 데 어디서부터 어떻게 시작해야 하는지 모르겠어” 이런 고민과 질문이 떠오를 때 도움이 되도록 이 책을 계획하였다.

전문가라는 꿈을 품고 도시계획, 도시학, 도시건축설계, 교통계획, 교통공학, 환경계획, 관광학, 부동산, 금융, 통계학 등 다양한 분야에서 열정적으로 공부하고 연구하는 대학생과 대학원생들에게 이 책, “생성형 AI 도시읽기 ”는 여러분들이 AI 시대의 도시를 이해하고, 미래 도시를 만들어갈 주역으로 성장하는 데 도움을 주기 위한 것이다.

이 책의 첫 번째 주제는 "21세기에 들어와 AI는 어떻게 진화되어 오는가?"이다. 2012년 6월, 구글은 인공지능(AI)이 스스로 고양이 얼굴을 인식하는 데 성공했다고 발표하며 전 세계를 놀라게 했다. 이는 단순한 기술적 진보를 넘어, AI 발전의 새로운 패러다임을 예고하는 역사적인 사건으로 기록된다. 딥 러닝이라는 강력한 기술을 통해 AI는 인간의 도움 없이 스스로 학습하고 발전하는 능력을 획득했다. 2012년 구글 고양이 인식 사건 이후 시작된 AI의 자율 학습 능력 발전은 딥러닝, LLM, LMM 등 혁신적인 모델들을 탄생시키며 눈부신 진화를 거듭해 왔다. 각 모델은 고유한 기술적 특징을 바탕으로 도시 계획, 도시 건축 설계, 교통 계획 및 모빌리티(Mobility) 서비스 등 다양한 도시 분야에서 혁신적인 변화를 가져올 잠재력을 잉태하고 있다.

두번째 주제 속의 첫 번 소주제인 도시 AI 읽기에서는 AI 기반도시인 도시 AI의 개념을 파 해치고 논한다 도시 AI(Urban AI)는 도시 내에서 AI 기술을 다양한 도시 관리와 운영에 적용하는 것을 말한다. 도시 AI는 도시 내의 다양한 데이터를 수집, 분석하여 도시계획, 도시설계, 교통시스템, 공원녹지, 인프라의 효율성과 형평성을 향상시키고 시민의 삶을 편리하게 만드는 데 사용된다. 이어서 두 번째 소주제는 'AI 비서(Agent)와 인간 계획가가 만드는 도시이다. 여기서는 우선 AI 비서가 도시계획과정에서 인간 계획가를 어떤 방식으로 무엇을 도와주는 가에 대해 논의한다. 그다음 소주제인 'AI 계획가(AI Planner)가 어디에서 일하는지에 따라 역할이 달라진다' 에서는 AI 계획가가 도시계획과정의 단계 별로 어떠한 역할을 하는가에 따라 계획과정에서 개입수준과 의사결정 권한이 달라지는 내용을 학습한다.

이 책의 세 번째 주제는 AI 발전사이다. AI는 딥 러닝은 맥컬럭-피츠모델(McCulloch-Pitts)→햅(Hebb)의 이론→퍼셉트론(Percetron)→인공신경망(AI)→딥 러닝(Deep Learning) 순으로 개발되어왔다 1943년 맥컬록-피츠(McCulloch-Pitts)는 인간의 뇌를 기계적으로 모델링하기 위해 시도했다. 선형 임계 값 게이트로 인간의 뇌를 닮은 기계회로를 설계하면 인간의 뇌를 on-off 상태를 나타내는 이진법 논리모델의 결합하는 아이디어 등이다. 1948년 튜링(Turing)은 기계가 지능적 행동을 나타낼 수 있도록 하는 방법을 논의한 보고서 '지능을 가진 기계(Intelligent Machinery)'를 발표했다.

그 후 1949년에 햅(Hebb)은 "함께 활성화되는 뉴런들은 연결이 강화된다는 이론을 이어서 발표한다. 이는 학습과 기억의 신경 메커니즘을 설명하는 데 중요한 역할을 해왔다. 곧 이를 토대로 퍼셉트론이 나오면서 머신 러닝을 거쳐 딥러닝으로 이어지게 된다.

네번째 주제는 '멀티모달 AI 에이전트가 AI 도시계획가 (AI Planner)'이다. 여기서는 우선 멀티모달 AI 비서가 도시계획과정에서 계획가(인간)를 어떤 방식으로 무엇을 도와주는 가에 대해 논의한다. 멀티모달 AI 에이전트의 역할은 인간 계획가 간의 상호 소통과 작용 방식을 변화시키고, 텍스트, 음성, 영상 등 다양한 소스의 정보를 공유한다. 멀티모달 AI 에이전트(AI 계획가)는 도시계획가(인간)와 도시문제와 이슈 등에 관한 경험과 판단을 멀티모달리티(텍스트, 음성, 영상 등)형식으로 공유하고 생성함으로써 AI 기반 도시계획과정을 획기적으로 개선하게 된다. 멀티모달 AI 에이전트는 상황 인식 및 개인화된 응답을 제공하여 사용자 경험을 개선하고, 여러 데이터 소스를 참조하여 복잡한 환경에서 도시문제 진단과 미래예측에 있어서 정확성을 향상시켜준다.

이 책은 AI, 머신 러닝, 딥 러닝, AI 에이전트가 도시에 주는 의미를 심도 있게 살펴보고 이러한 기술 사조들이 도시계획가의 계획철학에, 그리고 계획실무에 어떠한 영향을 미치고 시사점을 줄 수 있는지에 대한 고민과 성찰도 담고 있다.

이제 AI의 진화로 인해 도시도 세상도 라이프스타일도 완전히 달라졌다. 도시계획, 도시건축설계, 환경계획, 교통계획, 조경계획 등의 학문과 실무 분야가 AI, 머신 러닝, 딥 러닝, AI 에이전트 등에 젖줄을 대고 새로운 시대에 융합적이고 학제 간의 연구를 실천해 나가야 할 이유이다.

2025년 3월

원제무

차 례

Chapter 01 21세기초반 이후 AI의 진화와 도시에 주는 의미

Chapter 02 도시 AI(Urban AI) 읽기

Chapter 01

21세기초반 이후 AI의 진화와 도시에 주는 의미

01 2012년 구글 고양이 인식사건 이후 AI 발전사: 딥러닝 혁명과 범용인공지능 시대로의 초석을 깔다.

1 딥러닝이라는 강력한 기술을 통해 AI는 인간의 도움 없이 스스로 학습하고 발전하는 능력을 획득하다.

2012년 6월, 구글은 인공지능(AI)이 스스로 고양이 얼굴을 인식하는 데 성공했다고 발표하며 전 세계를 놀라게 했다. 이는 단순한 기술적 진보를 넘어, AI 발전의 새로운 패러다임을 예고하는 역사적인 사건으로 기록된다. 이전까지의 AI와는 질적으로 다른, 스스로 학습하는 AI 시대의 개막을 알리는 신호탄이었던 것이다. 2012년 구글의 고양이 얼굴 인식 사건은 AI 발전사에 획기적인 전환점을 마련했다.

딥러닝이라는 강력한 기술을 통해 AI는 인간의 도움 없이 스스로 학습하고 발전하는 능력을 획득했으며, 알파고의 등장은 딥러닝의 잠재력을 전 세계에 입증했다. 현재 AI는 딥러닝을 넘어 더욱 진화된 형태로 발전하고 있으며, 초인공지능 시대의 가능성을 열어가고 있다

본 글에서는 2012년 구글 사건 이후 AI가 딥러닝을 통해, 그리고 딥러닝을 넘어 어떻게 발전해 왔는지 예를 곁들여 구체적으로 심층적으로 분석하고자 한다.

1. 1 2012년 구글 고양이 인식 사건: AI 자율 학습 시대의 서막을 열다

2012년 구글의 발표는 AI 연구 분야에 거대한 파장을 일으켰다. 그 이전의 AI는 마치 숙련된 장인이 정교하게 조각 칼을 다듬어 작품을 만들 듯, 인간 전문가가

데이터의 특징을 일일이 정의해주어야 했다. AI는 인간이 설정해 준 틀 안에서만 데이터를 수동적으로 학습하는, 다소 제한적인 존재였던 것이다.

#비유1. 고양이 사진으로 AI가 배우다.

그러나 구글의 AI는 달랐다. 마치 어린아이가 세상을 탐험하며 스스로 지식을 쌓아가듯, 방대한 이미지 데이터 속에서 스스로 특징을 추출하고 학습하는 놀라운 능력을 보여주었다. 수많은 고양이 사진들을 보여주자, AI는 이미지 속에서 선, 면과 같은 기본적인 요소들을 파악하기 시작했고, 점차 눈, 코, 입과 같은 얼굴 부위의 특징을 인지하기 시작했다. 마침내, 이들을 조합하고 통합하여 '고양이 얼굴'이라는 고유한 이미지 패턴을 스스로 학습하는 경지에 이르렀다.

고양이/ai그림 ejmedi - Illustrations ART street

이는 AI가 인간의 개입 없이 자율적으로 학습하는 단계로 진입했음을 의미하는 획기적인 사건이었다. 마치 오랜 시간 굳게 닫혀 있던 문이 활짝 열리며 새로운 가능성이 펼쳐진 것과 같은 순간이었다.

#비유2. AI가 사과로도 배운다.

마치 어린 아이가 그림책을 보면서 '사과' 그림을 처음 배우는 과정을 떠올려보자. 이전 AI는 "사과는 둥글고 빨갛고 꼭지가 있어" 와 같이 인간이 사과의 특징을 일일이 설명해줘야 겨우 사과를 인식할 수 있었다. 하지만 구글 AI는 수많은 사과 그림을 보여주자, 스스로 '둥근 형태', '붉은 색', '꼭지' 와 같은 사과의 시각적 특징을 추출하고 학습하여, 어떤 그림을 보더라도 '아, 이것은 사과구나' 하고 스스로 판단할 수 있게 된 것이다.

비전시스템

1. 2 딥러닝, AI 자율 학습 능력의 핵심 동력으로 부상하다

(1) 딥러닝은 인간 뇌의 신경망 구조를 모방한 인공신경망을 깊게 쌓아 올려 만든 기술이다.

구글 AI의 고양이 얼굴 인식 성공의 배경에는 딥러닝이라는 혁신적인 기술이 있었다. 딥러닝은 인간 뇌의 신경망 구조를 모방한 인공신경망을 깊게 쌓아 올려 만든 기술이다. 마치 여러 겹의 필터를 거쳐 이미지가 점점 선명해지듯, 딥러닝은 여러 층의 신경망을 거치면서 데이터 속에서 더욱 복잡하고 추상적인 특징들을 효과적으로 추출해낸다.

#비유. 딥러닝 AI는 수많은 요리 데이터를 스스로 학습하여, "이런 종류의 요리에는 어떤 재료를 어떻게 조합해야 맛있는 요리가 되는지"를 스스로 깨닫게 된다

딥러닝을 요리 레시피에 비유해 보자. 이전 AI는 인간이 "이 요리에는 소금 1g, 설탕 2g, 간장 3g을 넣어라" 와 같이 재료의 양과 조리법을 상세하게 알려줘야 요리를 할 수 있었다. 하지만 딥러닝 AI는 수많은 요리 데이터 (재료, 조리법, 맛 평가 등)를 스스로 학습하여, "이런 종류의 요리에는 어떤 재료를 어떻게 조합해야 맛있는 요리가 되는지"를 스스로 깨닫게 된다. 심지어 인간이 알려주지 않은 새로운 레시피를 창조해낼 수도 있는 것이다.

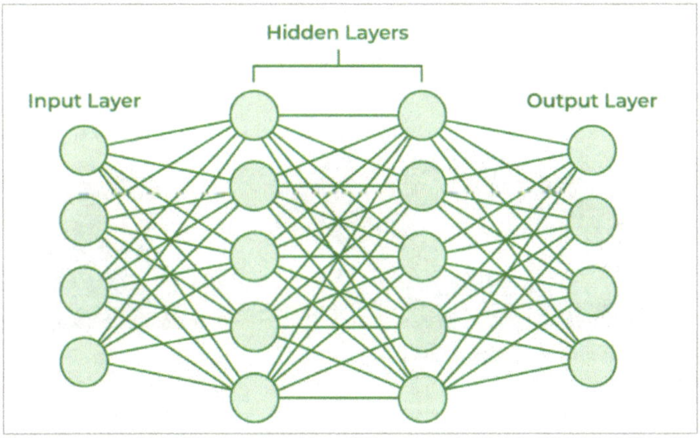

Deep Learning Neural Network, GreekForGreek

(2) 딥러닝은 이미지, 음성, 자연어와 같이 복잡하고 비정형적인 데이터에서 자동으로 특징을 추출하는 탁월한 능력을 발휘한다.

딥러닝은 이미지, 음성, 자연어와 같이 복잡하고 비정형적인 데이터에서 자동으로 특징을 추출하는 탁월한 능력을 발휘하며, AI 연구 분야에 혁명적인 변화를 가져왔다. 2012년 구글 사건 이후, 딥러닝은 AI 발전의 핵심 동력으로 자리매김하게 된다.

1. 3 딥알파고, 딥러닝의 위력을 세상에 증명하다

(1) 알파고의 승리는 AI가 단순한 계산 능력을 넘어, 인간의 고유 영역으로 여겨졌던 직관과 창의력까지 모방하고 뛰어넘을 수 있음을 시사하는 충격적인 사건이었다.

2016년, 딥러닝 기반의 AI '알파고'는 세계 최정상 바둑 기사 이세돌과의 대국에서 압도적인 승리를 거두며 다시 한번 전 세계를 놀라게 했다. 바둑은 경우의 수가 우주 전체의 원자 수보다 많다고 알려진 매우 복잡한 게임으로, 인간 고유의 직관과 창의력이 필요한 영역으로 여겨져 왔다. 알파고의 승리는 AI가 단순한 계산 능력을 넘어, 인간의 고유 영역으로 여겨졌던 직관과 창의력까지 모방하고 뛰어넘을 수 있음을 시사하는 충격적인 사건이었다.

AlphaGo vs Lee Sedol, 네이버 블로그

(2) 딥러닝이 단순한 기술적 도구를 넘어, 인간의 지적 능력을 뛰어넘는 잠재력을 가지고 있음을 전 세계에 각인시키는 계기가 되었다

알파고의 핵심 기술 역시 딥러닝이었다. 알파고는 수많은 바둑 기보 데이터를 학습하여 바둑의 규칙과 전략을 스스로 깨우쳤고, 강화 학습이라는 기술을 통해 스스로 대국을 두면서 실력을 더욱 향상시켜 나갔다. 알파고의 승리는 딥러닝이 단순한 기술적 도구를 넘어, 인간의 지적 능력을 뛰어넘는 잠재력을 가지고 있음을 전 세계에 각인시키는 계기가 되었다.

1. 4 딥러닝을 넘어, 범용인공지능(AGI), 초인공지능(ASI) 시대로 나아가다

(1) 알파고 이후, AI는 딥러닝을 기반으로 더욱 빠른 속도로 발전하고 있다. 이미지 인식, 음성 인식, 자연어 처리 등 다양한 분야에서 딥러닝 기술이 적용되고 있다.

알파고 이후, AI는 딥러닝을 기반으로 더욱 빠른 속도로 발전하고 있다. 이미지 인식, 음성 인식, 자연어 처리 등 다양한 분야에서 딥러닝 기술이 적용되며, 이전에는 상상하기 어려웠던 수준의 성능을 보여주고 있다. 자율주행 자동차, AI 의료 진단, 개인 맞춤형 서비스 등 우리 삶 곳곳에서 AI의 영향력이 점차 확대되고 있으며, 이는 삶의 편리성을 증진시키는 긍정적인 효과를 가져오고 있다.

하지만 AI의 급격한 발전은 동시에 초인공지능(ASI: Artificial Super Intelligence) 시대에 대한 기대와 우려를 낳고 있다. 초인공지능은 인간의 모든 지적 능력을 뛰어넘는 AI를 의미한다. AI가 인간의 통제를 벗어나 스스로 목표를 설정하고 발전해 나갈 경우, 인류에게 예상치 못한 위협이 될 수 있다는 경고도 제기되고 있다.

(2) 2012년 구글 고양이 인식 사건을 기점으로 시작된 AI의 자율 학습 능력 발전은, 인류가 상상해왔던 범용 AI나 초인공지능 시대가 더 이상 먼 미래의 이야기가 아닐 수 있음을 시사하고 있다.

물론, 현재의 AI 기술은 아직 초인공지능과는 거리가 멀다. 여전히 많은 기술적, 윤리적 과제들이 남아 있으며, AI의 미래는 불확실성으로 가득 차 있다. 하지만 2012년 구글 고양이 인식 사건을 기점으로 시작된 AI의 자율 학습 능력 발전은, 인류가 상상해왔던 범용 AI나 초인공지능 시대가 더 이상 먼 미래의 이야기가 아닐 수 있음을 시사하고 있다.

이는 AI가 인간의 개입 없이 스스로 학습하고 성장하는 자율 학습 시대의 개막을 알리는 역사적인 순간이었다. 마치 오랜 겨울잠에서 깨어난 거대한 잠룡이 기지개를 켜듯, AI는 스스로 지능을 발전시켜 나갈 수 있는 잠재력을 세상에 드러내기 시작했다

2 챗GPT 등장까지의 AI 진화 스토리: 딥러닝 혁명과 거대 모델의 시대

2. 1 2012년 이후 딥러닝 기술 심화, 거대 모델의 등장, 자연어 처리 기술의 비약적 발전, 챗GPT의 등장과 AI 대중화

(1) 딥러닝 기술 심화 : 구글 고양이 인식 사건은 딥러닝 기술의 가능성을 입증하며, 이후 딥러닝은 AI 연구의 핵심 패러다임으로 자리 잡았다. CNN(합성곱 신경망), RNN(순환 신경망) 등 다양한 딥러닝 모델 구조가 발전하고, 학습 알고리즘 또한 더욱 정교화되면서 AI는 이미지 인식, 음성 인식, 자연어 처리 등 다양한 분야에서 인간 수준을 뛰어넘는 성능을 발휘하기 시작했다.

(2) 거대 모델의 등장 : 딥러닝 기술 발전과 함께, 막대한 양의 데이터와 컴퓨팅 자원을 활용하여 수억 개, 수천억 개 파라미터를 가진 거대 AI 모델들이 등장하기 시작했다. 이러한 거대 모델들은 이전 AI 모델과는 비교할 수 없을 정도로 복잡하고 추상적인 개념을 학습하고 이해하는 능력을 갖추게 되었다.

(3) 자연어 처리 기술의 비약적 발전 : 특히 자연어 처리(NLP) 분야에서 딥러닝 기반 거대 모델의 활약은 두드러졌다. Transformer라는 혁신적인 신경망 구조가 개발되면서, AI는 문맥을 더욱 깊이 이해하고 인간과 자연스러운 대화를 나눌 수 있게 되었다. BERT, GPT 시리즈 등 거대 언어 모델(LLM)들이 연이어 등장하며, AI는 텍스트 생성, 번역, 질의응답 등 다양한 NLP 작업에서 놀라운 성능을 보여주었다.

(4) 챗GPT의 등장과 AI 대중화 : 그리고 2022년, OpenAI에서 챗GPT를 공개하면서 AI는 대중에게 널리 알려지게 되었다. 챗GPT는 딥 러닝 기반 거대 언어 모델의 강력한 성능을 일반 사용자들도 쉽게 경험할 수 있도록 사용자 친화적인 인터페이스를 제공했다. 챗GPT는 인간과 자연스러운 대화를 나누고, 질문에 답변하고, 글을 쓰는 등 다양한 능력을 선보이며 AI의 대중화 시대를 활짝 열었다.

#비유. 딥러닝 기술이 발전하고 거대 모델이 등장하는 것은 빌딩이 점점 더 높이, 더 웅장하게 건설되는 과정과 같다

AI 발전 스토리는 마치 초고층 빌딩 건축과 같다. 2012년 구글 사건은 빌딩의 튼튼한 기초 공사를 시작한 것에 비유할 수 있다 (딥러닝 기술의 토대 마련). 이후 딥러닝 기술이 발전하고 거대 모델이 등장하는 것은 빌딩이 점점 더 높이, 더 웅장하게 건설되는 과정과 같다 (AI 성능의 비약적 향상). 그리고 챗GPT의 등장은 마침내 빌딩이 완공되어 일반 대중에게 개방되는 순간과 같다 (AI 기술의 대중화).

Analogy AI Development as Skyscraper Construction, www.sgh.com

2. 2 2024-2025년 초, OpenAI와 딥시크 발표의 반향: 오픈소스 혁신과 새로운 경쟁 시대

2025년 초, 딥시크(DeepSeek)와 OpenAI의 연이은 발표는 AI 분야에 또 한 번 거대한 파장을 일으키며 뜨거운 논쟁과 기대를 불러일으키고 있다. 특히, 딥시크의 파격적인 행보는 AI 기술 발전의 새로운 방향성을 제시하며, 기존 AI 시장 질서에 지각 변동을 예고하고 있다.

1) 딥시크 발표가 반향을 일으키는 이유:

(1) 오픈소스 철학 : 딥시크는 자신들의 최첨단 AI 모델을 완전한 오픈소스 형태로 공개하는 파격적인 행보를 보였다. 기존 오픈소스 AI 모델들은 코드만

공개하거나, 제한적인 수준의 접근만 허용하는 경우가 많았다. 하지만 딥시크는 모델 코드뿐만 아니라, 모델 가중치, 학습 데이터 정보, 모델 구조 상세 정보까지 투명하게 공개하며, 진정한 의미의 오픈소스 AI를 지향하고 있다. 이는 AI 기술 민주화에 기여하고, 개발자 커뮤니티의 협력과 혁신을 촉진할 것으로 기대된다.

(2) 기술적 혁신 : 딥시크는 '효율적 어텐션 네트워크(EAN: Efficient Attention Network)' 라는 새로운 AI 모델 구조를 발표하며 기술적 우위를 과시했다. EAN은 기존 Transformer 모델의 단점을 개선하여, 학습 효율성과 추론 속도를 획기적으로 향상시킨 것으로 알려졌다. 이는 거대 AI 모델의 막대한 컴퓨팅 비용 문제를 해결하고, AI 기술의 접근성을 높이는 데 기여할 수 있다.

(3) 비용 효율성 : 딥시크 모델은 기존 모델 대비 훨씬 적은 컴퓨팅 자원으로도 동등하거나 더 뛰어난 성능을 발휘하는 것으로 알려졌다. 이는 AI 모델 개발 및 운영 비용을 획기적으로 절감시켜, 중소 기업이나 개인 개발자들도 거대 AI 모델을 활용할 수 있는 길을 열어준다. AI 기술 대중화 및 산업 생태계 확장에 크게 기여할 수 있다.

(4) 뛰어난 성능 : 딥시크 모델은 다양한 벤치마크 테스트에서 기존 오픈소스 모델은 물론, 일부 폐쇄형 모델까지 능가하는 뛰어난 성능을 입증했다. 특히, 특정 자연어 처리 작업(예: 빠른 추론 속도, 전문 분야 NLP)에서 뛰어난 강점을 보이는 것으로 알려졌다. 이는 오픈소스 AI 모델도 충분히 최고 수준의 성능을 낼 수 있다는 것을 증명하며, 폐쇄형 AI 모델 중심의 시장 경쟁 구도에 변화를 가져올 수 있음을 시사한다.

〈딥시크 vs 기존 오픈소스 생성형 AI 비교〉

구분	딥시크 (DeepSeek)	기존 오픈소스 생성형 AI
오픈소스 유형	모델 코드, 가중치, 학습 데이터 정보, 모델 구조 정보 등 완전 오픈소스	Transformer 기반 (일반적인 구조)
기술	효율적 어텐션 네트워크 (EAN) - 학습 효율성, 추론 속도 향상	문화 프리미엄 부가
비용 효율	컴퓨팅 비용 매우 낮음	컴퓨팅 비용 높음 (모델 규모에 따라 편차 큼)
성능	특정 NLP task (빠른 추론, 전문 분야)에서 최상위 성능	전반적인 성능은 준수, 특정 분야 성능 편차 존재

#비유. 딥시크는 마치 오픈소스 진영에서 'F1급 오픈소스 경주차'를 새롭게 선보인 것과 같다

AI 시장 경쟁 상황을 자동차 경주에 비유해 보자. 기존 오픈소스 AI 모델들은 마치 '개조차' 와 같았다. 누구나 엔진, 바퀴, 차체 등을 자유롭게 가져다 만들 수 있지만, 성능이나 효율성 면에서 대기업의 'F1 경주용 자동차'에 미치지 못하는 경우가 많았다.

하지만 딥시크는 마치 오픈소스 진영에서 'F1급 오픈소스 경주차'를 새롭게 선보인 것과 같다. 누구나 딥시크의 기술을 활용하여 고성능 AI 모델을 개발할 수 있게 되었고, 이는 AI 기술 혁신 경쟁에 새로운 활력을 불어넣을 것으로 기대된다.

"한국인 디자이너 참여한 오픈소스車 성공비결은..." 존 로저스 로컬모터스 CEO

02 2012년 구글 고양이 인식사건부터 딥러닝, LLM, MMLM까지: 도시 분야 혁신을 위한 AI 진화의 여정

본 글에서는 2012년 구글 딥러닝 모델을 시작으로, 챗GPT로 대표되는 거대 언어 모델(LLM), 그리고 최근 주목받는 멀티모달 학습 모델(MMLM)에 이르기까지 AI의 진화 과정을 살펴보고자 한다. 특히, 각 모델의 기술적 특징을 분석하고, 도시 계획, 도시 건축 설계, 교통 계획 및 모빌리티 서비스 등 도시 분야에 적용했을 때의 활용 방안, 역할, 효과, 장단점을 제시해 보고자 한다.

1 2012년부터 2025년까지: AI 자율 학습 능력 진화의 파노라마

2012년 구글의 고양이 인식 사건은 AI, 특히 딥러닝 기반 AI의 자율 학습 능력의 잠재력을 세상에 알린 신호탄이었다. 이 사건 이후, AI는 딥러닝이라는 강력한 엔진을 장착하고 비약적인 발전을 거듭하며 챗GPT, MMLM 등 혁신적인 모델들을 탄생시켰다.

1. 1 2012년 딥러닝 모델: 이미지 인식 능력의 개화

(1) 2012년 딥러닝 모델은 스스로 이미지 특징을 추출하고 학습하는 능력을 보여주었다.

2012년 구글이 선보인 딥러닝 모델은 이미지 인식 분야에서 혁명적인 성능 향상을 가져왔다. 이전까지의 이미지 인식 AI는 인간 전문가가 직접 설계한 특징(feature)에 의존하여 이미지를 분석했으나, 2012년 딥러닝 모델은 스스로 이미지 특징을 추출하고 학습하는 능력을 보여주었다.

이는 마치 어린아이가 그림책을 보면서 사물의 특징을 스스로 파악하는 것처럼, AI가 데이터 자체에서 의미를 찾아내는 자율 학습 능력을 갖추게 되었음을 의미한다.

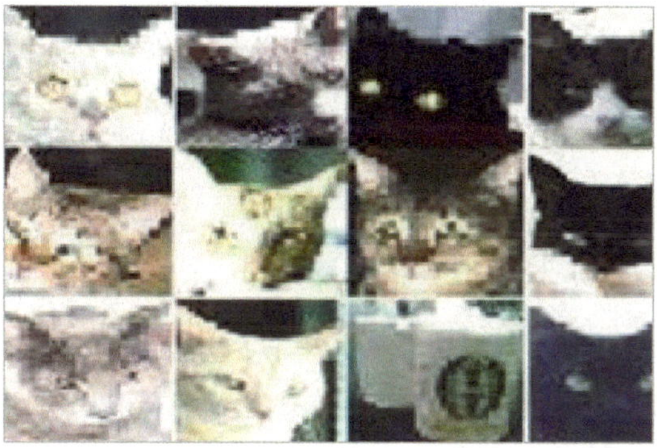

2012 Google Cat Recognition Model hexus.net

(2) 기술적 특징으로는 심층 신경망(Deep Neural Network, DNN) 기반의 합성곱 신경망(Convolutional Neural Network, CNN) 구조를 활용하였다

기술적 특징으로는 심층 신경망(Deep Neural Network, DNN) 기반의 합성곱 신경망(Convolutional Neural Network, CNN) 구조를 활용하였다. CNN은 이미지의 공간적 특징을 효과적으로 추출하는 데 특화된 구조로, 이미지 내 객체의 형태, 질감, 색상 등의 특징을 계층적으로 학습한다.

#비유. 2012년 딥러닝 모델은 컬러 TV처럼 선명하고 다채로운 이미지를 정확하게 인식하는 능력을 갖추게 된 것이다

2012년 딥러닝 모델은 마치 '디지털 눈'과 같다. 이전 AI가 흐릿한 흑백 사진만 겨우 구분하던 수준이었다면, 2012년 딥러닝 모델은 컬러 TV처럼 선명하고 다채로운 이미지를 정확하게 인식하는 능력을 갖추게 된 것이다. 이는 이미지 인식 AI의 '해상도'를 획기적으로 높인 사건이라 할 수 있다.

1. 2 LLM(Large Language Model) 모델: 자연어 처리 능력의 비약적 발전

1) 2017년 구글이 발표한 Transformer 모델 구조는 자연어 처리 NLP 분야에 혁신을 초래

(1) 2017년 구글이 발표한 Transformer 모델 구조는 자연어 처리(Natural Language Processing, NLP) 분야에 거대한 혁신을 가져왔다.

2017년 구글이 발표한 Transformer 모델 구조는 자연어 처리(Natural Language Processing, NLP) 분야에 거대한 혁신을 가져왔다. Transformer 모델은 문장 내 단어 간의 관계를 효과적으로 파악하는 Self-Attention 메커니즘을 도입하여, AI가 문맥을 깊이 이해하고 인간과 자연스러운 대화를 나눌 수 있는 가능성을 열었다.

(2) Transformer 모델기반으로 등장한 GPT(Generative Pre-trained Transformer) 시리즈와 같은 거대 언어 모델(LLM)들은 텍스트 생성, 번역, 질의응답 등 다양한 NLP 작업에서 인간수준을 따라오는 성능을 보여주다.

이를 기반으로 등장한 GPT(Generative Pre-trained Transformer) 시리즈와 같은 거대 언어 모델(LLM)들은 텍스트 생성, 번역, 질의응답 등 다양한 NLP 작업에서 인간수준을 따라오는 놀라운 성능을 보여주었다.

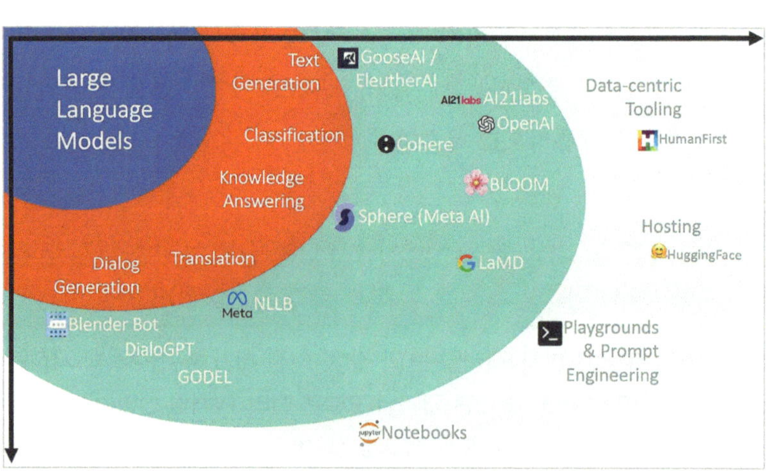

Large Language Model (LLM) cobusgreyling.medium.com

2) Transformer 모델기반으로 GPT(Generative Pre-trained Transformer) 시리즈와 같은LLM(Large Language Model) 모델

(1) 기술적 특징은 문장 내 단어 간의 상호 관계를 동적으로 파악하여 문맥적 의미를 깊이 이해한다.

Transformer 네트워크 기반의 Self-Attention 메커니즘을 핵심 기술로 사용한다. Self-Attention은 문장 내 단어 간의 상호 관계를 동적으로 파악하여 문맥적 의미를 깊이 이해하고, 장문 텍스트 처리 능력과 병렬 연산 효율성을 극대화한다.

#비유. AI가 인간의 언어 능력을 모방하고, 인간과 더욱 자연스럽게 소통할 수 있는 '디지털 두뇌'를 갖게 된 것과 비견될 수 있다.

(2) LLM 모델은 인간처럼 문장을 이해하고, 맥락을 파악하며, 창의적인 글쓰기까지 가능한 수준으로 발전했다.

LLM 모델은 마치 '디지털 뇌'와 같다. 이전 AI가 단어 단위의 단순한 텍스트 처리만 가능했다면, LLM 모델은 인간처럼 문장을 이해하고, 맥락을 파악하며, 창의적인 글쓰기까지 가능한 수준으로 발전했다. 이는 AI가 인간의 언어 능력을 모방하고, 인간과 더욱 자연스럽게 소통할 수 있는 '디지털 두뇌'를 갖게 된 것과 비견될 수 있다.

1. 3 MMLM(Multimodal Learning Model) 모델: 복합 정보 이해 능력의 확장

1) 최근에는 텍스트, 이미지, 오디오, 비디오 등 다양한 유형의 데이터를 융합적으로 이해하고 처리하는 멀티모달 학습(Multimodal Learning) 모델 개발에 초점을 맞추고 있다

(1) 2017년 구글이 발표한 Transformer 모델 구조는 자연어 처리(Natural Language Processing, NLP) 분야에 거대한 혁신을 가져왔다.

최근 AI 연구는 텍스트, 이미지, 오디오, 비디오 등 다양한 유형의 데이터를 융합적으로 이해하고 처리하는 멀티모달 학습(Multimodal Learning) 모델 개발에 집중되고 있다. MMLM(Multimodal Learning Model)은 이러한 추세를 반영하여, 여러 감각 정보를 통합적으로 분석하고 이해하는 인간의 인지 능력을 모방하고자 한다. MMLM은 텍스트와 이미지를 함께 이해하여 이미지에 대한 설명을 생성하거나, 텍스트-이미지-오디오 정보를 융합하여 상황을 인지하고 판단하는 등 더욱 복잡하고 현실 세계와 유사한 작업을 수행할 수 있다.

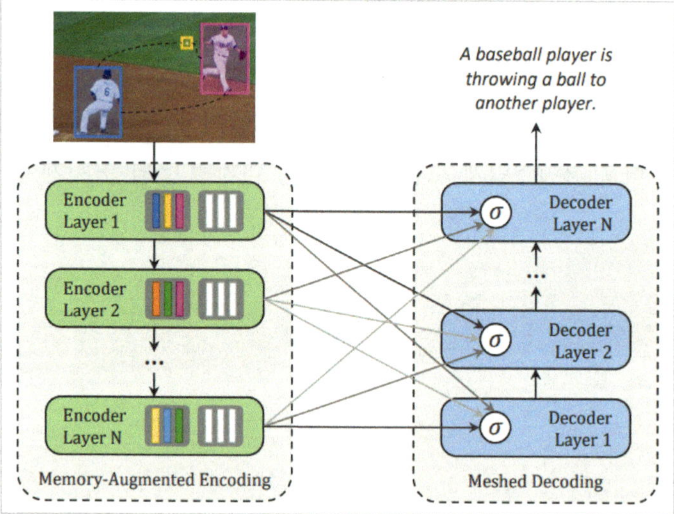

Multimodal Learning Model (MMLM) Architecture, GitHub Pages

2) Transformer 네트워크를 기반으로 텍스트, 이미지, 오디오 등의 데이터를 처리하는 인코더(Encoder)와, 융합된 정보를 바탕으로 최종 출력을 생성하는 디코더(Decoder) 구조를 활용한다

(1) 디코더(Decoder) 구조를 활용한다.

기술적 특징은 Transformer 네트워크를 기반으로 텍스트, 이미지, 오디오 등 다양한 종류의 데이터를 각각 처리하는 인코더(Encoder)와, 융합된 정보를 바탕으로 최종 출력을 생성하는 디코더(Decoder) 구조를 활용한다. Cross-Attention 메커니즘 등을 통해 데이터 간의 상호작용을 모델링하고, 복합적인 정보를 통합적으로 이해하는 능력을 구현한다.

#비유. MMLM 모델은 마치 '오감을 가진 AI'와 같다.

MMLM 모델은 마치 '오감(五感)을 가진 AI'와 같다. LLM 모델이 뛰어난 언어 능력을 갖춘 '디지털 뇌'라면, MMLM 모델은 시각, 청각 등 다양한 감각 정보를 동시에 처리하여 인간처럼 다 감각적인 인지 능력을 갖춘 AI라 할 수 있다. 이는 AI가 텍스트 정보 뿐만 아니라, 이미지, 소리 등 다양한 감각 정보를 통해 세상을 더욱 풍부하게 이해하고, 인간과 더욱 자연스럽게 상호작용할 수 있는 가능성을 제시한다.

1. 4 GAN (Generative Adversarial Network) 모델

1) AI 진화 과정에서 빼놓을 수 없는 또 다른 중요한 모델은 생성적 적대 신경망(Generative Adversarial Network, GAN)이다.

(1) 생성자(Generator)와 판별자(Discriminator)라는 두 개의 신경망 모델이 서로 경쟁하며 학습하는 방식으로, 새로운 데이터를 생성하는 데 특화되어 있다.

AI 진화 과정에서 빼놓을 수 없는 또 다른 중요한 모델은 생성적 적대 신경망(Generative Adversarial Network, GAN)이다. GAN은 생성자(Generator)와 판별자(Discriminator)라는 두 개의 신경망 모델이 서로 경쟁하며 학습하는 방식으로, 새로운 데이터를 생성하는 데 특화되어 있다. GAN은 이미지 생성, 영상 생성, 3D 모델링, 스타일 변환 등 다양한 분야에서 창의적인 결과물을 만들어내며, 디자인, 예술, 엔터테인먼트 분야에 새로운 가능성을 제시하고 있다.

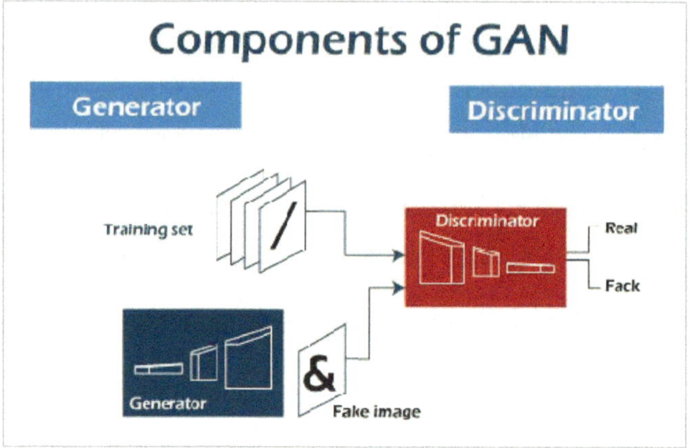

Generative Adversarial Network (GAN) GoPenAI

(2) 생성자(Generator) 네트워크는 무작위 노이즈를 입력받아 실제 데이터와 유사한 가짜 데이터를 생성하고, 판별자(Discriminator) 네트워크는 진짜 데이터와 가짜 데이터를 구별하는 역할을 수행한다.

기술적 특징으로 생성자(Generator) 네트워크는 무작위 노이즈를 입력받아 실제 데이터와 유사한 가짜 데이터를 생성하고, 판별자(Discriminator) 네트워크는 진짜 데이터와 가짜 데이터를 구별하는 역할을 수행한다. 두 네트워크는 서로 적대적인 방식으로 경쟁하며 학습하며, 생성자는 판별자를 속이도록, 판별자는 생성자를 정확하게 판별하도록 학습된다. 이러한 경쟁적 학습 과정을 통해 생성자는 점차 실제 데이터와 구별하기 어려울 정도로 현실적인 데이터를 생성하는 능력을 갖추게 된다.

#비유. GAN 모델은 마치 '천재 사기꾼과 명탐정'의 대결과 같다.

GAN 모델은 마치 '천재 사기꾼과 명탐정'의 대결과 같다. 생성자는 위조지폐를 만드는 사기꾼, 판별자는 위조지폐를 감별하는 명탐정에 비유할 수 있다. 사기꾼(생성자)은 명탐정(판별자)을 속이기 위해 더욱 정교한 위조지폐를 만들고, 명탐정(판별자)은 더욱 예리한 감별 능력으로 위조지폐를 식별해낸다. 이러한 경쟁과 협력 과정을 통해 사기꾼은 완벽에 가까운 위조지폐 제조 기술을 습득하고, 명탐정은 더욱 강력한 감별 능력을 갖추게 된다. GAN은 이러한 경쟁적 학습 메커니즘을 통해 고품질의 새로운 데이터를 생성하는 능력을 확보한다.

2 도시 분야 적용 시 모델 별 기술적 특징, 활용 대상, 역할, 효과, 장단점 비교

이제 2012 딥러닝 모델 (CNN 기반 이미지 인식), LLM 모델, MMLM 모델, 그리고 GAN 모델을 도시 분야(도시 계획, 도시 건축 설계, 교통 계획 및 모빌리티 서비스)에 적용했을 때 각 모델의 기술적 특징, 활용 대상, 역할, 효과, 장단점을 표를 통해 비교 분석한다.

〈도시 분야 적용 시 모델 별 기술적 특징, 활용 대상, 역할, 효과, 장단점 비교〉

모델	기술적 특징	도시 분야 활용 대상	도시 분야 역할	도시 분야 적용 시 효과	도시 분야 적용 시 장단점
2012 딥러닝 (CNN)	이미지 특징 자동 추출, CNN 기반 이미지 인식	도시이미지 분석, 위성/항공 사진 분석, 3D 모델링 데이터 분석	- 도시 공간 변화 감지 (개발/재건축 지역 자동 식별) - 도시 시설물 자동 감지 (불법 건축물, 노후 시설물 자동 감지) - 3D 도시 모델 기반 분석 (일조량 분석, 경관 분석)	- 도시 계획 효율성 증대 (데이터 기반 의사 결정 지원) - 도시 관리 효율성 증대 (자동 모니터링 및 유지 보수) - 도시 공간 분석 심층화 (정량적 데이터 기반 분석)	- 장점: 이미지 데이터 분석에 특화, 높은 정확도, 빠른 분석 속도 - 단점: 텍스트, 오디오 등 다른 유형 데이터 처리 불가, 모델 해석/설명 어려움, 새로운 유형 데이터 적용 시 재학습 필요

LLM (거대 언어 모델)	자연어 이해 및 생성, Transformer 기반 Self-Attention	도시 계획 텍스트 데이터 분석, 도시 관련 문서 분석, 시민 의견 분석, 챗봇 서비스	- 도시 계획 관련 문서 분석 (정책 보고서, 법규 검토, 역사 기록 분석) - 시민 의견 분석 (소셜 미디어, 민원 데이터 분석) - 도시 계획 챗봇 개발 (도시 정보 제공, 민원 상담, 정책 홍보)	- 도시 계획 과정 효율성 증대 (문서 분석 자동화, 정보 검색 시간 단축) - 시민 참여 활성화 (AI 챗봇 기반 소통 채널 확대) - 정책 결정 지원 강화 (데이터 기반 정책 제안 및 평가)	- 장점: 텍스트 데이터 분석 및 생성에 특화, 자연스러운 인간-AI 소통 가능 - 단점: 이미지, 오디오 등 다른 유형 데이터 처리 불가, 데이터 편향 및 윤리적 문제 발생 가능성, 모델 규모 커서 컴퓨팅 자원 소모 큼
MMLM (멀티 모달)	복합 데이터 융합 분석, Transformer 기반 Cross-Attention	도시 환경 복합 데이터 분석, 도시 상황 인지 및 예측, 실감형 도시 정보 서비스	- 도시 환경 복합 센서 데이터 분석 (이미지, 텍스트, 오디오, IoT 센서 데이터 융합 분석) - 도시 상황 인지 및 예측 (실시간 도시 모니터링, 교통 흐름 예측, 재난 예측) - 실감형 도시 정보 서비스 개발 (3D 도시 모델 + 텍스트/오디오 설명)	- 도시 상황 인지 능력 향상 (다양한 정보 융합 분석, 종합적인 상황 판단) - 도시 예측 정확도 향상 (실시간 데이터 기반 예측, 선제적 대응 가능) - 사용자 경험 향상 (실감형 인터페이스 기반 도시 정보 접근성 향상)	- 장점: 복합 데이터 융합 분석에 특화, 현실 세계와 유사한 다감각적 정보 처리 가능 - 단점: 모델 복잡성 증가, 학습 데이터 및 컴퓨팅 자원 요구량 더욱 증가, 모델 해석/설명 더욱 어려움, 다양한 데이터 유형 처리 위한 추가 연구 필요
GAN (생성 모델)	데이터 생성, 생성자-판별자 경쟁 학습	도시 설계 자동 생성, 건축 디자인 자동 생성, 가상 도시 환경 생성	- 도시 계획 디자인 자동 생성 (새로운 도시 공간 구상, 도시 디자인 컨셉 자동 생성) - 건축 설계 디자인 자동 생성 (건물 디자인, 인테리어 디자인 자동 생성)	- 가상 도시 환경 생성 (가상 현실/메타버스 기반 도시 모델 제작) - 도시 설계 창의성 증진 (인간 디자이너의 창의적 영감 자극, 새로운 디자인 아이디어 발굴) - 도시 설계 효율성 증진 (디자인 초안 자동 생성, 디자인 검토 시간 단축) - 가상 도시 환경 구축 용이성 증대 (3D 모델링 작업 효율성 향상)	- 장점: 창의적인 디자인 생성에 특화, 새로운 아이디어 발상 및 디자인 프로세스 혁신 가능 - 단점: 생성 결과 품질 및 안정성 확보 어려움, 생성 과정 제어 및 사용자 의도 반영 미흡, 윤리적 문제 (저작권 침해, 가짜 이미지 생성) 발생 가능성

3 CNN, LLM, MMLM, GAN 예시

3. 1 2012 딥러닝 (CNN: Convolutional Neural Networks) - 도시 CCTV '지능형 눈':

- 도시 곳곳에 설치된 CCTV를 2012 딥러닝 모델과 결합하면, CCTV는 단순 감시 카메라를 넘어 '지능형 눈'으로 진화할 수 있다. CNN 기반 AI는 CCTV 영상을 실시간으로 분석하여 불법 주차 차량, 쓰레기 무단 투기, 노후 시설물 등을 자동으로 감지하고, 도시 관리 센터에 즉시 알림을 보낼 수 있다. 이는 도시 안전 관리 효율성을 획기적으로 향상시키는 데 기여할 수 있다.

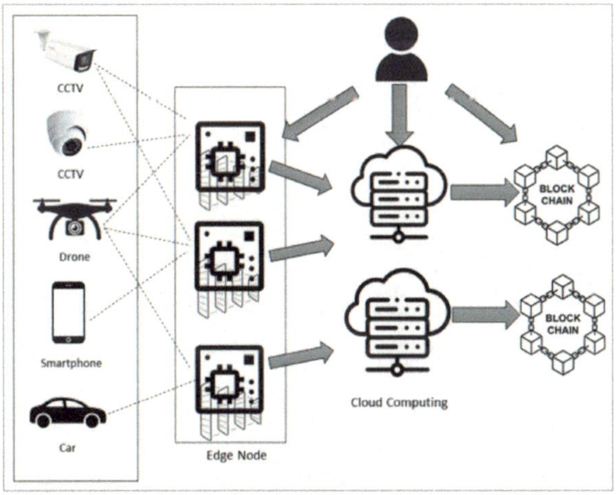

Smart City CCTV using CNN, www.mdpi.com

3. 2 LLM (거대 언어 모델) - 도시 민원 상담 'AI 비서':

- LLM 모델 기반 AI 챗봇은 도시 민원 상담 센터의 'AI 비서' 역할을 수행할 수 있다. 시민들은 챗봇과 자연어 대화를 통해 도시 행정 절차, 교통 정보, 문화 시설 정보 등 다양한 도시 관련 정보를 쉽고 빠르게 얻을 수 있다.

AI Chatbot for City Services, certainly.io

- 또한, 챗봇은 시민들의 민원 내용을 분석하여 관련 부서에 전달하고, 정책 개선 제안을 도출하는 등 도시 행정 서비스 혁신에 기여할 수 있다.

3. 3 MMLM (멀티모달) - '미래 도시' 예측 시뮬레이터:

- MMLM 모델은 도시의 다양한 데이터를 융합적으로 분석하여 '미래 도시'를 예측하는 시뮬레이터 역할을 할 수 있다. 도시의 이미지 데이터 (위성 사진, 거리 사진), 텍스트 데이터 (뉴스 기사, 소셜 미디어), 오디오 데이터 (도시 소음, 교통량 정보), IoT 센서 데이터 (날씨, 대기 질 정보) 등을 MMLM 모델에 입력하면, AI는 도시의 미래 변화를 예측하고, 다양한 도시 계획 시나리오에 대한 시뮬레이션을 제공할 수 있다.
- 이는 도시 계획 전문가들이 데이터 기반 의사 결정을 내리고, 미래 도시를 효과적으로 설계하는 데 도움을 줄 수 있다.

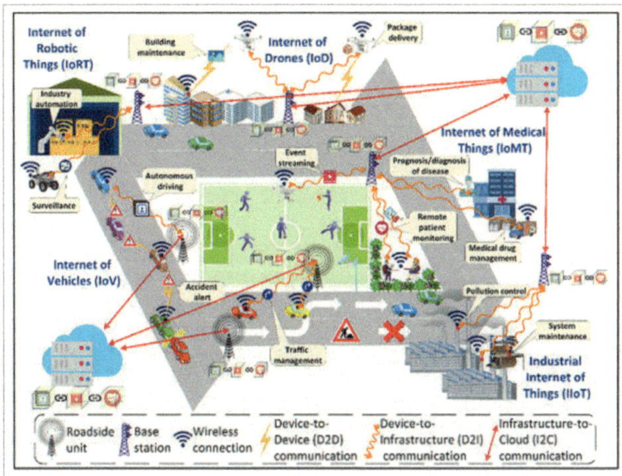

Future City Simulation using MMLM, www.mdpi.com

3. 4 GAN (생성 모델) - '꿈꾸는 건축가' AI

- GAN 모델은 도시 건축 설계 분야에서 '꿈꾸는 건축가' 역할을 수행할 수 있다. GAN 기반 AI는 건축 디자인 데이터 (도면, 3D 모델, 디자인 트렌드 정보)를 학습하여, 새롭고 창의적인 건축 디자인을 자동으로 생성할 수 있다
- 도시설계가나 건축가는 AI가 생성한 디자인 초안을 바탕으로 아이디어를 발전시키고, 설계 시간을 단축하며, 더욱 혁신적인 건축물을 디자인할 수 있다.

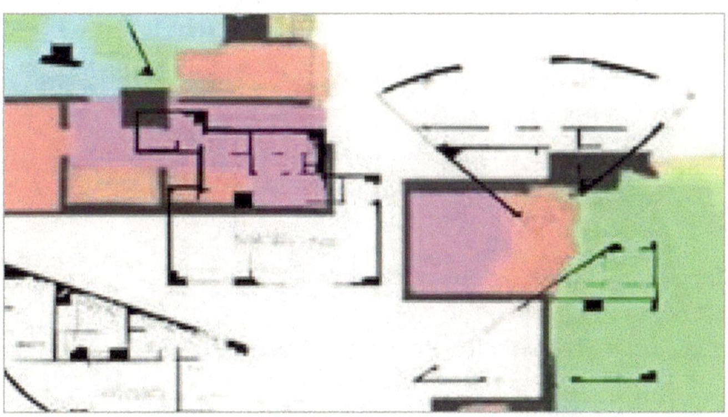

AI Architect using GAN for building design, www.bricsys.com

03 딥러닝은 신경망과 은닉층을 중심축으로 설계되었다.

1 딥러닝(Deep Learning)은 어떻게 자동으로 데이터의 특징을 알 수 있을까?

딥러닝은 인간 뇌의 정보 처리 시스템에서 영감을 받아 탄생하였다. 인간의 뇌는 약 1천억 개의 신경세포(뉴런)와 이들을 연결하는 시냅스로 이루어진 복잡한 신경망으로 구성되어 정보를 처리한다. 딥러닝은 뇌 신경망을 모방한 심층 신경망 구조와 자동 특징 추출 능력을 통해 인공지능 분야에 혁신적인 발전을 가져왔다.

은닉층을 깊게 쌓아 올린 심층 신경망은 복잡한 데이터 속에서 숨겨진 패턴을 효과적으로 학습하고, 인간의 개입 없이 데이터로부터 유용한 특징을 스스로 추출할 수 있다. 이러한 딥러닝의 핵심 원리를 이해하는 것은 미래 인공지능 기술 발전 방향을 예측하고 능동적으로 대처하는 데 필수적인 기반이 될 것이다.

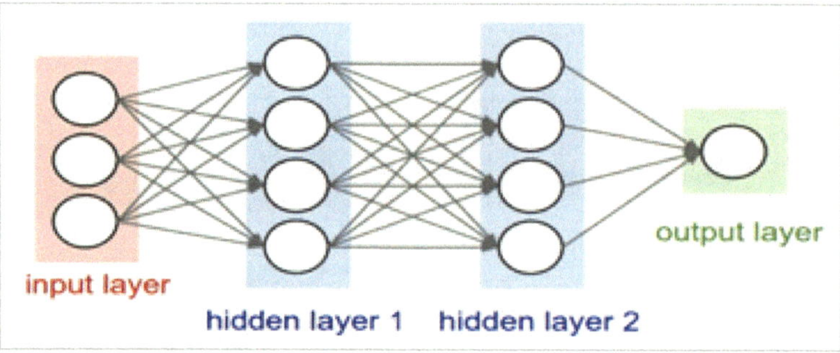

What's a Deep Neural Network? , BMC Software

(1) 딥러닝의 가장 큰 강점은 자동으로 데이터의 특징을 추출하는 능력이다.

딥러닝은 바로 이러한 뇌의 신경망 구조를 컴퓨터 알고리즘으로 구현한 것이다. 딥러닝이라는 명칭은 "신경세포가 깊이 있게 연결되어 있다"는 뇌 신경망의 특징에서 유래되었다 딥러닝의 가장 큰 강점은 자동으로 데이터의 특징을 추출하는 능력이다. 기존의 머신러닝 방법들은 인간 전문가가 직접 데이터의 특징을 설계하고 추출해야 했다. 하지만 딥러닝은 다층 구조의 신경망과 학습 알고리즘을 통해 데이터로부터 유용한 특징을 스스로 학습한다.

(2) 각 층의 노드와 연결선은 학습 과정에서 자동으로 조정되며, 이러한 자동 조정 과정을 통해 신경망은 데이터의 핵심적인 특징을 효과적으로 포착한다.

각 층의 노드와 연결선은 학습 과정에서 자동으로 조정되며, 이러한 자동 조정 과정을 통해 신경망은 데이터의 핵심적인 특징을 효과적으로 포착한다. 층이 깊어질수록 더욱 복잡한 특징을 추출할 수 있으며, 이는 딥러닝이 이미지 인식, 자연어 처리, 음성 인식 등 다양한 분야에서 뛰어난 성능을 보이는 핵심적인 이유이다.

딥러닝은 뇌 신경세포의 연결을 모방한 신경망이라고 볼 수 있다. 신경세포가 깊이 잇게 연결되어 있다는 이유로 딥러닝이라고 부른다. 딥러닝은 인간 외의 신경망(신경세포)를 모방하여 만들어졌다. 정보를 모으는 신경세포라는 부위와 신경세포를 서로 연결하는 부위인 시냅스로 구성된다.

#비유1. 신경세포는 도시 곳곳에 위치한 건물과 같고, 시냅스는 건물들을 연결하는 도로와 같다.

뇌의 신경망은 마치 거대한 도시의 도로망과 유사하다. 신경세포는 도시 곳곳에 위치한 건물과 같고, 시냅스는 건물들을 연결하는 도로와 같다. 정보는 도시의 차량처럼 도로망을 따라 이동하며, 각 건물(신경세포)에서 정보를 처리하고 다음 목적지로 전달한다. 딥러닝은 이러한 도시 도로망과 같이, 복잡하게 연결된 네트워크를 통해 정보를 효율적으로 처리하는 시스템인 것이다.

#비유2. 신경망은 입력 데이터와 예측 사이의 관계를 조정함으로써 예측의 정확도를 높이는 것이다.

우선 간단한 예를 들어 신경망을 생각해 보자. 키와 몸무게를 입력하면 '아이인지 성인인지'예측하도록 하는 상황으로 예를 들어보자. 키 170 cm에 60kg이면 두 숫자를 더 했을 때 230이 된다. 지금까지 학습한 데이터를 기반으로 이 합계가 160을 초과하면 성인으로 판단하기로 하자. 아이가 들수록 커지는 숫자를 판단의 근거로 사용하는 것은 설득력이 있다고 보는 것이다. 여기에 제3의 입력수치로 머리카락 길이를 고려한다고 하자. 그러나 머리카락이 짧은 성인도 있으므로 성인인지 아닌지 판단하는 기준으로 머리카락 길이는 고려 대상이 되지 않는다. 이 경우 머리카락에 대응하는 신경세포와 예측에 대응하는 신경세포 사이의 연결고리를 약하게 하여 앞의 덧셈할 때 고려 대상에서 제외시켜야 한다. 이처럼 신경망은 입력 데이터와 예측 사이의 관계를 조정함으로써 예측의 정확도를 높이는 것이다.

(3) 입력과 출력 사이에 중간세포층을 넣어 한 번 합한 것을 다시 더해서 합치면 복잡한 로직을 만들 수 있다는 점은 직관적으로도 이해할 수 있을 것이다.

그러나 이처럼 숫자만 더하는 것만으로는 복잡한 예측을 할 수 없다. 그래서 입력과 출력 사이에 중간세포층을 넣는 것이다. 한 번 합한 것을 다시 더해서 합치면 복잡한 로직을 만들 수 있다는 점은 직관적으로도 이해할 수 있을 것이다. 이 중간세포로 이루어진 층을 숨겨진 층이라고 한다. 숨겨진 층은 한 층 뿐만이 아니라 여러 층으로 겹쳐질 수 있다. 이처럼 층층이 반복해서 쌓은 것을 딥러닝이라고 한다.

2 딥러닝을 해부해 보자: 신경망과 은닉층을 중심으로

2. 1 입력과 출력 사이에 중간세포층을 넣어 한 번 합한 것을 다시 더해서 합치면 복잡한 로직을 만들 수 있다

인공지능(AI) 분야의 혁신적인 기술인 딥러닝은 인간의 뇌 신경망 작동 원리를 모방하여 복잡한 데이터 속에서 자동으로 특징을 추출하고 학습하는 놀라운 능력을 보인다. 본 글에서는 딥러닝의 핵심 구성 요소인 신경망과 중간세포층(은닉층)을 중심으로, 딥러닝이 어떻게 데이터의 특징을 스스로 학습하는지 알아보고자 한다.

(1) 입력과 출력 사이에 중간세포층을 넣는 것이다. 한 번 합한 것을 다시 더해서 합치면 복잡한 로직을 만들 수 있다

숫자만 더하는 것만으로는 복잡한 예측을 할 수 없다. 그래서 입력과 출력 사이에 중간세포층을 넣는 것이다. 한 번 합한 것을 다시 더해서 합치면 복잡한 로직을 만들 수 있다는 점은 직관적으로도 이해할 수 있을 것이다. 이 중간세포로 이루어진 층을 숨겨진 층이라고 한다. 숨겨진 층은 한 층 뿐만이 아니라 여러 층으로 겹쳐질 수 있다. 이처럼 층층이 반복해서 쌓은 것을 딥러닝이라고 한다.

(2) 층이 깊을(많을)수록, 한층 더 복잡한 특징을 파악하는 것이 가능하다

첫번째 층은 앞에서 아이인지 성인인지 예측할 때와 유사하게 입력된 값을 그대로 더한다. 두 번째 층은 첫 번째 층의 수치를 합친 것이다. 마찬가지로, 세 번째 층 이후도 차례차례 그 이전 값을 더하면 된다. 층이 깊을(많을)수록, 한층 더 복잡한 특징을 파악하는 것이 가능하다. 자동으로 조정되는 신경세포사이의 연결이, 특징을 자동으로 추출하는 작용을 한다.

2. 2 딥러닝의 근간, 뇌 신경망 모방

(1) "신경세포가 깊이 있게 연결되어 있다"는 사실에서 '딥러닝(Deep Learning)'이라는 명칭이 유래하였다.

딥러닝은 인간 뇌의 정보 처리 방식에서 영감을 받아 개발되었다. 뇌는 수많은 신경세포(뉴런)들이 복잡하게 연결되어 정보를 전달하고 처리하는 신경망으로 구성되어 있다. 딥러닝은 이러한 신경망 구조를 컴퓨터 모델로 구현한 것이다. "신경세포가 깊이 있게 연결되어 있다"는 사실에서 '딥러닝(Deep Learning)'이라는 명칭이 유래하였다.

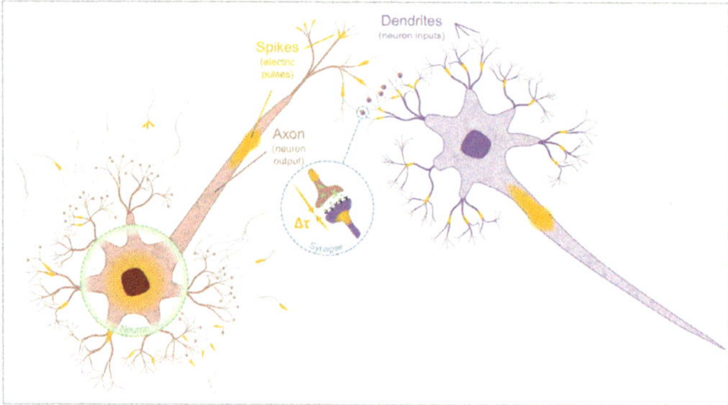

Human brain neuron and synapse, Promega

(2) 딥러닝의 기본적인 구성 요소는 신경세포를 모방한 '노드(node)'와 신경세포 간의 연결을 모방한 '연결선(edge)'이다

딥러닝의 기본적인 구성 요소는 신경세포를 모방한 '노드(node)'와 신경세포 간의 연결을 모방한 '연결선(edge)'이다. 노드는 정보를 입력받고 처리하는 역할을 수행하며, 연결선은 노드 간의 정보 전달 통로이자 정보의 중요도를 조절하는 역할을 한다. 뇌의 시냅스와 유사하게, 딥러닝 연결선은 학습 과정을 통해 연결 강도를 조절하며, 이를 통해 네트워크는 데이터의 특징을 효과적으로 학습하게 된다.

2. 3 예시로 이해하는 신경망 작동 원리-입력층, 연결선과 가중치, 합산 및 활성화 함수, 학습 과정: 연결 강도 조절을 통한 예측 정확도 향상-아이와 성인 예측모델

신경망의 작동 원리를 쉽게 이해하기 위해 '키와 몸무게를 입력받아 아이인지 성인인지 예측하는 모델'을 예시로 들어 설명하고자 한다. 키와 몸무게는 개인의 성장 상태를 나타내는 중요한 지표이며, 이러한 정보를 이용하여 아이와 성인을 구별하는 간단한 신경망 모델을 구축할 수 있다.

(1) 입력층 : 신경망은 먼저 입력 데이터를 받아들이는 입력층으로 시작한다. 본 예시에서는 키(170cm)와 몸무게(60kg)가 입력층의 노드에 각각 입력된다.

(2) 연결선과 가중치 : 입력층의 각 노드는 다음 층의 노드와 연결선으로 연결된다. 이때 각 연결선에는 가중치(weight)가 할당된다. 가중치는 입력되는 정보의 중요도를 조절하는 역할을 한다. 예를 들어, 키가 아이와 성인을 구별하는 데 더 중요한 정보라면, 키에 연결된 연결선의 가중치는 몸무게에 연결된 연결선의 가중치보다 높게 설정될 수 있다.

(3) 합산 및 활성화 함수 : 다음 층의 각 노드는 연결선으로부터 전달된 입력값과 가중치를 곱한 값들을 모두 합산한다. 이 합산 값은 활성화 함수(activation function)를 거쳐 최종 출력값으로 변환된다. 활성화 함수는 노드의 출력을 비선형적으로 변환하여 신경망이 복잡한 패턴을 학습할 수 있도록 돕는 역할을 한다. 본 예시에서는 단순화를 위해 활성화 함수를 생략하고, 합산된 값이 특정 임계 값(예: 160)을 초과하면 '성인', 그렇지 않으면 '아이'로 판단하는 규칙을 적용한다고 가정한다.

(4) 학습 과정 : 연결 강도 조절을 통한 예측 정확도 향상: 신경망은 학습 데이터를 통해 예측 정확도를 높여 나간다. 초기에는 연결선 가중치가 임의의 값으로 설정되어 있어 예측 결과가 정확하지 않을 수 있다. 하지만 학습 데이터를 반복적으로 입력하고 실제 정답과 예측 결과의 차이를 비교하여 연결선 가중치를 점차적으로 조정한다.

#비유1. 머리카락 길이에 해당하는 입력 노드와 예측 노드 사이의 연결선 가중치를 약화시켜 머리카락 길이가 예측 결과에 미치는 영향을 줄여야 한다.

예를 들어, '머리카락 길이'를 추가적인 입력 변수로 고려한다고 가정해 보자. 하지만 머리카락 길이는 성인 여부를 판단하는 데 결정적인 정보가 되지 못할 수 있다. 오히려 짧은 머리카락을 가진 성인도 존재하기 때문에 예측 정확도를 떨어뜨릴 수도 있다. 이러한 경우, 머리카락 길이에 해당하는 입력 노드와 예측 노드 사이의 연결선 가중치를 약화시켜 머리카락 길이가 예측 결과에 미치는 영향을 줄여야 한다. 반대로, 예측에 도움이 되는 정보라면 연결선 가중치를 강화시켜 정보의 중요도를 높인다. 이처럼 신경망은 입력 데이터와 예측 결과 사이의 관계를 스스로 조정하며 예측 정확도를 높여 나간다.

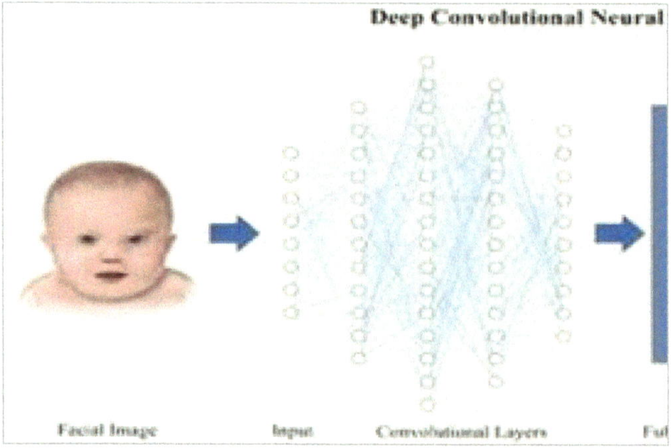

Simple neural network for child/adult prediction, www.mdpi.com

#비유2. 회사 조직에 비유해 볼 수 있다. 입력층은 '각 부서'에 해당하며, 키, 몸무게 등 정보는 각 부서에 전달되는 '업무 지시'와 같다.

회사 조직에 비유해 볼 수 있다. 입력층은 '각 부서'에 해당하며, 키, 몸무게 등 정보는 각 부서에 전달되는 '업무 지시'와 같다. 연결선은 '부서 간의 소통 채널'이며, 가중치는 각 부서의 '업무 중요도' 또는 '영향력'에 해당한다. 키를 담당하는 부서가 성인/아이 예측에 더 중요한 역할을 한다면, 해당 부서의 영향력(가중치)은 높게 설정되는 것이다.

2. 4 복잡한 문제 해결의 핵심, 중간세포층(은닉층)의 도입

단순히 입력값을 더하는 방식으로는 복잡한 패턴을 학습하고 예측하는 데 한계가 있다. 인간의 뇌는 훨씬 더 복잡한 정보 처리 과정을 거치며, 딥러닝 역시 이러한 복잡성을 모델링하기 위해 중간세포층(hidden layer)을 도입한다.

(1) 중간세포층은 입력 데이터의 단순 조합을 넘어 더욱 고차원적인 정보 표현을 가능하게 한다.

중간세포층은 입력층과 출력층 사이에 위치하며, 입력 데이터로부터 더욱 복잡하고 추상적인 특징을 추출하는 역할을 수행한다. "한 번 합한 것을 다시 더해서 합치면 복잡한 로직을 만들 수 있다"는 직관적인 이해처럼, 중간세포층은 입력 데이터의 단순 조합을 넘어 더욱 고차원적인 정보 표현을 가능하게 한다. 중간세포층은 은닉층이라고도 불리며, 이는 입력층과 출력층에 직접적으로 노출되지 않고 숨겨져 있기 때문이다.

(2) 딥러닝의 핵심적인 특징은 다수의 은닉층을 깊게 쌓아 올린다는 점이다. 심층 신경망(Deep Neural Network) 즉, 은닉층을 깊게 쌓아 복잡성이 증대된다.

딥러닝의 핵심적인 특징은 다수의 은닉층을 깊게 쌓아 올린다는 점이다. 심층 신경망(Deep Neural Network)은닉층을 깊게 쌓아 복잡성이 증대된다는 것이다. 딥러닝의 핵심적인 특징은 다수의 은닉층을 깊게 쌓아 올린다는 점이다. 은닉층이 깊어질수록 신경망은 더욱 복잡한 특징을 계층적으로 학습할 수 있게 된다. 첫 번째 은닉층은 입력 데이터에서 기본적인 특징(예: 모서리, 색깔)을 추출하고, 두 번째 은닉층은 첫 번째 층에서 추출된 특징들을 조합하여 더욱 복잡한 특징(예: 눈, 코, 입)을 추출한다. 이러한 방식으로 층이 깊어질수록 신경망은 점차적으로 추상적이고 고수준의 특징(예: 얼굴, 객체)을 파악할 수 있게 된다.

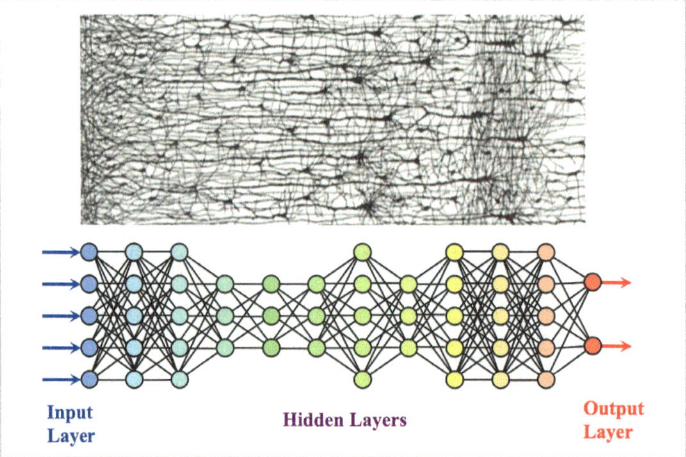

Deep neural network with multiple hidden layers DL- Questions and Answers in MRI

3 딥러닝 심층 탐구: 숨겨진 층, 중간세포층이 필요한 이유

딥러닝은 인공지능 분야의 눈부신 발전을 이끌어낸 핵심 기술이다. 딥러닝의 강력한 능력은 인간의 뇌를 모방한 신경망 구조, 특히 중간세포층(hidden layer), 즉 은닉층 덕분에 발현된다. 본 글에서는 제시된 텍스트를 바탕으로, 왜 단순하게 입력값을 더하는 방식으로는 복잡한 문제를 해결할 수 없는지, 그리고 딥러닝이 복잡성을 극복하기 위해 은닉층이라는 특별한 구조를 도입했는지에 대한 질문에 답하고자 한다.

3. 1 단순 덧셈 방식의 한계: 단층 케이크의 밋밋함

(1) 초창기 인공신경망은 마치 단층 케이크와 같았다

초창기 인공신경망은 마치 단층 케이크와 같았다. 입력층에서 정보를 받아 곧바로 출력층으로 전달하는 단순한 구조였으며, 정보 처리 과정은 입력 값을 단순히 더하는 수준에 머물렀다. 이러한 단층 구조는 간단한 패턴 인식에는 효과적일 수 있지만, 현실 세계의 복잡하고 미묘한 패턴을 학습하고 예측하는 데는 명확한 한계를 드러낸다.

#비유. 단층 케이크는 빵 시트 한 겹에 크림만 살짝 얹은 형태로, 맛은 단순하고 밋밋하다.

단층 케이크를 떠올려 보자. 단층 케이크는 빵 시트 한 겹에 크림만 살짝 얹은 형태로, 맛은 단순하고 밋밋하다. 아무리 좋은 재료를 사용해도, 층층이 쌓인 복잡하고 다채로운 맛을 내기는 어렵다. 단층 신경망 역시 마찬가지이다. 입력 정보를 단순하게 합산하는 방식으로는 데이터 속에 숨겨진 복잡하고 다층적인 관계를 파악하기 어렵다. 현실 세계의 데이터는 단층 케이크처럼 단순하지 않으며, 훨씬 더 복잡하고 풍부한 정보들을 담고 있다.

Single layer cake simple and plain www.theknot.com

(2) 입력 값을 더하는 방식으로는 복잡한 패턴을 학습하고 예측하는 데 한계가 있다

텍스트에서 언급된 "단순히 입력 값을 더하는 방식으로는 복잡한 패턴을 학습하고 예측하는 데 한계가 있다"라는 문장은 단층 신경망의 근본적인 한계를 정확하게 지적한다. 단순한 연산만으로는 복잡한 문제를 해결할 수 없으며, 더욱 정교하고 복잡한 정보 처리 메커니즘이 필요함을 시사한다.

3. 2 인간 뇌의 복잡한 정보 처리 과정: 다층 구조의 영감

(1) 뇌는 시각, 청각, 촉각 등 다양한 감각 기관으로부터 입력된 정보를 여러 단계에 걸쳐 분석하고 처리한다

인간의 뇌는 놀라울 정도로 복잡하고 정교한 정보 처리 시스템을 갖추고 있다. 뇌는 시각, 청각, 촉각 등 다양한 감각 기관으로부터 입력된 정보를 여러 단계에 걸쳐 분석하고 처리한다. 시각 정보를 예로 들면, 눈으로 들어온 빛 정보는 망막을 거쳐 시신경을 통해 뇌의 시각 피질로 전달되고, 시각 피질은 다시 여러 계층으로 나뉘어 정보를 단계별로 분석한다. 초기 단계에서는 선, 색깔, 명암과 같은 기본적인 시각 요소들을 감지하고, 점차 복잡한 단계를 거치면서 형태, 윤곽, 객체 인식과 같은 고차원적인 시각 정보를 처리한다.

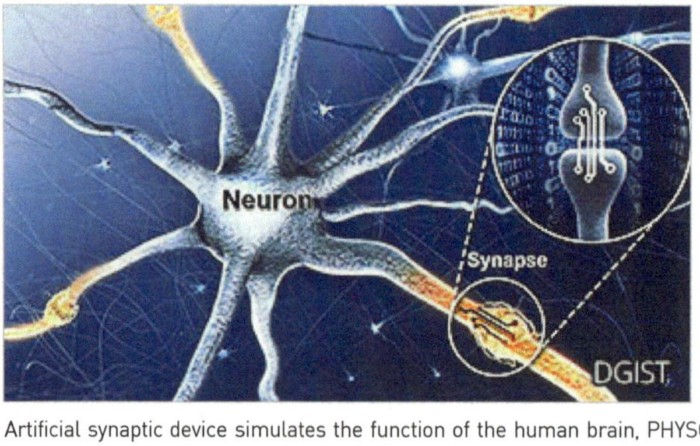

Artificial synaptic device simulates the function of the human brain, PHYSORG

#비유. 인간의 뇌는 여러 개의 분석 팀으로 구성된 마치 최첨단 데이터 분석 연구소와 같다.

인간의 뇌는 마치 최첨단 데이터 분석 연구소와 같다. 연구소는 여러 개의 분석 팀으로 구성되어 있으며, 각 팀은 데이터 분석의 특정 단계를 전문적으로 담당한다. 1단계 팀은 데이터에서 기본적인 통계 정보 (평균, 분산 등)를 추출하고, 2단계 팀은 1단계 분석 결과를 바탕으로 데이터 패턴을 분석하며, 3단계 팀은 2단계 분석 결과를 종합하여 데이터의 의미를 심층적으로 해석한다. 뇌는 이처럼 다단계 정보 처리 과정을 통해 복잡한 외부 환경에 효과적으로 대응하는 것이다.

(2) 인간 뇌처럼 복잡한 정보 처리 능력을 구현하기 위해 중간세포층(hidden layer), 즉 은닉층이라는 혁신적인 구조를 도입하게 된 것이다

딥러닝은 바로 인간 뇌의 이러한 다층적인 정보 처리 방식에서 영감을 받아 개발되었다. 단층 신경망의 한계를 극복하고, 인간 뇌처럼 복잡한 정보 처리 능력을 구현하기 위해 중간세포층(hidden layer), 즉 은닉층이라는 혁신적인 구조를 도입하게 된 것이다.

3. 3 중간세포층(은닉층) 도입: 다층 케이크의 풍성함

(1) 딥러닝은 단층 신경망에 중간세포층(hidden layer)을 추가함으로써 정보 처리 능력을 획기적으로 향상시켰다.

딥러닝은 단층 신경망에 중간세포층(hidden layer)을 추가함으로써 정보 처리 능력을 획기적으로 향상시켰다. 중간세포층은 입력층과 출력층 사이에 위치하며, 입력 데이터로부터 더욱 복잡하고 추상적인 특징을 추출하는 핵심적인 역할을 수행한다. 마치 케이크에 크림 층, 과일 층, 시럽 층 등 다양한 층을 추가하는 것처럼, 은닉층은 신경망에 다층적인 정보 처리 능력을 부여한다.

#비유. 다층 케이크의 각 층은 서로 다른 맛과 질감을 가지고 있으며, 이들이 조화롭게 어우러져 풍부하고 다채로운 맛을 선사한다.

다층 케이크를 다시 떠올려 보자. 단층 케이크와 달리, 다층 케이크는 빵 시트 사이에 크림, 과일, 초콜릿, 시럽 등 다양한 재료를 층층이 쌓아 만든다. 각 층은 서로 다른 맛과 질감을 가지고 있으며, 이들이 조화롭게 어우러져 풍부하고 다채로운 맛을 선사한다. 은닉층은 다층 케이크의 각 층과 유사한 역할을 수행한다. 각 은닉층은 입력 데이터에서 서로 다른 종류의 특징을 추출하고, 이러한 특징들이 계층적으로 결합되어 더욱 복잡하고 풍부한 정보 표현을 가능하게 한다.

Multilayer cake complexes and rich, cleobuttera.com

(2) 은닉층은 이전 층에서 추출된 정보를 변형, 조합, 추상화하여 더욱 고차원적인 특징을 만들어낸다.

텍스트에서 언급된 "한 번 합한 것을 다시 더해서 합치면 복잡한 로직을 만들 수 있다"라는 문장은 은닉 층 도입의 핵심 아이디어를 간결하게 설명한다. 은닉층은 단순히 입력 값을 '다시 더하는' 것이 아니라, 이전 층에서 추출된 정보를 변형, 조합, 추상화하여 더욱 고차원적인 특징을 만들어낸다. 이러한 계층적인 특징 추출 과정을 통해, 딥러닝은 복잡한 데이터 속에 숨겨진 미묘한 패턴까지 효과적으로 학습하고 예측할 수 있게 된다.

3. 4 심층 신경망(Deep Neural Network): 다층 케이크를 넘어선 초고층 빌딩

(1) 수십, 수백 개의 은닉층을 층층이 쌓아 올려 심층 신경망(Deep Neural Network)을 구축한다.

딥러닝의 핵심적인 특징은 다수의 은닉층을 깊게 쌓아 올린다는 점이다. 단순히 은닉층을 한두 개 추가하는 것을 넘어, 수십, 수백 개의 은닉층을 층층이 쌓아 올려 심층 신경망(Deep Neural Network)을 구축한다. 이는 마치 다층 케이크를 넘어, 수십, 수백 층 높이의 초고층 빌딩을 짓는 것과 비견될 수 있다.

#비유. 초고층 빌딩은 다층 케이크를 넘어 도시의 수많은 기능을 집약하고, 복잡한 도시 생활을 효율적으로 지원하는 역할을 수행한다.

초고층 빌딩은 단순한 건물과는 비교할 수 없을 정도로 복잡하고 거대한 구조물이다. 빌딩 내부에는 수많은 층, 방, 복도가 복잡하게 연결되어 있으며, 각 층은 서로 다른 용도로 사용된다. 초고층 빌딩은 도시의 수많은 기능을 집약하고, 복잡한 도시 생활을 효율적으로 지원하는 역할을 수행한다. 심층 신경망 역시 이와 유사하게, 수많은 은닉층을 통해 데이터 속의 방대한 정보를 계층적으로 처리하고, 극도로 복잡한 문제 해결 능력을 발휘한다.

Skyscrapers | Tag (page 2) | ArchDaily

(2) 심층 신경망은 마치 초고층 빌딩처럼, 복잡한 데이터 속의 정보를 효율적으로 조직화하고, 고차원적인 추론 능력을 발휘하는 것이다.

은닉층이 깊어질수록 신경망은 더욱 복잡한 특징을 계층적으로 학습할 수 있게 된다. 첫 번째 은닉층은 입력 데이터에서 기본적인 특징 (예: 모서리, 색깔)을 추출하고, 두 번째 은닉층은 첫 번째 층에서 추출된 특징들을 조합하여 더욱 복잡한 특징 (예: 눈, 코, 입)을 추출한다. 이러한 방식으로 층이 깊어질수록 신경망은 점차적으로 추상적이고 고수준의 특징 (예: 얼굴, 객체)을 파악할 수 있게 된다. 심층 신경망은 마치 초고층 빌딩처럼, 복잡한 데이터 속의 정보를 효율적으로 조직화하고, 고차원적인 추론 능력을 발휘하는 것이다.

3. 5 딥러닝의 자동 특징 추출 능력: 전문가의 노하우를 뛰어넘다

(1) 딥러닝은 마치 숙련된 장인의 오랜 경험과 노하우를 AI가 스스로 습득하고 활용하는 것과 같다.

딥러닝은 은닉층을 통해 자동으로 데이터의 특징을 추출하는 능력을 획득함으로써, 기존 머신러닝 기술의 한계를 극복하고 인공지능 분야에 혁신적인 발전을 가져왔다. 과거에는 인간 전문가가 데이터의 특징을 직접 설계하고 추출해야 했지만, 딥러닝은 다층 신경망 구조와 자동 학습 알고리즘을 통해 이 과정을 자동화하였다. 이는 마치 숙련된 장인의 오랜 경험과 노하우를 AI가 스스로 습득하고 활용하는 것과 같다.

(2) 은닉층은 데이터 특징을 계층적으로 추출하고, 심층 신경망은 복잡한 정보 처리 능력을 극대화한다.

딥러닝은 중간세포층(은닉층)이라는 혁신적인 구조를 도입하여, 단순 덧셈 방식의 한계를 극복하고 복잡한 데이터 속에서 숨겨진 의미와 패턴을 스스로 학습하는 능력을 획득했다. 은닉층은 다층 케이크의 각 층처럼, 데이터 특징을 계층적으로 추출하고, 심층 신경망은 초고층 빌딩처럼, 복잡한 정보 처리 능력을 극대화한다. 딥러닝의 자동 특징 추출 능력은 인간 전문가의 영역에 도전하며, 인공지능 기술의 새로운 가능성을 열어가고 있다. 향후 딥러닝 기술은 더욱 발전하여 우리 삶의 다양한 분야에서 혁신적인 변화를 주도할 것으로 기대된다.

#비유. 딥러닝 기반 AI는 수많은 커피 원두 데이터 (이미지, 화학 성분, 맛 평가 등) 를 스스로 분석하고 학습하여, 인간 전문가가 미처 파악하지 못했던 미묘한 특징까지 자동으로 추출한다.

커피 감별 전문가 (바리스타)는 원두의 향, 맛, 질감 등 다양한 요소를 종합적으로 평가하여 커피의 품질을 감별한다. 과거 AI 모델은 인간 전문가가 정의한 특징 (예: 산미, 쓴맛, 바디감 등)에 의존하여 커피 품질을 평가해야 했다. 하지만 딥러닝 기반 AI는 수많은 커피 원두 데이터 (이미지, 화학 성분, 맛 평가 등)를 스스로 분석하고 학습하여, 인간 전문가가 미처 파악하지 못했던 미묘한 특징까지 자동으로 추출하고 커피 품질을 더욱 정확하게 감별할 수 있게 되었다. 딥러닝은 전문가의 오랜 경험과 직관을 데이터 기반으로 학습하고, 자동화함으로써 더욱 뛰어난 성능을 발휘하는 것이다.

04 귀납적 인공신경망과 파라미터, 그리고 강화학습

1 비유로 풀어 본 귀납적 인공신경망과 파라미터의 세계

현재 인공지능 기술의 주류는 귀납적 인공신경망에 기반하고 있다. 귀납적 방식은 마치 숙련된 장인이 제자의 숙련도를 높이기 위해 수많은 모범 답안과 해설을 제시하는 교육 방식과 유사하다. 본 글에서는 귀납적 인공신경망의 핵심 개념과 파라미터의 역할, 그리고 컴퓨팅 파워의 중요성을 쉽고 재미있는 비유를 통해 심층적으로 분석하고자 한다.

1. 1 귀납적 인공신경망, 데이터 학습을 통한 함수 값 추론

(1) 개요 : 귀납적 인공신경망은 입력 값과 정답 쌍을 학습 데이터로 활용하여 입력 값에서 정답으로 이어지는 함수 관계를 스스로 학습하는 방식을 채택한다. 이는 마치 학생이 다양한 문제와 해설을 통해 문제 해결 패턴을 익히는 과정과 흡사하다. 인공신경망은 수많은 학습 데이터를 통해 입력 값과 정답 사이의 복잡한 관계를 파악하고, 새로운 입력 값이 주어졌을 때 적절한 정답을 예측하는 능력을 획득하게 된다.

#비유. 강아지는 수많은 훈련을 통해 멍멍이 사진을 보면 "멍멍!" 소리를 내고, 야옹이 사진을 보면 "야옹!" 소리를 내는 함수 관계를 스스로 학습한다.

강아지에게 "멍멍이는 멍멍!", "야옹이는 야옹!" 하고 수없이 반복하여 알려주는 상황을 상상해 보자. 이것이 바로 귀납적 학습 방식이다. 우리는 강아지에게 멍멍이 사진과 함께 "멍멍!", 야옹이 사진과 함께 "야옹!" 소리를 반복적으로 들려준다. 강아지는 수많은 훈련을 통해 멍멍이 사진을 보면 "멍멍!" 소리를 내고, 야옹이 사진을 보면 "야옹!" 소리를 내는 함수 관계를 스스로 학습하게 되는 것이다.

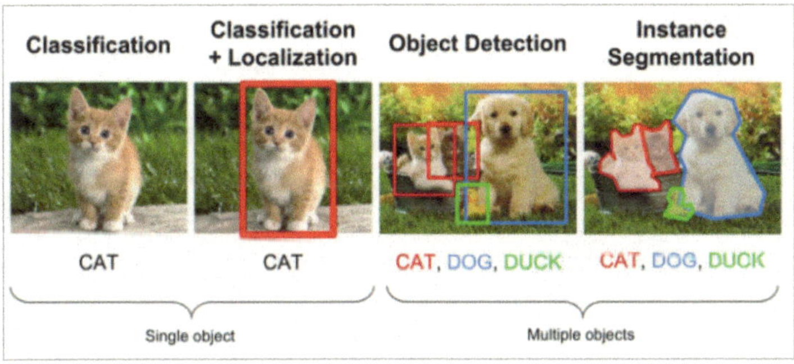

Cats Versus Dogs – Deep Learning Introduction, MoCo Markers

1. 2 파라미터, 인공신경망의 섬세한 조절 손잡이

(1) 파라미터는 오디오 믹서의 각 손잡이를 미세하게 조절함에 따라 음색과 음량이 변화하듯, 파라미터 값을 조정함에 따라 인공신경망의 출력 결과가 달라진다

인공신경망 내부에는 수많은 파라미터(parameter)가 존재한다. 파라미터는 마치 오디오 믹서의 수많은 음량 조절 손잡이와 같은 역할을 수행한다. 각 손잡이를 미세하게 조절함에 따라 음색과 음량이 변화하듯, 파라미터 값을 조정함에 따라 인공신경망의 출력 결과가 달라진다. 파라미터는 입력값과 정답 사이의 함수 관계를 결정하는 핵심 요소이며, 학습 과정은 최적의 예측 성능을 발휘하는 파라미터 값을 찾아가는 과정이라고 할 수 있다.

#비유. 오디오 믹서의 손잡이 수가 적으면 섬세한 음향 조절이 어렵고, 원하는 음색을 정확하게 구현하기 힘들다.

정교한 오디오 믹서를 상상해 보자. 수십, 수백 개의 음량 조절 손잡이(파라미터)가 존재하며, 각 손잡이를 미세하게 조절하여 최적의 음향 효과를 만들어낼 수 있다. 손잡이 수가 적으면 섬세한 음향 조절이 어렵고, 원하는 음색을 정확하게 구현하기 힘들다. 마찬가지로, 인공신경망의 파라미터 수가 적으면 복잡한 입력 값에 대한 정확한 정답을 도출하기 어렵게 된다.

1. 3 파라미터 수 증가, 성능향상의 필수조건이자 컴퓨팅 파워 요구량 증가의 원인

(1) 함수의 파라미터 수가 적으면, 아무리 입력 값을 제공하더라도 인공신경망은 올바른 정답을 도출하기 어렵다

함수의 파라미터 수가 적으면, 아무리 입력 값을 제공하더라도 인공신경망은 올바른 정답을 도출하기 어렵다. 이는 마치 손잡이가 몇 개 없는 단순한 오디오 믹서로는 풍부하고 다채로운 음향을 만들어낼 수 없는 것과 같다. 따라서 연구자들은 인공신경망의 성능을 향상시키기 위해 파라미터 수를 지속적으로 증가시켜 왔다.

#비유. 오디오 믹서의 손잡이 수가 증가할수록 더욱 복잡하고 다채로운 음향 효과를 만들어낼 수 있지만, 동시에 각 손잡이를 정교하게 조절하는 것은 더욱 어려워진다.

더욱 풍부하고 섬세한 음향을 구현하기 위해 오디오 믹서의 손잡이 수를 계속 늘려 나가는 상황을 떠올려 보자. 손잡이 수가 증가할수록 더욱 복잡하고 다채로운 음향 효과를 만들어낼 수 있지만, 동시에 각 손잡이를 정교하게 조절하는 것은 더욱 어려워진다. 마찬가지로, 인공신경망의 파라미터 수가 증가할수록 복잡한 문제 해결 능력은 향상되지만, 최적의 파라미터 값을 계산하고 조정하기 위해서는 막대한 컴퓨팅 파워가 필요하게 된다.

1. 4 챗GPT와 딥시크 R1, 거대 파라미터 모델의 등장과 컴퓨팅 파워 경쟁 시대 개막

(1) 파라미터 수가 1,000억 개를 넘어서면서 인공신경망은 비로소 어떤 입력 문장에도 인간과 유사한 답변(다음 문장의 단어들)을 생성할 수 있게 되었다.

대부분의 사람들에게 인공지능을 각인시킨 챗GPT-3.5는 1,750억 개라는 엄청난 수의 파라미터를 보유하고 있으며, 최근 딥시크 R1 모델을 비롯한 최신 모델들은 6,000억~7,000억 개의 파라미터를 자랑한다. 파라미터 수가 1,000억 개를 넘어서면서 인공신경망은 비로소 어떤 입력 문장에도 인간과 유사한 답변(다음 문장의 단어들)을 생성할 수 있게 되었다.

(2) 인공신경망의 학습 과정은 방대한 양의 데이터를 병렬적으로 처리해야 하므로, 고성능 GPU와 같은 특수 하드웨어가 필수적이다

하지만 파라미터 수의 증가는 곧 어마어마한 컴퓨팅 파워에 대한 요구로 이어진다. 이는 마치 수많은 손잡이를 가진 복잡한 오디오 믹서를 능숙하게 다루기 위해서는 강력한 성능의 음향 장비와 숙련된 전문가가 필요한 것과 같다. 특히 인공신경망의 학습 과정은 방대한 양의 데이터를 병렬적으로 처리해야 하므로, 고성능 GPU와 같은 특수 하드웨어가 필수적이다.

#비유. 수천 개의 파이프가 연결된 거대한 파이프 오르간을 연주하기 위해서는 엄청난 양의 공기를 불어넣어야 하며, 강력한 펌프와 에너지 공급 시스템이 필요하다.

수천 개의 파이프가 연결된 거대한 파이프 오르간을 상상해 보자. 이 악기를 연주하기 위해서는 엄청난 양의 공기를 불어넣어야 하며, 강력한 펌프와 에너지 공급 시스템이 필요하다. 마찬가지로, 수천억 개의 파라미터를 가진 인공신경망을 학습시키기 위해서는 막대한 전력과 고성능 컴퓨팅 인프라가 필수적으로 요구된다.

Pipe Organ, The Conversation

(3) 귀납적 추론을 완성하려면 주어진 입력값에 대한 결과값을 알고 있어야 한다

귀납적 추론을 완성하려면 주어진 입력값에 대한 결과값을 알고 있어야 한다. 예를 들어 라이더와 레이더는 자율주행차의 '눈'을 담당하는 이미지 센서이다. 이 두가지 센서에 대한 학자와 업계의 논쟁이 뜨겁다. 테슬라는 레이더를 탑재한 자율주행기술을 개발하여 출시하였다. 테슬라는 레이더를 탑재한 자율주행기술을 우수한지의 여부를 판단하려면 명확한 결과 데이터가 필요하다. 결과값이 없으면 파라미터 값을 학습할 수 없다.

2 자율주행차 센서 논쟁과 귀납적 추론, 강화 학습의 심층적 이해

2. 1 테슬라는 레이더를 탑재한 자율주행기술을 우수한지의 여부를 판단하려면 명확한 결과 데이터가 필요하다

귀납적 추론을 완성하려면 주어진 입력 값에 대한 결과값을 알고 있어야 한다. 이 장에서는 귀납적 추론의 핵심 조건과 강화 학습의 작동 원리를 자율주행차 센서 논쟁이라는 현실적인 예시와 함께 심층적으로 분석하고자 한다. 특히, 라이더와 레이더 센서 기술 논쟁을 통해 귀납적 추론에 필요한 결과 데이터의 의미를 명확히 하고, 강화 학습의 시행착오 기반 학습 방식이 어떻게 자율주행 기술 발전에 기여하는지 알아보자.

2. 2 자율주행차 센서 논쟁과 귀납적 추론: 결과 데이터의 중요성

1) 자율주행차의 결과 데이터 값

이러한 상황에서 중요한 질문은 “테슬라의 레이더 기반 자율주행 기술이 과연 우수한가?” 이다. 이 질문에 대한 답을 귀납적으로 추론하기 위해서는 명확한 결과 데이터가 필수적이다. 귀납적 추론은 특정한 사례들을 분석하여 일반적인 결론을 도출하는 방식이므로, 레이더 기반 자율주행 기술의 우수성을 판단하려면 객관적이고 측정 가능한 데이터에 기반해야 한다.

자율주행차 기술의 우수성을 평가하는 결과 데이터 값은 다음과 같은 요소들을 포함할 수 있다.

(1) 안전성 : 사고 발생률, 급제동 횟수, 위험 상황 회피 성공률 등 안전 운행과 관련된 지표는 가장 중요한 결과 데이터 값이다. 라이더와 레이더를 탑재한 자율주행차의 사고 데이터, 사고 유형 분석 등을 통해 안전성을 비교할 수 있다.

(2) 주행 성능 : 평균 주행 속도, 목적지 도착 시간, 차선 유지 정확도, 교통 흐름 적응 능력 등 실제 주행 환경에서의 성능 역시 중요한 결과 데이터 값이다. 다양한 주행 환경에서 라이더와 레이더 기반 자율주행 시스템의 성능을 비교 분석하여 효율성을 평가할 수 있다.

(3) 신뢰성 : 악천후, 야간 등 다양한 환경 조건에서의 센서 작동 신뢰성, 시스템 오류 발생 빈도 등은 기술의 안정성을 나타내는 결과 데이터 값이다. 극단적인 환경 조건에서의 센서 데이터 확보 및 시스템 작동 테스트를 통해 신뢰성을 검증할 수 있다.

(4) 경제성 : 센서 및 시스템 구축 비용, 유지보수 비용, 전력 소모량 등 경제적인 측면 또한 결과 데이터 값으로 고려될 수 있다. 라이더와 레이더 시스템

의 초기 투자 비용 및 장기적인 운영 비용을 비교하여 경제적 효율성을 평가할 수 있다.

(5) 사용자 만족도 : 실제 사용자들의 자율주행 기능 만족도, 안전 체감도, 편의성 평가 등 주관적인 요소 또한 중요한 결과 데이터 값으로 활용될 수 있다. 사용자 설문 조사, 인터뷰 등을 통해 정성적인 데이터를 수집하고 분석할 수 있다.

#비유. 기존 레시피보다 맛있는지 귀납적으로 판단하려면, 단순히 맛을 보는 것 외에 명확한 결과 데이터가 필요하다.

요리사가 새로운 레시피의 맛을 평가하는 상황을 가정해 보자. 새로운 레시피가 기존 레시피보다 맛있는지 귀납적으로 판단하려면, 단순히 맛을 보는 것 외에 명확한 결과 데이터가 필요하다. 예를 들어, 새로운 레시피와 기존 레시피로 만든 요리에 대한 고객 만족도 점수, 판매량 비교, 전문가 시식단의 평가 점수 등을 결과 데이터 값으로 활용할 수 있다. 이러한 객관적인 데이터에 기반하여 새로운 레시피의 우수성을 더욱 신뢰성 있게 판단할 수 있게 된다

2) 결과 데이터 값이 부재하다면, 테슬라 레이더 기반 자율주행 기술의 우수성을 객관적으로 판단하는 것은 불가능하다.

만약 이러한 결과 데이터 값이 부재하다면, 테슬라 레이더 기반 자율주행 기술의 우수성을 객관적으로 판단하는 것은 불가능하다. 데이터 없이 단순히 주관적인 의견이나 추측만으로는 기술의 장단점을 명확하게 파악할 수 없으며, 미래 기술 개발 방향을 설정하는 데 어려움을 겪게 된다. 텍스트에서 언급된 "결과값이 없으면 파라미터 값을 학습할 수 없다"는 문장은 바로 이러한 귀납적 추론의 핵심적인 제약 조건을 강조하는 것이다.

2. 2 강화 학습(Reinforcement Learning): 시행착오를 통한 최적 자율주행 전략 학습

1) 복잡한 의사 결정 과정을 학습하는 데 효과적인 방법론 중 하나가 바로 강화 학습(Reinforcement Learning)이다.

자율주행 기술 개발 과정에서 직면하는 또 다른 중요한 질문은 "어떤 입력값(센서 데이터)이 주어졌을 때, 자율주행차는 어떤 행동(조향, 가속, 제동)을 해야 하는가?"이다. 자율주행차는 센서 데이터를 실시간으로 분석하고, 안전하고 효율적인 주행을 위한 최적의 행동을 스스로 결정해야 한다. 이러한 복잡한 의사 결정 과정을 학습하는 데 효과적인 방법론 중 하나가 바로 강화 학습(Reinforcement Learning)이다.

(1) 강화 학습은 명확한 정답을 미리 제공하는 대신, 자율주행차가 다양한 시행착오를 통해 스스로 최적의 운전 전략을 학습하도록 유도하는 방식이다

강화 학습은 명확한 정답을 미리 제공하는 대신, 자율주행차가 다양한 시행착오를 통해 스스로 최적의 운전 전략을 학습하도록 유도하는 방식이다. 자율주행차는 가상 환경 또는 실제 도로 환경에서 다양한 주행 시나리오를 경험하고, 각 행동에 대한 결과를 보상(reward) 또는 벌칙(penalty) 형태로 피드백 받는다.

#비유. 강화 학습은 초보운전자 운전과 유사하게, 자율주행차가 수많은 시행착오를 통해 최적의 운전 전략을 스스로 학습하도록 설계된 방법론이다.

운전 면허를 처음 취득하는 초보 운전자를 생각해 보자. 초보 운전자는 처음부터 능숙하게 운전할 수 없으며, 실수와 시행착오를 반복하면서 운전 기술을 점차적으로 향상시켜 나간다. 급커브 구간에서 과속으로 회전하다가 차가 휘청거리는 경험(벌칙)을 통해 '급커브에서는 속도를 줄여야 한다'는 교훈을 얻고, 교통 흐름에 맞춰 부드럽게 차선 변경에 성공했을 때 칭찬(보상)을 받으며 운전 기술을 숙달하게 된다. 강화 학습은 이와 유사하게, 자율주행차가 수많은 시행착오를 통해 최적의 운전 전략을 스스로 학습하도록 설계된 방법론이다.

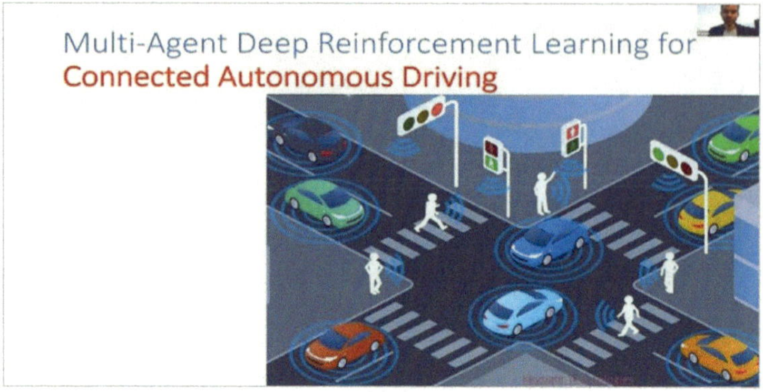

Multi-Agent Deep Reinforcement Learning for Connected Cars, Tou Tube

(2) "각 단계에서의 값을 일단 넣어보고 나중에 그것이 답이라고 판단하는 방식을 강화학습(reinforcement learning)이라 부른다"

"각 단계에서의 값을 일단 넣어보고 나중에 그것이 답이라고 판단하는 방식을 강화학습(reinforcement learning)이라 부른다"라는 문장은 강화 학습의 핵심 작동 방식을 간결하게 설명한다. 자율주행차는 각 주행 단계에서 다양한 행동을 시도하고, 최종적인 주행 결과(목적지 도착, 안전 운행, 교통 법규 준수 등)를 통해 어떤 행동이 성공적인 결과를 가져오는지 스스로 학습한다.

3 RLHF (인간 피드백 기반 강화 학습) 와 자율주행 기술 발전

2. 1 테슬라는 레이더를 탑재한 자율주행기술을 우수한지의 여부를 판단하려면 명확한 결과 데이터가 필요하다

(1) RLHF(Reinforcement Learning from Human Feedback)는 자율주행 시스템이 생성한 다양한 운전 전략에 대해 인간 전문가가 직접 피드백을 제공하고, 이 피드백 정보를 강화 학습에 활용하여 운전 성능을 향상시키는 방식이다.

챗GPT와 같은 거대 언어 모델에서 활용되는 RLHF(Reinforcement Learning from

Human Feedback) 기법은 자율주행 기술 분야에도 적용될 수 있다. RLHF는 자율주행 시스템이 생성한 다양한 운전 전략에 대해 인간 전문가가 직접 피드백을 제공하고, 이 피드백 정보를 강화 학습에 활용하여 운전 성능을 향상시키는 방식이다.

#비유. RLHF는 인간 전문가의 지식과 경험을 자율주행 시스템 학습에 효과적으로 반영하여, 더욱 안전하고 신뢰할 수 있는 자율주행 기술 개발을 가능하게 한다.

자율주행차 개발자가 시뮬레이션 환경에서 자율주행 시스템의 운전 행태를 직접 모니터링하고 평가하는 상황을 상상해 보자. 개발자는 자율주행 시스템이 과속, 급제동, 위험한 차선 변경 등 부적절한 운전 행동을 보일 경우, 이를 지적하고 개선 방향을 제시하는 피드백을 제공할 수 있다. RLHF는 인간 전문가의 지식과 경험을 자율주행 시스템 학습에 효과적으로 반영하여, 더욱 안전하고 신뢰할 수 있는 자율주행 기술 개발을 가능하게 한다.

(2) RLHF는 "막대한 시간과 비용이 드는 과정"이다.

그러나 RLHF는 "막대한 시간과 비용이 드는 과정"이다. 자율주행 시나리오 설계, 인간 피드백 수집 및 평가 시스템 구축, 강화 학습 알고리즘 최적화 등 다양한 단계에서 상당한 자원과 노력이 요구된다. 특히, 안전성이 최우선시되는 자율주행 기술 분야에서 고품질의 인간 피드백 데이터를 확보하고 신뢰성을 검증하는 것은 매우 중요한 과제이다.

자율주행차 센서 기술 논쟁은 귀납적 추론에 필요한 결과 데이터의 중요성을 명확하게 보여준다. 라이더와 레이더 기반 자율주행 기술의 우수성을 객관적으로 평가하기 위해서는 안전성, 주행 성능, 신뢰성, 경제성, 사용자 만족도 등 다양한 측면에서 명확한 결과 데이터 값을 확보하고 분석해야 한다.

4 나오는 말

귀납적 인공신경망은 데이터 학습을 통해 함수 관계를 추론하는 강력한 AI 기술이며, 파라미터 수는 모델의 성능을 결정하는 핵심 요소이다. 파라미터 수 증가는 성능 향상을 가져오지만, 동시에 막대한 컴퓨팅 파워를 요구하며, 이는 AI 기술 발전의 중요한 제약 요인이 된다. 오픈소스나 딥시크와 같은 기업들의 혁신적인 기술 개발은 컴퓨팅 파워 제약을 극복하고 더욱 강력하고 효율적인 AI 모델 개발 가능성을 제시하며, 미래 AI 기술 발전 방향에 중요한 시사점을 던져준다.

Chapter 02

도시 AI (Urban AI) 읽기

05 도시 AI(Urban AI)가 도시내 AI를 이끌어 간다

[주요 질문]

1. 도시 AI의 개념 및 역할

- 도시 AI란 무엇이며, 도시 계획 및 관리에서 어떤 역할을 수행할 수 있을까요?
- 도시 AI는 스마트 시티와 어떤 관련이 있을까요?
- 도시 AI는 시민들의 삶에 어떤 영향을 미칠 수 있을까요?

2. 도시 AI가 추구하는 도시상

- 도시 AI는 어떤 도시를 만들고자 할까요? (지속 가능성, 스마트, 포용성, 연결성, 회복력)
- 도시 AI가 추구하는 도시상은 현재 도시의 문제점을 어떻게 해결할 수 있을까요?
- 도시 AI가 만들어갈 미래 도시는 어떤 모습일까요?

3. 도시 AI의 핵심 기술 및 적용

- 도시 AI를 구현하기 위한 핵심 기술은 무엇일까요? (빅데이터, IoT, 머신러닝, 클라우드 컴퓨팅, 5G 등)
- 도시 AI는 도시 계획의 어떤 요소에 적용될 수 있을까요? (도시 디자인, 미래 예측, 교통 시스템, 환경 관리, 시민 참여, 안전 및 편의)
- AI는 도시 디자인, 미래 예측, 교통 시스템, 환경 관리, 시민 참여, 안전 및 편의 증진에 어떻게 활용될 수 있을까요?

4. 도시 AI의 장단점 및 과제

- 도시 AI의 장점과 단점은 무엇일까요?
- 도시 AI 구현 과정에서 발생할 수 있는 문제점은 무엇이며, 어떻게 해결해야 할까요? (데이터 보안, 프라이버시 침해, 기술 오류, 사회적 불평등 심화 등)
- 도시 AI의 지속 가능한 발전을 위해 필요한 것은 무엇일까요?

5. 심층 질문

- 도시 AI는 도시 및 시민들에게 어떤 긍정적 또는 부정적 영향을 미칠 수 있을까요?
- 도시 AI는 도시 계획 분야의 전문가들에게 어떤 새로운 역할을 요구할까요?
- 도시 AI 시대에 시민들은 어떤 역할을 해야 할까요?

6. 추가 질문

- 도시 AI는 급증하는 도시 인구와 그로 인한 문제에 어떻게 대응할 수 있을까요?
- 도시 AI는 기후 변화와 같은 환경 문제 해결에 어떻게 기여할 수 있을까요?
- 도시 AI는 사회적 포용성을 어떻게 증진시킬 수 있을까요?
- 도시 AI는 시민 참여를 어떻게 확대하고 도시 민주주의를 발전시킬 수 있을까요?
- 도시 AI는 어떻게 도시의 안전성을 확보하고 재난에 효과적으로 대응할 수 있을까요?

Innovations through AI-Human Collaboration, Linkedin

1 2035년 도시 AI: 내 삶과 도시를 바꾸는 놀라운 변화

2035년, 우리 도시는 인공지능(AI) 덕분에 놀랍도록 편리하고 영리해졌습니다! AI는 도시 곳곳에서 숨은 일꾼처럼 활약하며, 시민들의 삶을 더욱 윤택하게 해줍니다. 마치 영화 속 미래 도시를 현실로 옮겨 놓은 듯, 상상 이상의 변화가 우리를 기다리고 있습니다.

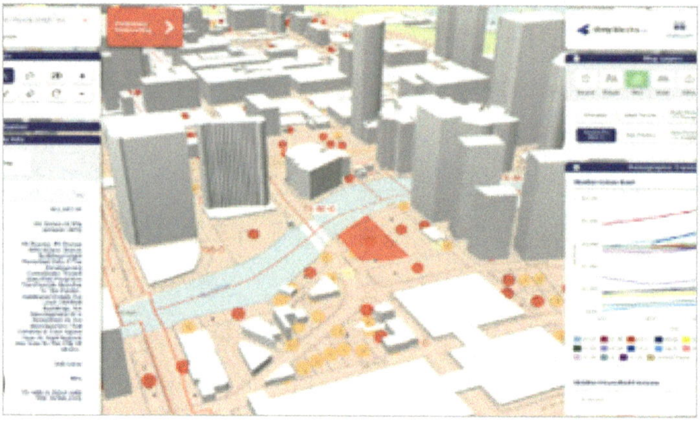

AI Tools for Urban Planning, Parametic Archtecture

장면1. 아름다움과 효율성을 갖춘 도시 디자인.

AI는 도시 미관을 개선하고, 공간 활용을 극대화하는 데에도 활용됩니다. AI는 건축물, 공원, 조형물 등을 디자인하고, 시뮬레이션을 통해 디자인의 효과를 미리 보여줍니다. 또한, 도시 공간의 효율적인 활용을 위한 다양한 방안을 제시하여 아름다움과 효율성을 모두 갖춘 도시 환경을 조성합니다.

- 건축 디자인 : AI는 건축물의 디자인, 에너지 효율, 안전성 등을 고려하여 최적화된 건축 디자인을 제시합니다. 예를 들어, AI는 건축물의 에너지 소비량을 최소화하고, 자연 채광을 극대화하는 디자인을 제시할 수 있습니다.

- 도시 공간 디자인 : AI는 공원, 광장, 녹지 공간 등 도시 공간을 디자인하고, 시민들의 편의와 미관을 동시에 고려한 공간 활용 방안을 제시합니다. 예를 들어, AI는 시민들의 이동 동선을 분석하여 공원 내 산책로를 효율적으로 배치하고, 휴식 공간을 조성할 수 있습니다.
- 시뮬레이션 : AI는 디자인 결과를 시뮬레이션 하여 시민들에게 미리 보여주고, 의견을 수렴하여 디자인을 개선합니다.

#장면2, 미래 예측 기반 도시 계획

AI는 도시의 인구 변화, 경제 성장, 기후 변화 등 다양한 요인을 분석하여 도시의 미래를 예측합니다. 이러한 예측 데이터는 도시 계획 수립에 필요한 정보를 제공하고, 도시의 지속 가능한 발전을 위한 정책 결정을 지원합니다. AI는 도시 확장과 관련된 다양한 요인과 잠재적 문제점을 분석하여 도시 계획에 반영합니다.

- 인구 변화 예측 : AI는 출생률, 사망률, 인구 이동 등을 분석하여 미래 인구 변화를 예측하고, 이를 기반으로 주택, 교통, 교육 등 도시 계획을 수립합니다. 예를 들어, AI는 특정 지역의 인구 증가를 예측하여 해당 지역에 주택 공급을 늘리고, 교통망을 확충하는 계획을 수립할 수 있습니다.
- 경제 성장 예측 : AI는 산업 동향, 투자, 고용 등 경제 지표를 분석하여 미래 경제 성장을 예측하고, 이를 기반으로 도시의 산업 구조를 개선하고, 새로운 성장 동력을 발굴합니다. 예를 들어, AI는 특정 산업의 성장 가능성을 예측하여 해당 산업에 대한 투자를 유치하고, 관련 인프라를 구축하는 계획을 수립할 수 있습니다.
- 기후 변화 예측 : AI는 기온, 강수량, 해수면 변화 등 기후 데이터를 분석하여 미래 기후 변화를 예측하고, 이에 대비한 도시 계획을 수립합니다. 예를 들어, 홍수 예방 시스템 구축, 폭염 대비 녹지 공간 조성 등이 있습니다.

#장면3, 똑똑한 교통 시스템

출근길 꽉 막힌 도로는 이제 걱정 끝! AI가 실시간 교통 상황을 분석하여 신호등을 조절하고, 자율 주행 차량을 운영하여 쾌적하고 효율적인 이동을 가능하게 합니다. 덕분에 도로 위에서 허비하는 시간을 줄이고, 교통 체증으로 인한 스트레스에서 벗어날 수 있습니다. 또한, AI는 개인의 이동 경로와 선호도를 학습하여 최적화된 경로를 추천하고, 대중교통 이용을 효율적으로 안내합니다.

자율 주행 차량은 도시의 이동성과 안전성을 혁신적으로 변화시키는 핵심 기술입니다. Navya와 Holon GmbH와 같은 회사는 자율 주행 셔틀을 개발하여 도시 교통 시스템에 통합하고 있으며, Waymo LLC는 완전 자율 주행 택시 서비스를 확대하여 실제 환경에서의 활용 가능성을 보여주고 있습니다

Waymo's robotaxis now hailable by anyone in San Francisco, IoT Tech News

#장면4, 깨끗하고 지속 가능한 환경

AI 시스템은 도시의 공기 질, 수질, 폐기물 등 환경 데이터를 실시간으로 수집하고 분석합니다. 이를 통해 오염 발생 원인을 파악하고, 오염을 줄이는 최적의 솔루션을 제공합니다. 또한, 에너지 사용량을 효율적으로 관리하고, 친환경 에너지 사용을 장려하여 지속 가능한 도시 환경을 조성합니다.

#장면5, 시민 참여를 통한 도시 계획

AI는 시민들이 도시 계획에 참여할 수 있도록 다양한 플랫폼을 제공합니다. 온라인 투표, 설문 조사, 시민 토론 등을 통해 시민들의 의견을 수렴하고, 이를 도시 계획에 반영합니다. 또한, AI 시뮬레이션을 통해 도시 계획에 대한 다양한 시나리오를 제시하고, 시민들이 직접 도시의 미래를 경험하고 의사 결정에 참여할 수 있도록 지원합니다.

- 디지털 플랫폼 : AI 기반 디지털 플랫폼은 시민들이 도시 문제에 대한 의견을 개진하고, 정책 제안, 투표 등에 참여할 수 있는 공간을 제공합니다. 이러한 플랫폼은 시민들의 의견을 효율적으로 수렴하고, 정책 결정 과정의 투명성을 높이는 데 기여합니다.
- AI 시뮬레이션 : AI는 도시 계획에 대한 다양한 시나리오를 시뮬레이션하고, 그 결과를 시민들에게 시각적으로 제시합니다. 이를 통해 시민들은 도시 계획의 효과를 미리 경험하고, 의견을 개진하여 더 나은 도시를 만들어 갈 수 있습니다.

Citizen OS

시민 참여를 위한 온라인 플랫폼은 다양한 형태로 제공됩니다. 예를 들어, Consul, Adhocracy+, CitizenOS, Ushahidi와 같은 플랫폼은 시민들이 도시 계획에 참여하고 의견을 개진할 수 있는 다양한 기능을 제공합니다. OpenGov, Socrata,

Bang the Table, mySidewalk, LiveStories와 같은 플랫폼은 설문 조사, 토론, 투표 등을 통해 시민 참여를 지원합니다. 이러한 플랫폼은 시민들이 도시 문제에 대한 정보를 얻고, 의견을 공유하고, 집단적인 의사 결정에 참여할 수 있도록 지원하여 시민들의 역량 강화와 도시 민주주의 발전에 기여합니다.

#장면6, 안전하고 편리한 도시 생활

AI 시스템은 도시 곳곳에 설치된 CCTV, 센서 등을 통해 범죄, 사고, 재난 상황을 실시간으로 감지하고, 이에 대한 신속한 대응을 지원합니다. 또한, 시민들에게 필요한 정보를 제공하고, 다양한 도시 서비스 이용을 지원하여 편리한 도시 생활을 누릴 수 있도록 도웁니다.

- 범죄 대응 : AI는 범죄 발생 가능성이 높은 지역을 예측하고, 범죄 발생 시 신속하게 경찰에 알려 시민의 안전을 보호합니다. 예를 들어, AI는 CCTV 영상을 분석하여 수상한 행동을 감지하고, 범죄 발생 시 경찰에 즉시 알릴 수 있습니다.
- 사고 대응 : AI는 교통사고, 화재 등 다양한 사고 발생 위험을 감지하고, 예방 조치를 취하여 안전한 도시 환경을 조성합니다. 예를 들어, AI는 교통량과 차량 속도를 분석하여 사고 위험이 높은 지역을 파악하고, 운전자에게 경고 메시지를 보낼 수 있습니다.
- 재난 대응 : AI는 지진, 홍수 등 재난 발생 시 신속하게 상황을 파악하고, 대피 경로 안내, 구조 지원 등 효율적인 재난 대응 시스템을 구축합니다. 예를 들어, AI는 재난 상황 발생 시 시민들에게 실시간으로 대피 경로를 안내하고, 구조 대원들에게 현장 상황 정보를 제공하여 구조 활동을 지원할 수 있습니다.
- 정보 제공 : AI는 시민들에게 필요한 행정 정보, 교통 정보, 생활 정보 등을 제공하고, 민원 처리를 지원합니다. 예를 들어, 시민들은 AI 챗봇을 통해 행정 절차를 안내받고, 민원을 접수할 수 있습니다.

The Role of AI in Disaster Management, AP

- 맞춤형 서비스 : AI는 시민 개개인의 특성에 맞는 정보와 서비스를 제공합니다. 예를 들어, 노인에게는 건강 관리 정보를, 청년에게는 취업 정보를 제공할 수 있습니다.

2 도시 AI란 무엇이고 추구하는 도시상이란 무엇인가?

2. 1 도시 AI란 무엇인가?

- 도시 AI는 도시와 인공지능(AI) 기술의 융합을 통해 도시 문제를 해결하고 지속 가능성을 추구하는 개념이다.
- AI는 도시 내 다양한 데이터를 수집, 분석하여 도시 인프라의 효율성을 향상시키고 시민의 삶을 편리하게 만드는 데 사용된다.
- 도시 AI는 교통, 에너지, 환경, 안전 등 다양한 분야에 적용될 수 있으며, 스마트 시티 개념과 밀접하게 연관되어 있다. 이를 통해 도시는 더욱 지능적으로 운영되고, 시민들은 더 나은 생활 환경을 누릴 수 있게 된다.

2. 2 도시 AI가 추구하는 도시상

(1) 지속 가능 도시 : 자원 효율성을 높이고, 에너지 소비와 탄소 배출을 최소화하여 환경적으로 지속 가능한 도시를 만든다.

(2) 스마트 도시 : 데이터를 기반으로 도시 문제를 실시간으로 파악하고 해결하여 효율적인 도시 관리를 가능하게 한다.

(3) 포용적 도시 : 모든 계층과 커뮤니티가 디지털 혁신의 혜택을 누릴 수 있도록 사회적 포용성을 강화한다.

(4) 연결된 도시 : 공간적 및 사회적 연결성을 강화하여 도시 내 다양한 요소들을 통합하고 시민 참여를 증대한다.

(5) 회복력 있는 도시 : 자연재해나 도시 위험에 신속하게 대응 가능한 환경을 구축하여 도시의 안전성을 확보한다.

3 학자들의 도시 AI에 대한 정의, 핵심요소, 시사점

3.1 도시 AI란 무엇인가?

1) Popelka et al. (2023) 의 도시 AI 정의, 핵심요소, 시사점

(1) 정의 : Popelka et al. (2023) 은 논문 "Urban AI : A Systematic Review of Approaches, Applications, and Challenges"에서 도시 AI를 "도시 환경에서 도출된 데이터가 통합되어 알고리즘으로 처리한 결과가 사회-공간적 연결망(The Socio-Spatial Nexus)에 유용하게 적용되는 모든 시스템"으로 정의한다.

(2) 핵심요소 : 이 정의는 도시 AI를 도시 데이터, 알고리즘, 사회-공간적 연결망이라는 세 가지 핵심 요소로 구성된 시스템으로 파악한다.

① **도시 데이터** : 도시 환경에서 발생하는 다양한 데이터(교통, 환경, 에너지, 시민 활동 등)를 포괄하며, 도시 AI의 기반이 된다.

② **알고리즘** : 도시 데이터를 분석하고 처리하여 의미 있는 정보를 추출하고, 예측 및 의사결정을 지원하는 데 사용된다. 머신러닝, 딥러닝 등 다양한 AI 알고리즘이 활용될 수 있다.

③ **사회-공간적 연결망** : 도시의 물리적 환경과 사회적 관계의 복잡한 상호작용을 의미한다. 도시 AI는 이러한 연결망을 이해하고, 도시 계획, 교통 관리, 환경 보호, 사회복지 등 다양한 분야에 걸쳐 긍정적인 영향을 미칠 수 있어야 한다.

(3) 시사점 : 도시 AI가 도시 문제 해결에 기여할 수 있는 잠재력을 강조하면서도, 동시에 개인정보 보호, 알고리즘 편향, 사회적 불평등 심화 등 윤리적 및 사회적 문제에 대한 우려를 제기한다. 따라서 도시 AI 개발 및 적용 과정에서 책임감 있는 접근이 중요하다고 주장한다.

2) Beroche(2021)의 도시 AI 정의, 핵심요소, 시사점

(1) 정의 : Beroche(2021)는 저서 "Urban AI : From Smart Cities to Urban Intelligence"에서 도시 AI를 과거 스마트도시 패러다임의 한계를 극복하는 새로운 접근방법으로 제시한다. 그는 스마트도시가 기술 중심적인 접근으로 인해 도시의 복잡성을 충분히 반영하지 못하고, 시민 참여 및 사회적 형평성을 간과하는 경향을 보였다고 지적한다. 이러한 반성을 바탕으로 Beroche는 도시 AI를 통해 도시의 진정한 지능화를 추구해야 한다고 주장하며, '기술의 도시화(Urbanize Technology)'라는 개념을 제시한다.

(2) 핵심요소 : '기술의 도시화'는 단순히 도시에 기술을 적용하는 것이 아니라, 도시의 고유한 특성과 요구에 맞춰 기술을 적응시키고, 도시 문제 해결에 적극적으로 활용하는 것을 의미한다. Beroche는 이를 위해 다음과 같은 두 가지 핵심 요소를 강조한다.

① **온톨로지** : 도시 데이터를 단순히 수집하는 것을 넘어, 도시의 공간, 인프라, 기능, 그리고 시민들의 활동에 대한 의미론 적인 이해를 가능하게 하

는 지식 체계를 구축하는 것이다. 이는 도시의 복잡한 상호작용을 파악하고, 도시 문제의 근본 원인을 분석하는 데 필수적인 역할을 한다.

☞ **온톨로지**(Ontology) : 도시의 온톨로지는 도시의 특징, 교통상황, 건축물 정보 등을 담아내는 데이터베이스이다.

② **로보틱스**(Robotics) : 도시 환경에서 작동하는 로봇(자율주행 차량, 배달 로봇, 드론, 청소 로봇 등)과 로봇 소프트웨어를 통해 도시 운영의 효율성을 높이고, 시민들에게 다양한 서비스를 제공하는 것을 의미한다. Beroche는 로봇 기술이 도시의 물리적 환경과 상호 작용하며 도시 문제 해결에 직접적으로 기여할 수 있다고 주장한다.

3) 이세원(2024)의 Urban AI가 탄생한 배경과 목표

(1) Urban AI 배경 : 이세원(2024)은 Urban AI가 "도시에서 필요한 AI는 무엇이고, 이를 구현하는 AI 생태계는 지속 가능한 도시를 만드는데 어떤 도움을 줄 수 있는지에 대한 답을 찾는 목적 속에서 시작되었다고 한다.

(2) 목표 : 이세원은 도시 AI는 방대하고 다양한 도시에서도 개별 문제(소음·대기·자원 등) 해결에 초점을 두고 아래 3가지 목적으로 태어났다고 한다.(도시 AI 구현을 위한 정책방향과 과제, KRIHS)

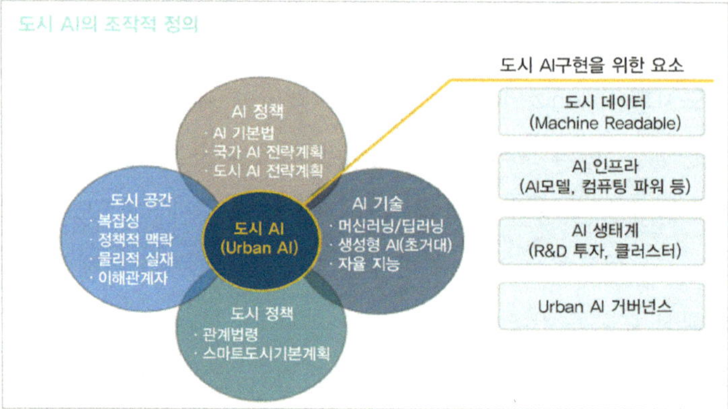

자료 : 이세원 외(2023)

[Urban AI 추구하는 목표]

① 도시설계를 위한 최적화,

② 도시계획 의사결정을 위한 시뮬레이션,

③ 건축물 시설관리 효율성 향상

4 도시 AI의 등장 배경에는?

도시 AI는 다음과 같은 배경 속에서 등장하였다.

(1) 도시화 및 복잡성 증가 : 도시 인구의 급격한 증가는 교통 혼잡, 환경 오염, 주거 문제 등 다양한 도시 문제를 야기하며, 이를 해결하기 위한 정교한 기술적 접근이 요구된다.

(2) 디지털 전환과 기술 발전 : 빅데이터, IoT, 머신 러닝, 클라우드 컴퓨팅, 5G 등의 기술 발전은 도시 데이터를 실시간으로 수집, 분석, 활용할 수 있는 환경을 조성하고 도시 AI의 발전을 가속화한다.

(3) 지속 가능성 및 회복력 요구 : 기후 변화와 환경 위기에 대응하기 위해 도시 계획에서 지속 가능성과 회복력을 강조하는 흐름이 강화되고 있으며, 도시 AI는 이러한 요구를 충족시키는 데 기여할 수 있다.

Using ChatGPT and AI in Sustainable Real Estate, Linkedin

(4) 정책 변화 : 글로벌 스마트시티 이니셔티브와 디지털 정책의 확대는 도시 AI 적용을 촉진하고 있다.

5 도시 AI에서 활용될 수 있는 AI 기술

(1) 머신 러닝(ML) : 도시 데이터 분석 및 예측, 패턴 인식, 의사 결정 지원 등에 활용된다.

(2) 컴퓨터 비전 : 도시 내 CCTV 영상 분석, 교통 모니터링, 보안 관리, 도시 환경 분석 등에 활용된다.

(3) 자연어 처리(NLP) : 시민 의견 분석, 정책 설계 지원, 민원 처리 자동화, 정보 제공 등에 활용된다.

(4) 강화 학습(RL) : 에너지 소비와 교통 최적화를 위한 시스템 설계, 자율 주행 시스템 개발, 도시 시뮬레이션 등에 활용된다.

(5) 예측 분석 : 교통 흐름, 재난 위험, 에너지 소비 패턴 등을 예측하여 도시 계획 및 관리에 활용된다.

(6) 디지털 트윈 : 도시의 디지털 복제품을 생성하여 시뮬레이션 및 최적화, 도시 계획 시나리오 평가, 도시 문제 해결 방안 모색 등에 활용된다.

The Role of AI Assistants in Smart Cities and IoT - newo.ai

6 도시 AI(Urban AI)의 도시 계획 분야별 활용

6. 1 도시계획

(1) 도시 성장 예측 및 시뮬레이션 : 도시 AI는 인구 변화, 경제 성장, 토지 이용 변화 등 다양한 요인을 분석하여 도시의 미래 성장을 예측하고, 도시 확장 및 개발 계획 수립을 지원한다. AI 기반 시뮬레이션을 통해 도시 개발 계획의 영향을 예측하고 다양한 시나리오를 비교 분석하여 최적의 계획을 도출할 수 있다. 예를 들어, 특정 지역에 주택 단지를 건설했을 때 교통 혼잡, 환경 오염, 인프라 부족 등에 미치는 영향을 예측하고 이를 최소화하는 방안을 모색할 수 있다.

(2) 토지 이용 계획 최적화 : 도시 AI는 토지 이용 변화를 예측하고 최적의 토지 이용 계획을 수립하는 데 활용될 수 있다. AI 알고리즘은 토지의 적합성, 접근성, 경제성 등 다양한 요소를 고려하여 용도 지역, 건축물 밀도, 공원 녹지 비율 등을 결정하는 데 도움을 준다. 또한, AI 기반 시스템을 통해 토지 이용 관련 규제 및 인센티브를 효율적으로 관리하고 시민들에게 정보를 제공할 수 있다.

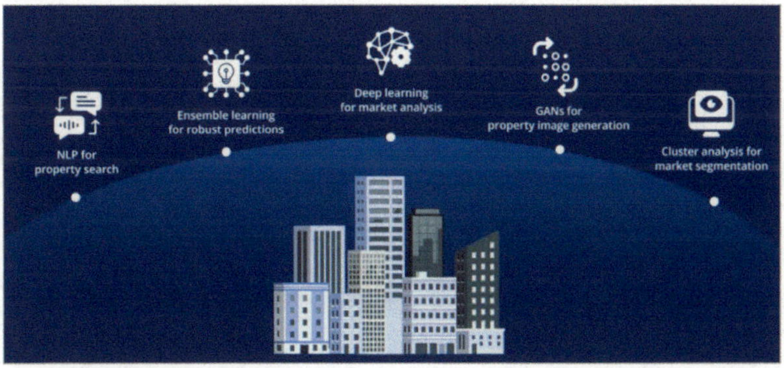

AI in real estate, Leeway

(3) 도시 재생 계획 수립 : 도시 AI는 도시의 노후화된 지역을 분석하고, 주변 환경과의 조화, 사회적 형평성, 경제적 효율성 등을 고려하여 도시 재생 계획을 수립하는 데 활용될 수 있다.

6. 2 토지이용계획

(1) AI 기반 토지 적합성 분석 : AI는 토양, 지형, 기후, 접근성 등 다양한 요인을 분석하여 특정 용도에 적합한 토지를 선정하고, 토지 이용 계획의 효율성을 높이는 데 기여한다.

(2) AI 기반 개발 규제 및 인센티브 관리 : AI는 복잡한 개발 규제 및 인센티브 관련 법규를 분석하고, 토지 소유자 및 개발업자에게 맞춤형 정보를 제공하여 행정 절차를 간소화하고 투명성을 높인다.

(3) AI 기반 토지 정보 제공 : AI 기반 플랫폼을 통해 시민들에게 토지 이용 계획, 개발 규제, 인센티브 등에 대한 정보를 쉽고 빠르게 제공하여 시민들의 이해도를 높이고 참여를 유도한다.

6. 3 도시건축설계

(1) 건축물 에너지 효율성 최적화 : AI는 건축물의 에너지 소비 패턴을 분석하고, 건축물의 방향, 창문 크기, 단열재 종류 등을 최적화하여 에너지 효율성을 높이는 데 기여한다. 예를 들어, AI 알고리즘을 활용하여 건축물의 에너지 소비를 최소화하는 디자인을 생성하거나 건축 자재 사용을 최적화할 수 있다.

(2) 건축물 디자인 최적화 : AI는 건축물의 디자인을 주변 환경과 조화롭게 만들고, 미적 요소와 기능적 요소를 균형 있게 고려하여 최적의 디자인을 생성하는 데 활용된다. 또한, AI는 건축가의 창의적인 아이디어를 구현하는 데 도움을 주고, 다양한 디자인 옵션을 신속하게 생성하여 설계 과정의 효율성을 높인다.

(3) 건축 과정 효율성 향상 : AI는 건축 설계 도면 작성, 자재 수량 계산, 시공 과정 관리 등 건축 과정의 다양한 단계를 자동화하여 효율성을 높이고 인적 오류를 줄인다. 또한, AI는 건축 관련 데이터를 분석하여 건축 비용을 예측하고 공사 기간을 단축하는 데 도움을 준다.

6. 4 환경계획

(1) 대기 질 예측 및 개선 : AI는 도시의 대기 질 데이터를 실시간으로 수집하고 분석하여 대기 오염 발생 원인을 파악하고, 오염 물질 확산 경로를 예측하여 대기 질 개선 정책 수립을 지원한다. 예를 들어, AI 기반 센서 네트워크를 통해 도시의 대기 질 데이터를 실시간으로 수집하고 분석하여 대기 오염 문제를 해결하기 위한 정책을 수립할 수 있다.

(2) 에너지 소비 효율화 : AI는 도시의 에너지 소비 패턴을 분석하고, 에너지 사용량을 예측하여 에너지 효율성을 높이는 정책 수립을 지원한다. 예를 들어, AI는 스마트 그리드 시스템을 통해 에너지 생산 및 소비량을 실시간으로 관리하고, 에너지 저장 시스템을 통해 에너지 효율성을 높일 수 있다.

(3) 폐기물 관리 최적화 : AI는 폐기물 발생량을 예측하고, 폐기물 수거 경로를 최적화하여 폐기물 관리 비용을 절감하고 환경 오염을 줄이는 데 기여한다. 예를 들어, AI 기반 폐기물 관리 시스템은 폐기물 수거 차량의 운행 경로를 최적화하고, 폐기물 처리 시설의 운영 효율성을 높일 수 있다.

6. 5 교통계획

(1) 교통 흐름 최적화 : AI는 실시간 교통 데이터를 분석하여 교통 혼잡을 예측하고, 신호 체계를 최적화하여 교통 흐름을 원활하게 한다. 예를 들어, AI 기반 교통 예측 시스템은 교통 혼잡을 예방하고 대중교통 시스템의 효율성을 높일 수 있다.

(2) 자율 주행 시스템 : AI는 자율 주행 차량의 안전한 운행을 지원하고, 교통 사고 발생률을 줄이는 데 기여한다. 또한, 자율 주행 차량은 도로 용량을 늘리고 교통 혼잡을 줄이는 데 도움을 줄 수 있다.

(3) 스마트 주차 시스템 : AI는 주차 공간 가용 정보를 실시간으로 제공하고, 주차 안내 시스템을 통해 운전자를 빈 주차 공간으로 안내하여 주차 문제를 해결하는 데 기여한다.

6. 6 공원녹지계획

(1) 공원 및 녹지 공간 이용 패턴 분석 : AI는 공원 이용객 수, 이용 시간, 이용 행태 등을 분석하여 공원 관리 및 운영 정책 수립을 지원한다. 예를 들어, AI 기반 이미지 분석 기술을 활용하여 공원 이용 현황을 파악하고, 시민들이 선호하는 공원 시설 및 프로그램을 분석하여 공원 계획에 반영할 수 있다.

(2) 시민 요구 반영 : AI는 시민 설문 조사, 소셜 미디어 분석 등을 통해 공원 및 녹지 공간에 대한 시민들의 요구를 파악하고, 이를 공원녹지계획에 반영하여 시민 만족도를 높인다.

(3) 생태 환경 유지 및 관리 : AI는 공원 내 생물 다양성, 토양 상태, 수질 등을 모니터링하고 분석하여 생태 환경을 유지하고 관리하는 데 활용된다.

6. 7 모빌리티 서비스

(1) AI 기반 모빌리티 서비스 : AI는 차량 공유, 자전거 공유, 택시 호출 등 다양한 모빌리티 서비스를 통합하고, 사용자의 요구에 맞는 최적의 이동 수단을 추천하여 도시 내 이동성을 향상시킨다. 예를 들어, AI 기반 모빌리티 서비스는 사용자의 위치, 목적지, 이동 시간, 교통 상황 등을 고려하여 최적의 경로를 안내하고, 실시간 교통 정보를 제공하여 편리하고 효율적인 이동을 지원한다.

(2) 개인 맞춤형 모빌리티 서비스 : AI는 사용자의 이동 패턴, 선호도 등을 학습하여 개인 맞춤형 모빌리티 서비스를 제공한다. 예를 들어, AI는 사용자가 자주 이용하는 경로, 선호하는 교통 수단, 이동 시간대 등을 분석하여 개인에게 최적화된 이동 계획을 제시할 수 있다.

(3) 도시 교통 시스템 효율성 향상 : AI는 도시 전체의 교통 흐름을 분석하고, 교통량을 예측하여 교통 시스템의 효율성을 높이는 데 기여한다. 예를 들어, AI는 교통 신호 체계를 최적화하고, 대중교통 운영 계획을 개선하여 도시 내 이동 시간을 단축하고 교통 혼잡을 줄일 수 있다.

7 '도시 AI'의 정책적 시사점 : 자율성, 융복합성, AI 수요 창출, 인프라 구축

7. 1. 도시 AI의 의사결정 자율성 확보

(1) 자율적 의사결정 시스템 구축 : 도시 AI는 도시 문제 해결 및 의사 결정 과정에서 인간의 개입을 최소화하고 자율적으로 작동할 수 있는 시스템 구축을 목표로 한다. 이를 위해서는 AI 알고리즘의 투명성, 설명 가능성, 책임성을 확보하고, AI의 의사결정 과정에 대한 시민들의 이해와 신뢰를 높여야 한다.

(2) AI 윤리 및 거버넌스 : 도시 AI의 자율성 증대는 윤리적 문제와 사회적 책임 문제를 야기할 수 있다. 따라서 AI 윤리 원칙을 정립하고, AI 개발 및 활용 과정에서 발생할 수 있는 윤리적 문제들을 예방하고 해결하기 위한 거버넌스 체계를 구축해야 한다.

(3) 인간-AI 협력 : 도시 AI의 자율성은 인간의 통제를 배제하는 것이 아니라, 인간과 AI가 상호 협력하고 보완하는 관계를 구축하는 것을 의미한다. AI는 데이터 분석, 예측, 최적화 등의 작업을 수행하고, 인간은 AI의 분석 결과를 바탕으로 최종 의사 결정을 내리고 책임을 진다.

7.2. 도시 AI의 디지털-물리적 시스템으로 서의 융복합성 강화

(1) 디지털 트윈(Digital Twin) : 도시 AI는 도시의 물리적 환경을 디지털 공간에 복제하는 디지털 트윈 기술을 활용하여 도시 문제를 분석하고 시뮬레이션하여 최적의 해결 방안을 모색한다. 디지털 트윈은 도시 계획, 관리, 운영의 효율성을 높이고, 도시의 지속가능성을 확보하는 데 기여한다.

(2) IoT 및 센서 네트워크 : 도시 AI는 도시 곳곳에 설치된 IoT 센서 및 센서 네트워크를 통해 실시간으로 도시 데이터를 수집하고 분석하여 도시 환경 변화를 파악하고 문제 발생 시 신속하게 대응한다. IoT 및 센서 네트워크는 도시 AI의 핵심 인프라로서, 도시의 디지털화 및 지능화를 촉진한다.

(3) 가상현실 및 증강현실 : 도시 AI는 가상현실(VR) 및 증강현실(AR) 기술을 활용하여 도시 공간을 3차원으로 시각화하고, 시민들에게 도시 정보를 제공하며, 도시 계획 과정에 시민 참여를 유도한다. VR 및 AR 기술은 도시 AI의 사용자 인터페이스를 개선하고, 도시 정보 접근성을 높이는 데 기여한다.

The Interplay Between AI and IoT, Linkedin

7. 3. 도시 AI를 AI 수요 창출 및 실험 공간으로 활용

(1) 리빙랩 : 도시 AI는 도시를 AI 기술 실험 및 검증을 위한 리빙랩으로 활용하여 새로운 AI 기술 및 서비스를 개발하고, 시민들의 참여를 통해 실제 도시 환경에서 AI 기술의 효과를 검증한다. 리빙랩은 도시 AI의 혁신성을 높이고, 시민 중심의 AI 기술 개발을 촉진한다.

(2) AI 스타트업 육성 : 도시는 AI 스타트업 육성을 위한 지원 정책을 통해 도시 AI 생태계를 조성하고, AI 기술 혁신을 주도한다. AI 스타트업은 도시 문제 해결을 위한 새로운 아이디어와 기술을 제공하고, 도시 경제 활성화에 기여한다.

(3) AI 인재 양성 : 도시는 AI 인재 양성을 위한 교육 프로그램 및 인프라를 구축하여 도시 AI 발전을 위한 인적 기반을 마련한다. AI 인재는 도시 AI 시스템 개발, 운영, 관리를 담당하고, 도시의 디지털 전환을 이끈다.

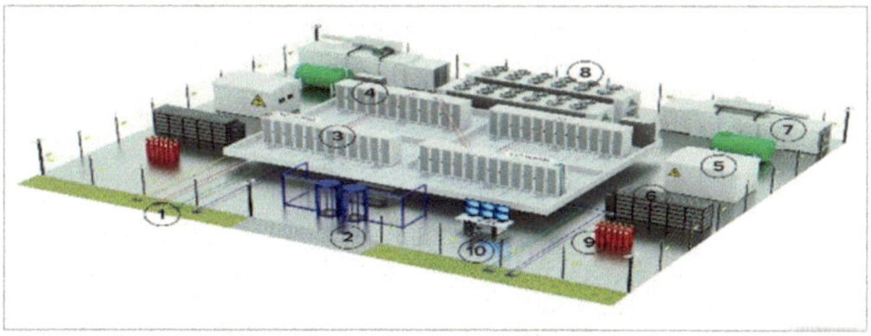

What's inside the data center? - Data Center University

7. 4. 도시 AI 구현을 위한 AI 핵심 인프라 구축

(1) 데이터 센터 : 도시 AI는 대규모 데이터 저장, 처리, 분석을 위한 데이터 센터 구축을 통해 도시 AI 시스템의 안정적인 운영을 지원한다. 데이터 센터는 도시 데이터의 중앙 집중적인 관리 및 활용을 가능하게 하고, 도시 AI의 확장성을 확보한다.

(2) 5G 앞으로는 6G 네트워크 : 5G 네트워크는 도시 AI의 실시간 데이터 통신 및 처리를 위한 필수적인 인프라이다. 5G 네트워크는 도시 AI의 반응 속도를 높이고, 다양한 AI 서비스 제공을 가능하게 한다.

(3) AI 플랫폼 : 도시 AI는 AI 기술 개발 및 활용을 위한 AI 플랫폼 구축을 통해 AI 기술 접근성을 높이고, 도시 AI 생태계를 활성화한다. AI 플랫폼은 AI 개발 도구, AI 모델, AI 데이터 등을 제공하여 AI 기술 개발 및 활용을 지원한다.

8 도시 AI 구축 시 장단점

8. 1 장점

(1) 도시 문제 해결 및 효율성 향상 : 도시 AI는 데이터 분석 및 예측을 통해 도시 문제의 근본 원인을 파악하고 효율적인 해결 방안을 제시하여 도시 관리의 효율성을 높인다.

(2) 시민 참여 확대 : AI 에이전트는 시민 참여를 위한 다양한 도구와 플랫폼을 제공하여 시민들이 도시 계획 과정에 쉽게 참여하고 의견을 개진할 수 있도록 지원한다.

(3) 지속 가능한 도시 개발 : 도시 AI는 환경 문제 해결, 에너지 효율성 향상, 그리고 기후 변화 대응을 통해 지속 가능한 도시 개발을 촉진한다.

8. 2 단점

(1) 데이터 의존성 : AI는 데이터에 의존하여 작동하기 때문에, 데이터의 품질이 중요하며, 데이터 편향 문제를 해결해야 한다.

(2) 기술적 한계 : 아직 초기 단계의 기술이기 때문에, 정확도 및 신뢰성 향상을 위한 기술 개발이 필요하다.

(3) 윤리적 문제 : AI 활용 과정에서 발생할 수 있는 개인 정보 보호, 편견, 차별 등 윤리적 문제에 대한 고려가 필요하다.

(4) 높은 초기 투자 비용 : AI 시스템 구축 및 운영에는 상당한 비용이 소요될 수 있다.

9 도시 AI의 국내외 사례 분석

9. 1 도시 AI의 국내외 사례 분석

1) 서울시 심야 버스 노선 사례

서울시는 심야 시간대 통화 데이터를 활용하여 시민들의 이동 수요를 분석하고, 이를 기반으로 심야 버스 노선을 신설하였다. 이는 데이터 기반 의사 결정을 통해 시민 편의를 증진시키고 대중교통 효율성을 향상시키는 효과를 가져왔다. 하지만 개인 정보 문제와 데이터 분석의 한계는 해결해야 할 과제로 남아있다.

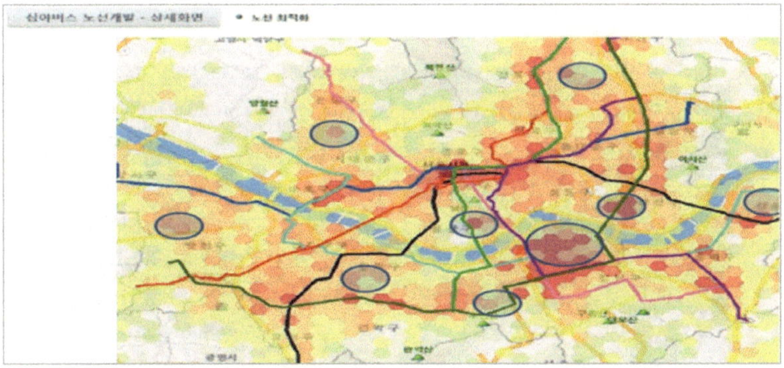

서울시 심야버스 노선 최적화, HBTEC

2) 경기도 스마트시티 사례

경기도는 IoT 센서를 기반으로 실시간 도시 데이터를 수집 및 분석하여 도시 관리 효율성을 높이고 시민 안전을 증진시키는 스마트시티 프로젝트를 추진하고 있다. 이는 다양한 도시 문제 해결에 기여할 수 있으며, 스마트 도시 플랫폼 구축을 통해 지속 가능한 도시 발전을 가능하게 한다. 그러나 초기 투자 비용 부담과 시스템 유지 보수 문제는 해결해야 할 과제이다.

3) 싱가포르 스마트네이션 사례

싱가포르는 국가 차원의 스마트 시티 프로젝트인 스마트네이션을 통해 교통, 환경, 에너지 등 다양한 분야에서 스마트 서비스를 제공하고 있다. 이는 국가 경쟁력 강화와 시민 삶의 질 향상에 기여하지만, 개인 정보 및 보안 문제와 사회적 불평등 심화 우려 등 해결해야 할 과제도 안고 있다.

4) 암스테르담 스마트 시티 사례

암스테르담은 시민 참여형 스마트 시티 플랫폼을 구축하여 시민 주도형 문제 해결과 사회적 혁신을 촉진하고 있다. 이는 시민 참여 증진과 지속 가능한 도시 발전에 기여하지만, 시민 참여 부족 문제와 플랫폼 운영 및 관리 문제는 해결해야 할 과제이다.

Amsterdam Smart City | Smart Cities Library

5) 바르셀로나 슈퍼블록 사례

바르셀로나는 차량 통행 제한 구역을 확대하는 슈퍼블록 프로젝트를 통해 보행자 중심 도시 환경을 조성하고 대기 질을 개선하였다. 이는 시민 건강 증진과 도시 공간 활용도 향상에 기여하지만, 교통 혼잡 심화 우려와 상권 침체 가능성은 해결해야 할 과제이다.

Barcelona's Superblocks - Inlea

9. 2 도시 AI 국내외 적용 사례 분석 : 주요 특징, 효과, 장단점

〈도시 AI 국내외 적용 사례 분석 : 주요 특징, 효과, 장단점〉

국내사례	주요 특징	효과	장점	단점
서울시 심야 버스 노선	심야 시간대 통화 데이터 기반 수요 분석	시민 편의 증진, 대중교통 효율성 향상	데이터 기반 의사 결정, 시민 맞춤형 서비스 제공	개인 정보 문제, 데이터 분석의 한계
경기도 스마트시티	IoT 센서 기반 실시간 도시 데이터 수집 및 분석	도시 관리 효율성 향상, 시민 안전 증진	다양한 도시 문제 해결 가능, 스마트 도시 플랫폼 구축	초기 투자 비용 부담, 시스템 유지 보수 문제
국외사례				
싱가포르 스마트네이션	국가 차원의 스마트 시티 프로젝트	다양한 분야(교통, 환경, 에너지 등) 스마트 서비스 제공	국가 경쟁력 강화, 시민 삶의 질 향상	개인 정보 및 보안 문제, 사회적 불평등 심화 우려
암스테르담 스마트 시티	시민 참여형 스마트 시티 플랫폼 구축	시민 주도형 문제 해결, 사회적 혁신 촉진	시민 참여 증진, 지속 가능한 도시 발전	시민 참여 부족 문제, 플랫폼 운영 및 관리 문제
바르셀로나 슈퍼블록	차량 통행 제한 구역 확대	보행자 중심 도시 환경 조성, 대기 질 개선	시민 건강 증진, 도시 공간 활용도 향상	교통 혼잡 심화 우려, 상권 침체 가능성

10 도시 AI구현을 위한 도시 정책적 시사점

1) 이세원(2024)이 제시한 정책방향

이세원 부연구위원과 연구진은 한국형 도시 AI 구현을 위한 정책방향과 과제를 다음과 같이 제시하였다.

(1) '도시데이터 생산체계와 인프라 구축 : 공공부문에서 도시 AI를 실현하기 위해서는 지자체 관련 부서와 산하 기관의 역할과 수요를 발굴하고, AI 학습을 위한 '도시데이터 생산체계와 인프라 구축' 우선 시행

(2) 선순환 AI 생태계 육성 : 캐나다 AI 슈퍼 클러스터(Scale AI), 런던 테크 네이션(Tech Nation) 등과 같이 'AI 연구개발-인재 유입-스타트 업'으로 연결되는 선순환 AI 생태계 육성 필요

(3) 책임감 있는 AI(Responsible AI)에 대한 제도적 기반을 조성 : AI의 혁신성을 지원하기 위해 사회적 안전과 인권, 신뢰성 등 책임감 있는 AI(Responsible AI)에 대한 제도적 기반을 조성해야 하며, 중앙 및 지자체에 AI 총괄기관, 전담 실행기관, 윤리협의체, 연구개발 센터 등으로 구성된 '도시 AI 거버넌스'를 마련해야 한다.(도시 AI(Urban AI) 구현을 위한 정책적 시사점 국토연구원, 국토정책Brief 제949호, 2024)

2) 정책적 시사점

(1) 데이터 기반 도시 계획 : 도시 데이터 수집, 분석, 활용 체계를 구축하고, AI를 도시 계획 의사 결정 지원 시스템으로 활용한다. 특히, '머신이 읽을 수 있는 데이터(Machine Readable Data)' 생산 체계 구축이 중요하다. 데이터 표준화, 데이터 품질 관리, 데이터 공유 시스템 구축 등을 통해 AI가 도시 데이터를 효과적으로 활용할 수 있도록 해야 한다.

(2) AI 인프라 구축 : 공공 수요에 따라 단계별 'AI 플랫폼 구축 및 활용 전략(로드맵)'을 마련하고, AI 플랫폼 기술 개발 및 구축, 서비스 실증 사업 등의 검증을 거쳐 '도시 AI 센터'를 설치해야 한다.

(3) AI 생태계 육성 : 캐나다 AI 슈퍼 클러스터(Scale AI), 런던 테크 네이션(Tech Nation) 등과 같이 'AI 연구 개발 - 인재 유입 - 스타트업'으로 연결되는 선순환 AI 생태계를 육성해야 한다.

(4) 책임감 있는 AI : AI의 혁신성을 지원하기 위해 사회적 안전과 인권, 신뢰성 등 책임감 있는 AI(Responsible AI)에 대한 제도적 기반을 조성해야 하며, 중앙 및 지자체에 AI 총괄 기관, 전담 실행 기관, 윤리 협의체, 연구 개발 센터 등으로 구성된 '도시 AI 거버넌스'를 구축한다.

11 나오는 말

도시 AI는 도시 문제를 해결하기 위한 기술적 도구로서 다양한 부문에서 활용 가능하며, 미래 도시 설계의 중요한 축으로 자리 잡고 있다. 도시 AI는 데이터와 AI 기술을 활용하여 도시를 더 효율적이고 지속 가능하며 포용적인 환경으로 변화시키고자 한다.

이를 통해 도시계획, 교통, 환경, 건축 등 다양한 분야에서 혁신적인 변화가 이루어지고 있으며, 각 부문에서 AI 기술이 구체적인 솔루션을 제공하고 있다. 지속 가능한 발전과 시민의 삶의 질 향상을 목표로, 전 세계 도시에서 그 응용 범위가 점차 확대되고 있다

도시 AI는 도시 계획 및 설계 분야의 게임 체인저가 될 잠재력을 지니고 있다. 도시는 AI 기술을 활용하여 도시 문제를 해결하고 시민들에게 더 나은 삶을 제공해야 한다. 동시에, 기술적 한계와 윤리적 문제에 대한 끊임없는 고민과 노력을 통해

AI를 책임감 있게 활용해야 한다. AI는 도시 계획 과정의 효율성을 높이고, 데이터 기반 의사 결정을 지원하며, 시민 참여를 확대하고, 궁극적으로는 더 나은 도시를 만드는 데 기여할 수 있다.

참고문헌

1. Beroche, H. (2021). Urban AI : From Smart Cities to Urban Intelligence. Journal of Urban Technology, 28(4), 3-18.
2. Popelka, S., et al. (2023). Urban AI : A Systematic Review of Approaches, Applications, and Challenges. Cities, 132, 104154.
3. 이세원(2024). 도시 AI(Urban AI) 구현을 위한 정책적 시사점 국토硏, 국토정책Brief 제949호
4. Lee et al. (2022) AI-Enabled Citizen Engagement for Urban Planning : A Case Study of Participatory Budgeting, Cities
5. Liu et al. (2023). Explainable Artificial Intelligence for Urban Planning : Enhancing Transparency and Trust, Journal of Planning Education and Research

06 도시 AI(Urban AI), AI 어바니즘(Urbanism), AI 도시(AI City)가 추구하는 가치를 비교해보자

[주요 질문]

1. 도시 AI, AI 어바니즘, AI City의 개념을 각각 정의하고, 이들의 공통점과 차이점은 무엇인가?
2. 도시 AI의 핵심 특징인 융복합성(Hybridity)과 자율성(Autonomous)은 도시 계획 및 관리에 어떻게 구현될 수 있는가?
3. Urban AI 웹사이트, Urban AI Guide, The Future of Urban AI, The Generative AI for Urban Governance 등에서 제시하는 도시 AI의 개념은 서로 어떻게 연관되는가?
4. Popelka et al. (2023), Palmini and Cugurillo (2023), Marvin et al. (2022) 등 학자들이 제시하는 도시 AI의 개념을 비교 분석하고, 각 이론의 주요 쟁점은 무엇인가?
5. 도시 AI의 5가지 유형 (도시 운영 최적화, 예측 및 계획, 시민 참여 및 소통, 도시 환경 개선, 새로운 도시 서비스)은 도시 문제 해결에 어떻게 기여할 수 있는가?
6. AI 어바니즘이 도시 계획가에게 제공하는 새로운 가능성 (데이터 기반 의사 결정, 시뮬레이션 및 예측, 디자인 최적화, 시민 참여 증진)은 기존 도시 계획 방식과 어떤 차별성을 가지는가?
7. AI City의 4가지 주요 특징 (연결성, 지능성, 지속가능성, 포용성)은 어떻게 상호 작용하며, 도시의 미래를 어떻게 변화시킬 것인가?
8. Urban AI Guide에서 제시된 도시 AI 시스템의 6가지 구성 요소 (데이터 수집, 데이터 저장 및 관리, 데이터 분석, 시각화, 의사 결정 지원, 피드백 및 학습)는 도시 계획 및

관리 과정에서 어떤 역할을 수행하는가?

9. 도시 AI의 도시 계획 분야별 활용 및 적용 사례 (도시계획, 토지이용계획, 도시건축설계, 환경계획, 교통계획, 공원녹지계획, 모빌리티)를 구체적으로 설명하고, 각 분야에서 도시 AI가 어떻게 활용될 수 있는지 논하시오.
10. 도시 AI 구현 과정에서 발생할 수 있는 문제점 (데이터 편향, 개인 정보 보호, 사회적 수용성)을 해결하기 위한 정책적 방안은 무엇인가?
11. 도시 AI의 의사결정 자율성을 확보하기 위한 AI 윤리 및 거버넌스 체계는 어떻게 구축되어야 하는가?
12. 도시 AI를 AI 수요 창출 및 실험 공간으로 활용하기 위한 리빙랩, AI 스타트업 육성, AI 인재 양성 정책은 구체적으로 어떻게 추진되어야 하는가?

1 들어 가면서

1) 도시 AI는 도시의 다양한 문제를 해결하고 효율성을 향상시키는 데 기여할 수 있는 잠재력을 지니고 있다

요즘에는 자고 일어나면 새로운 AI 기술이 태어나는 세상에 살고 있다. AI 기술이 급속하게 성장하면서 AI가 주도하는 도시 변화가 우리의 삶에 어떤 영향을 미칠지에 대한 관심도 급증하고 있다. 인공지능(AI) 기술의 발전은 도시 계획 및 관리 분야에도 새로운 가능성을 제시하고 있다. 도시 AI는 도시의 다양한 문제를 해결하고 효율성을 향상시키는 데 기여할 수 있는 잠재력을 지니고 있다

2) 2022년 11월, 오픈AI사의 챗GPT가 탄생되었다. 인간에게 바짝 다가가는 대화를 생성할 수 있다는 점에서 범용 인공지능(AGI) 시대를 연 것이다.

인공지능(AI) 기술의 발전은 도시 계획 및 관리 분야에도 새로운 가능성을 제시하고 있다. 도시 AI는 도시의 다양한 문제를 해결하고 효율성을 향상시키는 데 기여할 수 있는 잠재력을 지니고 있다. 2022년 11월, 오픈AI사의 챗GPT가 탄생되었다. GPT-3.5를 기반으로 인간에게 바짝 다가가는 대화를 생성할 수 있다는 점에

Artificial Intelligence: Understanding its Evolution and Impact, Linkedin

서 범용 인공지능(Artificial General Intelligence, AGI) 시대를 연 것이다. 이는 AI 기술분야 발전단계에서는 지각변동이나 다름없는 일이다. 이러한 현상을 도시에 접목해 보자

2 도시 AI(Urban AI), AI 어바니즘(Urbanism), AI City관련 정의 및 개념 비교

2. 1 이세원 · 이기훈(2024)연구 등이 국내 AI기반 도시계획 연구에 중요한 기여를 하다

1) 도시 AI(Urban AI), AI 어바니즘(Urbanism), AI City관한 연구들

이세원 · 이기훈(2024)은 도시 AI(Urban AI), AI 어바니즘(Urbanism), AI City가 AI가 주도하는 기술의 성장과 변화가 도시를 어떻게 변화시키는지를 전망하면서 이론적으로 해석하고 있다. 이들 연구는 도시 AI와 AI City에 대한 포괄적인 개념 정의와 함께 미래 발전 방향을 제시함으로써, 국내 AI기반 도시계획 연구에 중요한 기여를 하고 있다.

Satellites, AI & Urbanization, SpaceKnow

2) 도시 AI의 정체성은 융복합성(Hybrid)과 자율성(Autonomous)이다.

학자들의 도시 AI관련 연구에 깔려 있는 공통분모는 크게 융복합성(Hybridity)과 자율성이다. 따라서 도시 AI는 도시와 AI 기술이 혼합(Hybridity)되어 자율성을 지닌 도시 유형이라고 볼 수 있을 것이다.

이런 정체성을 가지고 있는 도시를 추구하려면 당연히 도시 AI는 도시와 관련된 다양한 AI 기술을 동원하여 AI기반 도시를 만들어야 한다. AI기반 도시가 만들어지면 AI를 핵심 축으로 하여 도시문제 해결과 지속가능성 확보의 근간이 마련될 수 있을 것이다.

Can AI Reimagine City Configuration and Automate Urban Planning? Synced

2. 2. 도시 AI(Urban AI), AI 어바니즘(Urbanism), AI City관련 정의 및 특징 비교

도시 AI, AI 어바니즘, AI City는 AI 기술을 도시 환경에 접목시켜 도시 문제를 해결하고 삶의 질을 향상시키는 다양한 접근 방식을 포괄하는 개념이다. 학자들마다 강조하는 측면과 세부적인 내용은 다르지만, 도시의 효율성, 지속가능성, 시민 참여, 혁신 등의 가치를 공통적으로 추구하고 있다.

1) 도시 AI(Urban AI), AI 어바니즘(Urbanism), AI City의 비교

도시 AI, AI 어바니즘, AI City는 서로 밀접하게 연관된 개념이지만, 각 정의는 강조하는 가치와 쟁점이 다르다.

(1) 도시 AI : 도시 AI의 지향점은 도시 전반에 걸쳐 도시 문제 해결 및 시민 삶의 질 향상을 목표로 하고 있다.

(2) AI 어바니즘 : AI 어바니즘은 이념(ism)을 기반으로 지속가능성, 회복력, 포용성을 핵심 가치로 제시한다.

(3) AI City : AI City는 AI 기술을 통해 도시 운영 최적화와 개인 맞춤형 서비스 제공을 추구한다.

이러한 다양한 정의를 종합적으로 고려하여 도시 AI 발전 방향을 모색하는 것이 중요하다

2) 도시 AI, AI 어바니즘, AI City의 비전, 목표, 가치 비교

〈도시 AI, AI 어바니즘, AI City의 비전, 목표, 가치 비교〉

구분	도시 AI (Urban AI)	AI 어바니즘 (AI Urbanism)	AI City
추구하는 이상과 비전	- 도시 문제분석을 통해 지속가능한 정책대안 제시와 시민 삶의 질 향상 추구	- 지속가능성, 회복력, 포용성 등이 핵심 이즘(ism)	- AI 기술을 활용하여 도시 운영의 효율화 및 최적화 추구
목표	- 장래 예측을 통해 도시 전반에 걸친 다양한문제 해결 - 시민 삶의 질 향상	- 도시의 지속가능성과 인본주의 확보 - 포용적인 도시 환경 조성	- AI 기반의 효율적이고 최적화된 도시 운영 - 시민 맞춤형 서비스 제공
핵심 가치	- 문제 해결, 효율성, 시민 중심	- 지속가능성, 인본주의, 회복력, 포용성	- 효율성, 편리성, 맞춤형 서비스
특징	- 도시 AI 기술의 도시내 광범위한 적용 - 다양한 도시 데이터 활용	- 도시 계획 및 설계 단계부터 AI 고려 - AI 윤리 및 사회적 영향 중요시	- 데이터 기반 의사 결정 - 스마트 기술 및 인프라 중심
예시	- 도시 AI기반 자율주행 교통 시스템 - 도시 AI 기반 환경 모니터링	- AI 어바니즘 기반의 도시 AI 구축 - 도시 AI 기반 도시 계획	- AI기반의 개별 민원대응형 행정 서비스 - AI기반의 개인 맞춤형 도시 정보 제공

3 도시 AI(Urban AI), AI 어바니즘(Urbanism), AI City관련 연구에 나타난 특징과 시사점 비교

3. 1 도시 AI(Urban AI)'개념과 특징

1) Popelka et al. (2023)의 도시 AI 정의

(1) 정의 및 개요 : Popelka et al. (2023)은 논문 "Urban AI: A Comprehensive Framework for Utilizing AI Technologies in Cities"에서 도시 AI를 도시 시스템의 효율성을 향상시키고 시민들의 삶의 질을 개선하기 위해 AI 기술을 활용하는 총체적인 접근 방식으로 정의한다. 즉, 도시 AI는 단순히 AI 기술을 도시에 적용하는 것을 넘어, 도시 문제 해결 및 시민 삶의 질 향상을 목표로 하는 포괄적인 개념이다.

(2) 쟁점 : 이 정의는 도시 AI의 범위를 매우 광범위하게 설정하고 있다. 이는 도시 AI를 포괄적으로 이해하는 데 도움을 줄 수 있지만, 동시에 구체적인 적용 방안 및 기술 개발 방향을 제시하는 데 어려움을 야기할 수 있다. 특히, 도시 시스템의 효율성 향상과 시민 삶의 질 개선이라는 두 가지 목표 사이의 균형점을 찾는 것이 중요한 과제로 남는다.

(3) 시사점 : Popelka et al. (2023)의 정의는 도시 AI가 단순한 기술 도입을 넘어, 도시의 지속가능한 발전과 시민 중심적인 서비스 제공을 위한 핵심 전략임을 강조한다. 이는 도시 계획, 관리, 운영 전반에 걸쳐 AI 기술의 역할과 중요성을 재고하고, 통합적인 관점에서 도시 AI 발전 방향을 모색해야 함을 시사한다.

2) Popelka가 제시하는 도시 AI 특징

Popelka et al. (2023) 는 도시 AI의 개념적 프레임워크 및 유형을 다음과 같이 제시한다. 여기서는 도시 AI를 AI 기술의 적용 범위 및 목적에 따라 5가지 유형으로 분류한다.

(1) 도시 운영 최적화 : AI를 활용하여 교통 흐름, 에너지 소비, 폐기물 관리 등 도시 운영의 효율성을 향상시키는 유형

(2) 예측 및 계획 : AI를 활용하여 도시 성장, 인구 변화, 재난 발생 등을 예측하고 이에 대비하는 계획을 수립하는 유형

(3) 시민 참여 및 소통 : AI 기반 플랫폼을 통해 시민들의 의견을 수렴하고 도시 계획 과정에 참여를 유도하는 유형

(4) 도시 환경 개선 : AI를 활용하여 대기 오염, 소음 공해 등 도시 환경 문제를 해결하고 삶의 질을 향상시키는 유형

(5) 새로운 도시 서비스 : AI 기반 기술을 활용하여 스마트 모빌리티, 스마트 헬스케어 등 새로운 도시 서비스를 제공하는 유형

3. 2 'AI 어바니즘(AI Urbanism)'의 특징과 시사점

1) Palmini and Cugurillo (2023)의 AI 어바니즘 정의

Palmini and Cugurillo (2023)는 "AI 어바니즘: 도시 계획 및 설계에 대한 인공지능의 영향" 이라는 논문에서 AI 어바니즘을 AI 기술을 활용하여 도시 계획 및 설계 과정을 개선하고 도시 문제를 해결하는 새로운 접근 방식으로 정의한다. AI 어바니즘과 도시 계획의 융합을 강조한다.

(1) 정의와 개념 : Palmini and Cugurillo (2023)는 논문 "AI Urbanism: A New Paradigm for Sustainable, Resilient, and Inclusive Cities"에서는 AI 어바니즘을 AI 기술을 도시 계획, 설계, 관리에 통합하여 도시의 지속가능성, 회복력, 포용성을 향상시키는 새로운 패러다임으로 정의한다. 이는 AI 기술을 통해 도시 문제를 해결하고 도시의 미래를 구축하는 데 중점을 둔 개념이다.

(2) 쟁점 : 이 정의는 AI 어바니즘의 핵심 가치로 지속가능성, 회복력, 포용성을 제시한다. 이는 중요한 가치들이지만, 구체적으로 어떻게 AI 기술을 통해 이러한 가치를 실현할 수 있는지에 대한 명확한 설명이 부족하다. 또한, AI

기술 도입으로 인해 발생할 수 있는 새로운 도시 문제 및 불평등에 대한 고려도 필요하다.

(3) 시사점 : Palmini and Cugurillo (2023)의 정의는 AI 어바니즘이 도시의 지속가능한 발전을 위한 새로운 접근 방식임을 강조한다. 이는 도시 계획가, 설계자, 관리자들이 AI 기술을 적극적으로 활용하여 도시 문제를 해결하고, 시민 참여를 증진시키며, 사회적 형평성을 확보해야 함을 시사한다.

이들은 AI 어바니즘이 도시 계획가에게 다음과 같은 새로운 가능성을 제공한다고 주장한다.

2) AI 어바니즘 특징

(1) 데이터 기반 의사 결정 : 도시 관련 데이터 분석을 통해 도시 계획 및 설계 과정에서 보다 정확하고 효율적인 의사 결정을 지원한다.

(2) 시뮬레이션 및 예측 : AI 기반 시뮬레이션을 통해 도시 계획 및 설계의 결과를 예측하고 다양한 시나리오를 비교 분석하여 최적의 방안을 도출한다.

(3) 디자인 최적화 : AI 알고리즘을 활용하여 건축물 디자인, 도시 공간 디자인 등을 최적화하고 효율적인 공간 활용 방안을 제시한다.

(4) 시민 참여 증진 : AI 기반 플랫폼을 통해 시민들의 의견을 수렴하고 도시 계획 과정에 참여를 유도하여 시민 중심의 도시 계획을 구현한다.

3. 3 'AI 도시(AI City)'의 특징과 시사점

1) Marvin et al. (2022) 의 AI City 정의

Marvin et al. (2022) 는 "AI City, 도시 개발의 새로운 패러다임" 이라는 논문에서 AI City를 AI 기술을 기반으로 도시 운영 및 관리의 효율성을 극대화하고 시민들에게 지능적인 서비스를 제공하는 도시로 정의한다. 이들은 AI City가 다음과 같은 특징을 가진다고 주장한다.

(1) 정의와 개념 : Marvin et al. (2022)는 논문 “The AI City: Optimizing Urban Operations and Services through Intelligent Technologies”에서 AI City를 AI 기술을 활용하여 도시 운영 및 서비스를 최적화하고 시민들에게 개인 맞춤형 서비스를 제공하는 도시로 정의한다. 즉, AI City는 AI 기술을 기반으로 도시 기능을 효율적으로 관리하고 시민들에게 편리한 서비스를 제공하는 스마트 도시의 진화된 형태이다.

(2) 쟁점 : 이 정의는 AI City의 핵심 기능으로 도시 운영 최적화와 개인 맞춤형 서비스 제공을 강조한다. 하지만, 개인 맞춤형 서비스 제공 과정에서 발생할 수 있는 개인 정보 침해 및 프라이버시 문제에 대한 우려가 존재한다. 또한, AI 기술에 대한 과도한 의존은 도시 시스템의 취약성을 증가시킬 수 있다는 점도 고려해야 한다.

(3) 시사점 : Marvin et al. (2022)의 정의는 AI City가 시민 중심적인 서비스 제공과 도시 운영 효율성 향상을 동시에 추구해야 함을 시사한다. 이를 위해서는 AI 기술 개발과 더불어 데이터 보안 및 개인 정보 보호에 대한 지속적인 관심과 투자가 필요하다.

2) AI 도시의 특징

(1) 연결성 : IoT 센서, 스마트 기기 등을 통해 도시 내 다양한 데이터를 수집하고 연결하여 도시 운영 시스템의 효율성을 높인다.

(2) 지능성 : AI 기술을 활용하여 도시 문제를 분석하고 예측하여 선제적인 대응 및 문제 해결 능력을 향상시킨다.

(3) 지속가능성 : AI 기반 에너지 관리, 자원 관리, 환경 관리 시스템을 통해 도시의 지속가능성을 확보한다.

(4) 포용성 : 모든 시민들이 AI 기술의 혜택을 누리고 도시 서비스에 접근할 수 있도록 포용적인 도시 환경을 조성한다.

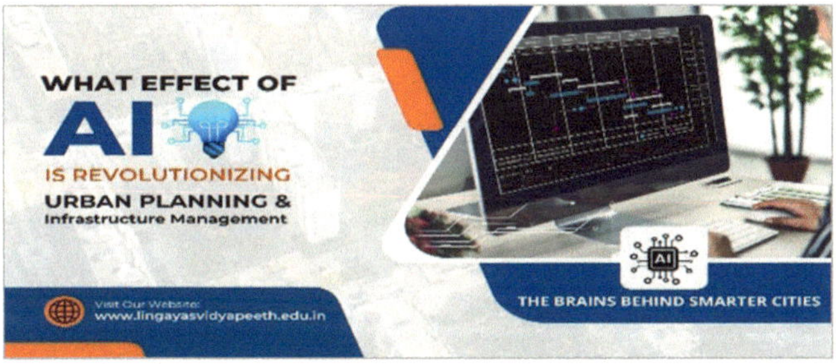

How AI is Revolutionizing Urban Planning and Infrastructure Management?, Lingaya's

4 나오는 말

도시 AI, AI 어바니즘, AI City는 서로 밀접하게 연관된 개념이지만, 각 정의는 강조하는 가치와 쟁점이 다르다.

(1) 도시 AI : 도시 AI의 지향점은 도시 전반에 걸쳐 도시 문제 해결 및 시민 삶의 질 향상을 목표로 하고 있다.

(2) AI 어바니즘 : AI 어바니즘은 이념(ism)을 기반으로 지속가능성, 회복력, 포용성을 핵심 가치로 제시한다.

(3) AI City : AI City는 AI 기술을 통해 도시 운영 최적화와 개인 맞춤형 서비스 제공을 추구한다.

이러한 다양한 정의를 종합적으로 고려하여 도시 AI 발전 방향을 모색하는 것이 중요하다

도시 AI, AI 어바니즘, AI 도시 모두 도시 계획의 다양한 분야에서 활용되어 도시 문제 해결 및 삶의 질 향상에 기여하고 있다. 도시 성장 예측, 토지 이용 계획, 도시건축설계, 환경계획, 교통계획, 공원녹지계획, 모빌리티 등 다양한 분야에서 도시 AI, AI 어바니즘, AI 도시 모두 도시의 효율성과 형평성을 높이고, 시민들의 요구를 반영하며, 지속가능한 도시 개발을 지원하는 데 활용되고 있다.

참고문헌

1. Urban AI. (n.d.). Retrieved January 28, 2025, from https://urbanai.fr/our-works
2. Urban AI Guide. (n.d.). Retrieved January 28, 2025, from https://urbanai.fr/our-works/urban-ai-guide/
3. Urban AI. (n.d.). Retrieved January 28, 2025, from https://urbanai.fr/our-works
4. Urban AI Guide. (n.d.). Retrieved January 28, 2025, from https://urbanai.fr/our-works/urban-ai-guide/
5. The Generative AI for Urban Governance. (n. d.). Retrieved January 28, 2025

07 AI 계획가가 어디에서 일하는지에(planner-in-the-loop, planner-on-the-loop, planner-out-of-the-loop)따라 역할이 달라진다

[주요 질문]

"AI 비서가 도시 계획가의 업무를 대체할 수 있을까요?"

1. AI 비서의 역할 변화

- 도시 계획 분야에서 AI 비서의 역할은 무엇이며, 어떻게 활용될 수 있을까요?
- AI 비서가 도시 계획 과정의 효율성을 높이고 시민 참여를 확대할 수 있을까?
- AI 비서의 발전 단계(지원, 강화, 자동화, 자율화)에 따라 도시 계획가의 역할은 어떻게 변화할까요?

2. AI 비서와 계획가의 협력

- AI 비서와 도시 계획가는 어떻게 협력하여 도시 계획을 수립할 수 있을까요?
- 계획 수립 과정에서 AI 비서와 계획가의 역할 분담은 어떻게 이루어져야 할까요?
- AI 비서의 참여 수준에 따라 계획 스타일(planner-in-the-loop, planner-on-the-loop, planner-out-of-the-loop)은 어떻게 달라질까요? 각 스타일의 장단점은 무엇일까요?

3. AI 기반 도시 계획의 가능성과 한계

- AI 기반 도시 계획은 기존 도시 계획의 문제점을 어떻게 해결할 수 있을까요?
- AI 기반 도시 계획의 긍정적 측면과 부정적 측면은 무엇일까요?
- AI 기반 도시 계획의 성공을 위해 필요한 것은 무엇일까요? (데이터, 기술, 윤리, 시민 참여 등)

4. 미래 도시 계획가의 역할

- AI 기술의 발전으로 도시 계획가의 역할은 어떻게 변화할 것인가요?
- 미래 도시 계획가에게 필요한 역량은 무엇일까요?
- AI 비서와 협력하고 AI 기술을 활용하는 능력은 얼마나 중요 해질까요?

Unveiling the Power of Large Language Models in AI | David Cain, Linkedin

1 2035년, AI 계획가가 활약하는 도시계획 현장!

AI 도시 계획가, 등장!

2035년, 도시 계획은 AI 계획가의 도움으로 더욱 스마트 해졌습니다. AI 비서는 마치 똑똑한 조력자처럼, 도시 문제 해결을 위한 다양한 아이디어를 제공하고 계획 과정을 효율적으로 만들어 줍니다.

장면1. 도시 계획가와 AI 계획가의 환상적인 팀플레이

과거에는 계획가 혼자서 도시 계획을 수립해야 했습니다. 하지만 이제는 AI 비서가 함께 합니다. AI는 방대한 도시 데이터를 분석하고, 다양한 정책 대안을 제시하며, 계획가의 의사 결정을 도웁니다.

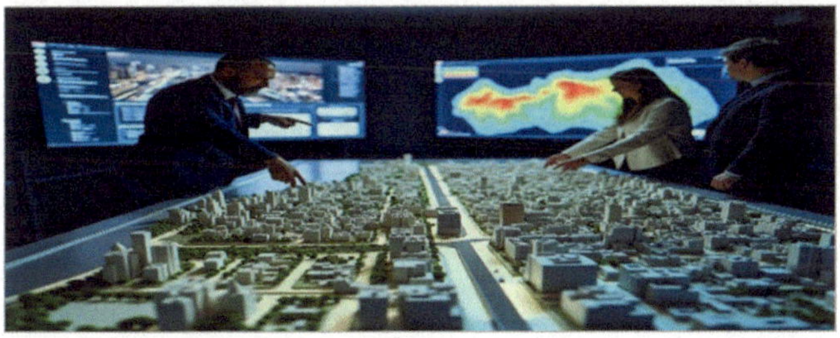

Agent-Based Modeling in Urban Planning: Shaping Smarter Cities Through Simulation, SmythOS

장면2. AI 계획가, 도시 계획의 모든 것을 지원하다!

AI 계획가는 도시계획의 모든 단계에서 활약합니다.

- AI 도시 계획 과정 : 시민들의 의견을 수렴하고, 다양한 데이터를 분석하여 최적의 도시 계획을 수립합니다.
- 토지 이용 : 토지 이용 현황을 분석하여 주거, 상업, 산업 용지를 효율적으로 배분하고 녹지 공간을 확보합니다.

- 도시 건축 설계 : 에너지 효율을 높이고 안전하며 쾌적한 건축물을 설계합니다.
- 환경 계획 : 도시 환경을 깨끗하게 유지하고 기후 변화에 대응합니다.
- 교통 계획 : 교통 혼잡을 완화하고 안전한 교통 시스템을 구축합니다.
- 문화 시설 : 시민들에게 다양한 문화 경험을 제공합니다.
- 공원 녹지 계획 : 쾌적한 도시 환경을 조성하고 시민들의 휴식 공간을 마련합니다.
- 인프라 계획 : 도시 인프라를 효율적으로 관리하고 유지보수 합니다.
- 모빌리티 : 시민들의 이동 편의를 증진시킵니다.

The Rise of AI-Powered Urban Planning, Linkedin

장면3. AI 계획가의 진화: 4단계

- AI 지원 : AI 계획가는 데이터를 분석하고 시각화 하여 계획가에게 정보를 제공합니다.
- AI 강화 : AI 계획가는 다양한 계획 대안을 시뮬레이션하고 평가하여 계획가의 의사 결정을 도웁니다.
- AI 자동화 : AI 계획가는 계획 과정을 자동화하고, 계획가는 이를 감독합니다.
- AI 자율화 : AI 계획가는 스스로 계획을 수립하고 실행합니다.

장면4. AI 계획가와 계획가, 누가 계획을 주도할까?

- planner-in-the-loop : 계획가가 주도적으로 계획을 수립하고 AI 계획가는 보조적인 역할을 합니다.
- planner-on-the-loop : AI 계획가가 더 중요한 역할을 담당하고 계획가는 AI를 도웁니다.
- planner-out-of-the-loop : AI 계획가가 스스로 계획을 수립하고 계획가는 이를 감독합니다.

장면5. AI 계획가와 함께 만드는 더 좋은 도시

AI 계획가는 도시 계획 분야의 혁신을 이끌고 있습니다. AI는 도시 계획가와 협력하여 더욱 효율적이고 지속 가능하며 시민 중심적인 도시를 만들어갈 것입니다.

How to Use AI for Urban Planning? AllAboutAI.com

2 계획가와 AI 계획가가 협력하여 만들어 내는 도시계획안

1) AI, 도시 계획의 혁신을 이끌다!

이제 AI는 도시 계획 분야에서도 핵심적인 역할을 담당한다. 마치 똑똑한 비서처럼, AI는 방대한 도시 데이터를 분석하고, 다양한 정책 대안을 제시하며, 계획가의 의사 결정을 돕는다. AI는 도시 계획 과정을 효율적으로 만들고, 시민 참여를 확대하며, 궁극적으로 더 나은 도시를 만드는 데 기여한다.

2) AI 계획가와 계획가의 협력

과거에는 계획가가 도시 계획의 모든 단계를 직접 수행해야 했다. 하지만 이제는 AI 비서가 등장하여 계획가와 함께 도시 계획을 만들어 간다. AI는 도시 데이터를 분석하고, 다양한 정책 대안을 제시하며, 계획가의 의사 결정을 지원한다. 2035년, 도시 계획은 AI 계획가의 도움으로 더욱 스마트 해졌다. AI 비서는 마치 똑똑한 조력자처럼, 도시 문제 해결을 위한 다양한 아이디어를 제공하고 계획 과정을 효율적으로 만들어 준다.

3) AI 계획가의 참여 수준에 따른 계획 스타일

(1) AI 계획가의 참여 수준에 따른 계획 스타일

AI 지원 계획 → AI 계획가는 데이터 분석 및 시각화를 통해 계획가(인간)를 돕는다.

AI 강화 계획 → AI 계획가는 계획대안 시뮬레이션 및 평가를 통해 최적의 계획을 수립하도록 돕는다.

AI 자동화 계획 → AI 계획가는 계획 과정을 자동화하고, 계획가는 이를 감독한다.

AI 자율화 계획 → AI 계획가가 스스로 계획을 수립하고 실행한다.

(2) 계획가와 AI 계획가의 역할과 참여에 기반한 계획 스타일

AI 계획가의 참여 수준	계획가의 참여 정도에 따른 역할
높음 (in-the-loop)	AI 계획가와 협력하여 계획 수립
중간 (on-the-loop)	AI 계획가의 지원을 받아 계획 수립
낮음 (out-of-the-loop)	AI 계획가가 계획 수립, 계획가는 감독
거의 없음 (None)	전통적 계획 (계획가 단독 수행)

4) 도시계획과정에서 AI 계획가와 계획가의 구체적인 역할

단계	AI 계획가의 역할	계획가의 역할
1단계: AI 지원 계획	데이터 수집, 처리, 시각화, 시민 의견 수렴	문제 인식, 이해관계자 소통, 해결책 제시, 계획 결정
2단계: AI 강화 계획	특성 식별, 패턴 발견, 시뮬레이션, 영향 예측, 평가, 피드백 제공	계획 목표 설정, 이해관계자 소통, 초기 계획 제안, 결과 평가, 계획 수정, 최종 계획 확정
3단계: AI 자동화 계획	패턴 식별, 계획 시나리오 제안, 시뮬레이션, 평가, 계획 확정	계획 문제 정의, 계획 목표 제시, AI 감독, 결과 모니터링
4단계: AI 자율화 계획	도시 계획 프로세스 완전 자동화	계획 목표 설정, AI 감독, 결과 분석, AI 유지 및 업데이트

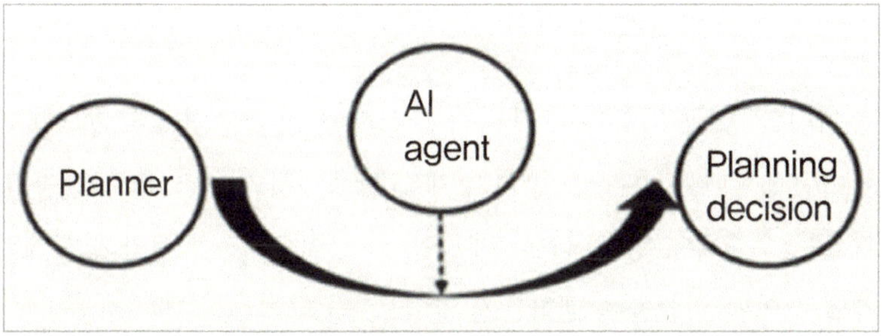

Zhong-Ren Peng, The Pathway of Urban Planning AI: From Planning Support to Plan-Making Journal of Planning Education and Research, June 2023

3 AI 계획가로 인하여 도시 계획가(Urban Planner)의 역할이 변하고 있다

계획에서 전통적 계획방식(Traditional Planning)은 종합적·합리적 계획(Comprehensive Rational Planning)의 의미한다. 이 방식은 도시정부나 실무에서 일하는 계획가들이 지난 수십년 간 활용해 오는 방식이다. 이 계획방식은 목표설정, 정책대안의 설정, 대안의 평가, 집행의의 집행 4단계화를 거친다. 단계별 피드백이 일어난다.

예컨대 도심교통체증을 완화라는 정책목표를 설정한다면 교통체증을 완화시킬 수 있는 도심주차장요금의 대폭인상, 도심혼잡통행료 부과 등의 정책 대안을 떠 올리게 된다. 그러면 이들 정책대안을 평가하여 어떤 대안이 도심통행 혼잡완화라는 정책목표를 효과적으로 달성할 수 있는지를 가늠한다. 일단 최적의 정책대안이 선정되면 마지막으로 이 정책대안을 집행한다. 전통적 계획에서는 체계적 접근방법을 통해 문제를 규명하고, 결정론적 모형과 계량적 분석방법을 활용하여 도시문제를 분석하거나 예측이 이루어지기도 한다.

그러나 AI 계획가가 도시계획이나 교통계획과정에 개입을 하게 되면 이제부터는 전통적인 계획가의 역할이 변하게 된다. AI 계획가가 도시계획과정에 단계 별로 개입을 해서 계획과정을 이끌어 가는 이유이다.

(1) 계획가와 AI 계획가의 역할과 참여에 기반한 계획 스타일

AI는 이러한 종합적·합리적 계획의 도시계획 실무 적용시의 한계에 대해 도전장을 내민다. "나는 종합적·합리적 계획 관행에서 내가 스스로 알아서 도시지역의 자료를 수집하여 정책대안을 제시할 수 있어요" 그럼 AI가 도시계획과정에서 단계별로 어떤 역할을 수행하는지 알아보자.

〈계획가와 AI 계획가의 역할과 참여에 기반한 계획 스타일〉

AI 비서의 참여 수준	계획가(AI 계획가 포함)의 참여 정도에 따른 역할			
	높음(in-the-loop)	중간(on the loop)	낮음(on the loop)	최소(out the loop)
거의 없음 (None)	전통적 계획			
낮음 (Low)	AI지원 계획			
중간 (Intermediate)		AI역할이 강화된 계획		
높음 (High)			AI스스로 자동으로 계획안을 작성	AI스스로 자동으로 계획안을 작성

자료: Zhong-Ren Peng, The Pathway of Urban Planning AI: From Planning Support to Plan-Making, Journal of Planning Education and Research, June 2023

도시계획과정에서 AI 계획가의 유형은 계획 수립 과정에서 계획가의 참여 수준과 AI 계획가의 자율성 수준에 따라 분류된다. 인간-기계 상호작용과 계획 결정에서 AI 계획가와 계획가 간의 협력하여 계획 수립 "루프"에서 각각의 역할을 담당하게 된다(Sætra 2021). 그럼 여기서 계획가와 계획 수립 루프 간의 관계를 분류하려 고찰해 보기로 하자.

(2) planner-in-the-loop(계획가가 계획과정 내에 위치), planner-on-the-loop(계획가가 계획과정 중간에 위치), planner-out-the-loop(계획가가 계획과정 밖에 위치) 무엇이 차이인가?

Saetra (2021)와 Zhong-Ren Peng(2023)은 계획가의 역할 변화 과정을 세 가지 유형으로 구분하여 설명한다: ① planner-in-the-loop, ② planner-on-the-loop, ③ planner-out-of-the-loop의 주요 차이점은 최종 계획 결정을 내리는 주된 책임이 AI 계획가에 있느냐 또는 계획가에 있느냐 하는 것이다.

- planner-in-the-loop : planner-in-the-loop 에서는 계획가가 계획 수립 과정에서 주도적인 역할을 하며, AI 계획가는 보조적인 역할을 한다.
- planner-on-the-loop : planner-on-the-loop 에서는 AI 계획가가 점점 더 중요한 역할을 하게 된다. AI가 더 높은 수준의 자율성을 가지며 계획 수립 과정에서 계획가보다 더 큰 책임을 지게 된다. 이때 계획가는 AI 계획가가 계획 결정을 내리는 데 도움을 준다.
- planner-out-of-the-loop : planner-out-of-the-loop는 AI 계획가가 독립적으로 계획 수립을 수행하는 상황을 의미한다. 이 경우 계획가는 AI 계획가가 주도하는 계획 수립 과정의 기계적 부분(알고리즘 등)에서 제외된다. 그렇지만 이 단계에서도 계획가의 역할의 중요성은 사라지지 않는다. 계획가는 여전히 계획의 결과를 평가하고, 필요 시 AI 계획가에게 입력할 초기 목표를 조정하며, 대안을 재설정하면서 최적대안을 도출하는 과정에 기여한다. 또한 이 단계에서도 계획가는 지속적으로 AI 계획가를 관리하고 수시로 기능을 향상(Upgrade)시켜야 한다.

AI agents automate merge processes | Reply

4 AI 계획가 기반의 도시계획과정의 네 가지 단계의 구체적인 설명

4.1 도시 계획과정에서 여러 단계에서 AI비서와 계획가의 구체적인 역할

[표]는 도시계획과정에서 AI 지원 도시계획에서 AI 자율화 도시계획으로 발전함에 따라 AI 계획가의 역할이 증가하고 계획가의 역할은 감소하는 과정을 보여준다.

(1) 1단계 (AI 지원 도시계획) : AI 계획가가 계획 데이터를 수집하고 자원과 도시 계획 관련 문제 및 패턴을 분석하여 계획가 중심의 계획 프로세스를 지원한다.

(2) 2단계 (AI 강화 도시계획) : AI계획가가 계획가가 제안한 다양한 계획안을 시뮬레이션하고 평가하여 최적의 계획안을 결정하는 데 도움을 준다.

(3) 3단계 (AI 자동화 도시계획) : AI 계획가가 스스로 도시계획 과정을 반 자동적으로 시행하고, 계획가의 지도감독 하에 최적의 선택안을 제안할 수 있다.

(4) 4단계 (AI 자율화 도시계획) : AI 계획가가 과거 경험을 통한 자기 학습을 바탕으로 계획을 자율적으로 수립하여 계획결정에 직접 영향을 미친다. 이 단계에서는 도시 계획가의 개입이 최소화된다.

〈도시 계획과정에서 여러 단계에서 AI 비서와 계획가의 구체적인 역할〉

계획 유형	AI 계획가의 역할	계획가의 역할	계획가와 AI 계획가 간의 계획작성 과정의 관계
전통적 계획	AI 계획가는 계획 과정에 전혀 관계 없음	계획가가 계획결정에 책임자	AI 계획가 계획가 → 계획결정
AI 지원 계획	AI 계획 1단계: AI 계획가는 지원해 주는 역할	AI 계획가 도움 받아 계획가가 계획결정(Planner in the loop)	계획가 AI 계획가 계획결정
AI 강화 계획	AI 계획 2단계: 분석, 예측, 시뮬레이션	AI 계획가의 분석, 예측, 시뮬레이션을 토대로 계획가가 계획결정(Planner on the loop)	계획가 → AI 계획가 → 계획결정
AI 자동화(Automated)된 계획	AI 계획 3단계: 계획가가 설정한 목표에 따라 AI 계획가 계획작성	계획가는 여전히 계획과정에 관여(Planner on the loop)	AI 계획가 계획가 ↓ 계획결정 ⟶
AI 자율화(Autonomized)된 계획	AI 계획 4단계: 자기학습과 의사결정 알고리즘에 의해 계획작성	AI 계획가가 주도하고 계획가는 계획결정에 참여하지 않음(Planner out of the loop)	계획가 AI 계획가 → 계획결정

4. 2 단계별 AI 계획가의 구체적인 계획내용

1) 1단계 : AI 계획가의 지원 계획

(1) 1단계 AI 계획가의 기능 : AI 계획가는 데이터 수집, 처리 및 시각화의 효과적인 도구로 기능하며, 계획 준비 작업을 일상적으로 수행한다. AI 계획가는 토지 이용 패턴, 교통 흐름, 인구 통계 및 환경 조건과 같은 대규모 도시 데이터를 수집하고 분석결과를 계획가에게 제공한다. 또한, AI 계획가는 계

획가들이 도시 조건을 분석하는 데 도움이 되는 지도 및 시각화 정보를 생성하여 계획과정에 기여한다.

(2) 계획자의 역할 : AI 계획가의 지원을 받아 도시 계획가들은 다양하고 깊이 있는 통찰을 도출할 수 있다. 도시관련 문제와 그 근본 원인을 인식하고, 이해 관계자와 소통하며, 실행 가능한 해결책을 제시하고, 다양한 정보에 기반한 계획 결정을 내릴 수 있다.

(3) 응용 분야 : AI는 도시 및 지역 계획 분야에서 효율적인 데이터 수집, 처리 및 시각화에 있어서 획기적인 성과를 발휘해 왔다. 텍스트 마이닝과 자연어 처리(NLP)는 이 단계에서 AI의 혁신적인 응용 분야이다. Fu, Li, Zhai(2023)의 연구에서는 AI가 역사적 계획 문서와 텍스트에서 중요한 정보를 자동으로 추출하여 계획 별 특성과 맥락을 이해하는 툴을 제공할 수 있다고 한다. 이러한 접근은 시기 별 및 도시 별 도시계획 과정에 대한 이해를 향상시키고, 계획과정과 방식을 개선하기 위한 통찰을 제공할 수 있다.

2) 2단계 : AI 강화 계획

(1) AI의 기능 : 2단계에서는 AI 계획가가 도시 계획가의 능력을 강화하는 등의 중요한 역할을 한다. 여기에는 해당 도시계획 또는 프로젝트의 특성을 식별하고, 대규모 데이터셋에서 숨겨진 패턴을 발견하며, 다양한 이해관계자의 행동을 시뮬레이션하고, 계획 대안들의 영향을 추정 및 예측하며, 대안을 평가하고, 계획 개선을 위한 포괄적이고 객관적인 피드백과 제안을 제공하는 작업이 포함된다 (Al-Ramini et al. 2022).

(2) 계획가의 역할 : 이 2단계에서 계획가는 계획목표를 설정하고, 이해관계자와 소통하며, AI 계획가가 처리하여 올려 놓은 데이터를 기반으로 초기 계획을 제안하고, AI 시뮬레이션으로 생성된 결과를 평가하고 분석하며, 초기 계획안을 수정하는 피드백과정을 거쳐 최종적인 계획을 확정하는 역할을 한다.

(3) 응용 분야 : AI 기술은 이 2단계에서 본격적으로 광범위하게 활용된다. 다양한 시나리오와 계획 간 상호작용을 시뮬레이션하고 평가하는 데 유용한 정보를 계획가에게 제공한다. 여기서 AI 계획가는 도시(도시문제 등)와 도시계획(도시정책) 간의 동적인 관계에 대한 포괄적인 이해를 제공한다 AI 강화 도시계획과정은 기후적응계획(Han et al. 2020; Nik and Moazami 2021)과 같은 분야에 적용되기도 하였다. 여기서 AI는 해수면 상승에 영향을 받는 해안 지역에서 지역 정부의 정책, 주민의 행동, 보험회사 간의 이해관계와 상호작용을 모델링하는 데 적극적으로 활용되었다 (Han and Peng 2019).

3) 3단계 : AI 자동화 계획

(1) AI 계획가의 기능 : 이 단계에서 AI 계획가는 자기 학습 및 자동화 기능을 보여주며, 도시 계획 과정 전체를 자동화한다. 여기에는 역사적 데이터에서 숨겨진 패턴을 식별하고, 계획 시나리오를 제안하며, 새로운 계획의 효과를 시뮬레이션하고 평가한 후, 최종적으로 계획 시나리오와 계획안을 확정하는 작업을 진행시킨다. AI 계획가는 한 걸음 더 나아가 다른 유사 도시에서 유사한 계획 상황을 자기 스스로 학습함으로써 더 지능적으로 발전하여, 불확실성을 제거하고, 복잡한 도시 시스템을 시뮬레이션 하여 실행 가능한 해결책을 제공한다.

(2) 계획가의 역할 : 도시 계획가는 계획 문제를 정의하고, 계획 목표와 목표를 제시하며, AI 계획가가가 계획 프로세스를 자동화하는 것을 감독하고, AI 계획가 도출하는 계획 또는 정책 결과물을 모니터링하는 역할을 한다. 예컨대 Bao et al. (2017)연구에서는 AI의 도움을 받아 다양한 자전거 경로의 데이터를 기반으로 자전거 도로건설계획을 설정하는 데이터 기반 접근법을 제안했다. 그런 다음, 그들은 프로젝트 목표와 제약 조건(예로서 공간 범위, 노선대안, 사용자 수요, 사용 가능한 공간, 예산)을 통합한 목표 함수를 공식화하여 다양한 계획 대안의 장단점을 평가하였다(Bao et al. 2017).

4) 4단계 : AI 계획가 자율 계획

(1) AI 계획가의 기능 : 이 단계에서 AI 계획가는 더 높은 수준의 지능을 보여준다. 인간, 즉 계획가의 개입 없이 도시계획 프로세스를 완전 자동화하여 최적의 도시계획 및 정책대안을 도출하는 것을 목표로 한다. 다만 이 단계에 도달하기 위해서는 문제 해결, 데이터와 경험을 기반으로 학습하고, 지능적인 결정을 내릴 수 있는 강력한 AI의 개발이 필요하다.

아직은 도시 계획 분야에서 강력한 AI응용 프로그램은 아직 출시되지 않았지만 조만간 초강력의 ASI가 출현한다면 모든 계획과제가 원활하게 수행될 것으로 예측된다.(Benbya, Pachidi, and Jarvenpaa 2021). 도시계획 분야에서도 효율성, 공정성, 그리고 도시 계획의 전문 지식으로 무장되어 자동화된 결정을 내릴 수 있는 강력한 AI가 조만간 나타날 것으로 기대해 보는 이유이다.

(2) 계획가의 역할 : 강력한 AI가 자율적으로 계획 결정을 내릴 수 있지만, 도시 계획가의 역할은 이 단계에서도 소홀히 다루어져서는 안 된다. 도시 계획가는 계획과정이 종료하거나 종료 후에도 여전히 중요한 역할을 하기 때문이다. 도시 계획가는 도시가 어떻게 기능하는지, 주민들이 어떻게 행동하는지에 대한 역사적인 흐름에 기반한 정보와 지식을 가지고 있으며, 이러한 정보는 계획 프로세스에 결정적으로 기여하게 된다.

이 단계에서 계획가는 AI 주도 하에 진행되는 도시 계획 프로세스가 올바른 방향으로 진행되도록 감독한다. 특히 과거의 계획 프로세스에서 다루지 않았던 새로운 계획 목표가치를 추구할 때 계획가가 AI 계획가와 함께 머리를 맞대고 협업하여야 한다. 또한 계획가는 AI 계획가가 생성한 결과를 분석하고 평가하자 않으면 안 된다. 특히 다양성, 공정성 및 포용성 문제와 관련된 도시이슈와 문제에 대한 정책대안을 계획가가 AI 계획가가 끊임없이 소통하면서 분석 및 평가를 해야 한다. 아울러 계획가는 또한 AI 계획가와 그 기능을 업데이트하고 유지하는 책임이 있다.

5 AI 에이전트(AI 계획가)와 인간 계획가의 협력 연구 : 도시 계획, 환경, 건축, 교통, 모빌리티에서 참여 수준 및 역할

5.1 AI 에이전트는 도시 계획 분야에 다양한 방식으로 기여할 수 있다.

AI 에이전트는 도시 계획 분야에 다양한 방식으로 기여할 수 있으며, 인간 계획가와의 협력을 통해 더욱 큰 시너지를 창출할 수 있다. AI 에이전트는 데이터 분석, 시뮬레이션, 의사 결정 지원 등 다양한 역할을 수행하며, 인간 계획가는 AI 에이전트가 제공하는 정보를 바탕으로 창의적인 아이디어를 더하고 최종 결정을 내리는 방식으로 협력할 수 있다.

5. 2 AI 에이전트(AI 계획가)와 인간 계획가의 간의 참여와 역할 관련 연구동향

1) AI 에이전트와 인간 계획가의 협력 모델

(1) Batty, M. (2020). The New Science of Cities, MIT Press

① 핵심 내용 : 도시 시스템의 복잡성을 과학적으로 분석하고 이해하기 위한 새로운 접근 방식을 제시하며, AI 에이전트가 도시 계획 과정에서 인간 계획가를 보조하는 역할을 수행할 수 있음을 강조한다.

② 시사점 : AI 에이전트는 인간 계획가의 직관과 경험을 보완하고, 데이터 기반 의사 결정을 지원하여 도시 계획의 효율성을 높일 수 있다.

(2) Yigitcanlar, T. et al. (2022). Urban Planning in the Age of AI, Cities

① 핵심 내용 : AI 시대의 도시 계획 연구 동향을 분석하고, AI 기술이 도시 계획 과정에 미치는 영향, 윤리적 문제, 사회적 영향 등 다양한 측면을 논의한다.

② 시사점 : AI 기술은 도시 계획의 패러다임을 변화시키고 있으며, AI 에이전트와 인간 계획가의 협력 모델 구축이 중요하다.

2) AI 에이전트의 도시 계획 각 분야별 참여 수준 및 역할

[도시계획]

(1) Lee, J. et al. (2023). AI-Assisted Urban Planning for Sustainable Development, Journal of Urban Planning and Development

① 핵심 내용 : AI 에이전트가 도시 성장 모델링, 토지 이용 계획, 기반 시설 계획 등 다양한 도시 계획 과정에 참여하여 인간 계획가의 의사 결정을 지원하는 시스템 개발.

② 시사점 : AI 에이전트는 도시 계획의 효율성을 높이고 지속 가능한 개발 목표 달성

[도시건축설계]

(1) Shea, K. et al. (2021). AI-Aided Architectural Design, Architectural Research

① 핵심 내용 : AI 에이전트가 건축 디자인 생성, 공간 배치 최적화, 에너지 효율 분석 등 다양한 건축 설계 과정에 참여하여 인간 건축가의 창의성을 증진시키는 도구로 활용된다.

② 시사점 : AI 에이전트는 건축 설계의 효율성을 높이고 혁신적인 디자인 솔루션 개발에 기여할 수 있다.

[교통계획]

(1) Behrisch, M. et al. (2020). SUMO : Simulation of Urban Mobility, Open-Source Systems

① 핵심 내용 : AI 에이전트가 교통 흐름 예측, 신호 제어 최적화, 자율주행 차량 경로 계획 등 다양한 교통 계획 과제에 참여하여 인간 계획가에게 필요한 정보를 제공한다.

② 시사점 : AI 에이전트는 교통 혼잡 완화, 교통 안전 증진, 에너지 효율 향상 등 다양한 교통 문제 해결에 기여할 수 있다.

[모빌리티 서비스]

(1) Papadimitriou, E. (2018). Multi-agent systems for transportation : A survey, Transportation Research Part C : Emerging Technologies

① 핵심 내용 : AI 에이전트가 수요 응답형 교통 시스템, 공유 모빌리티 서비스 관리, 스마트 주차 시스템 등 다양한 모빌리티 계획 과제에 참여하여 인간 계획가에게 필요한 정보를 제공한다.

② 시사점 : AI 에이전트는 모빌리티 서비스 효율성을 높이고 사용자 편의성을 증진시키는 데 기여할 수 있다.

참고문헌

1. Zhong-Ren Peng, The Pathway of Urban Planning AI: From Planning Support to Plan-Making Journal of Planning Education and Research, June 2023
2. Batty, M. (2020). The New Science of Cities, MIT Press
3. Yigitcanlar, T. et al. (2022). Urban Planning in the Age of AI, Cities
4. Lee, J. et al. (2023). AI-Assisted Urban Planning for Sustainable Development, Journal of Urban Planning and Development
5. Shea, K. et al. (2021). AI-Aided Architectural Design, Architectural Research
6. Behrisch, M. et al. (2020). SUMO: Simulation of Urban Mobility, Open-Source Systems
7. Papadimitriou, E. (2018). Multi-agent systems for transportation: A survey, Transportation Research Part C: Emerging Technologies

08 AI 비서(AI Agent)와 함께 환상으로 그려내는 도시

[주요 질문]

1. AI 에이전트의 개념 및 역할

- AI 에이전트란 무엇이며, 도시 계획에서 어떤 역할을 수행할 수 있을까요?
- AI 에이전트는 도시 문제 해결에 어떻게 활용될 수 있을까요? (교통, 환경, 안전, 시민 참여 등)
- AI 에이전트는 도시 계획가, 시민, 전문가 간의 협업을 어떻게 촉진할 수 있을까요?

2. AI 에이전트 기반 도시의 특징

- AI 에이전트 기반 도시는 기존 도시와 어떤 점이 다를까요?
- AI 에이전트는 도시의 지속 가능한 발전에 어떻게 기여할 수 있을까요?
- AI 에이전트는 시민들의 삶의 질을 어떻게 향상시킬 수 있을까요?

3. AI 에이전트 기반 도시 계획의 장단점

- AI 에이전트 기반 도시 계획의 주요 장점과 단점은 무엇일까요?
- AI 에이전트 기반 도시 계획의 윤리적 문제점은 무엇이며, 어떻게 해결해야 할까요?
- AI 에이전트 기반 도시 계획의 사회적 영향은 무엇일까요?

4. AI 에이전트 기반 도시 계획의 미래

- AI 에이전트 기반 도시 계획은 미래에 어떻게 발전할 것으로 예상하시나요?
- AI 에이전트 기반 도시 계획은 도시 및 시민들에게 어떤 영향을 미칠까요?
- AI 에이전트 기반 도시 계획의 성공적인 구현을 위해 필요한 것은 무엇일까요?

5. 심층 질문

- AI 에이전트가 도시 계획 분야에서 혁신적인 변화를 이끌어 낼 수 있을까요? 그 이유는 무엇인가요?
- AI 에이전트가 도시 계획 과정에서 발생할 수 있는 문제점은 무엇이며, 어떻게 해결해야 할까요?
- AI 에이전트 기반 도시 계획의 윤리적, 사회적, 경제적 영향은 무엇일까요?

6. 추가 질문

- 본문에서 언급된 'UrbanFootprint'은 무엇이며, 도시 계획에 어떻게 활용될 수 있을까요?
- AI 에이전트는 지역 지구제 변경이나 대중교통 개선 사업과 같은 도시 계획 프로젝트에 어떻게 활용될 수 있을까요?
- AI 에이전트가 도시의 열섬 효과나 교통 혼잡과 같은 문제를 예측하는 데 어떻게 활용될 수 있을까요?
- 본문에서 언급된 Batty는 AI 에이전트 기반 도시 계획과 관련하여 어떤 연구를 진행했나요?
- 생성형 AI는 도시 계획에 어떻게 활용될 수 있을까요?

Innovations in Supervised Learning AI | David Cain, Linkedin

1 2035년 AI 에이전트 기반도시를 앞당겨 본다

2035년 AI 에이전트 도시 : 시민과 함께 만들어가는 스마트 도시

2035년, AI 에이전트는 도시의 일상 곳곳에 스며들어 도시 계획과 정책 결정에 중요한 역할을 수행합니다. 마치 똑똑한 비서처럼, AI 에이전트는 도시 문제를 해결하고 시민들의 삶을 더욱 편리하게 만들어 줍니다.

장면1. 똑똑한 교통 시스템

AI 에이전트는 도시의 교통 흐름을 실시간으로 분석하고, 신호등을 조절하여 교통 혼잡을 줄여줍니다. 출근길 꽉 막힌 도로는 이제 옛말! AI 덕분에 훨씬 빠르고 편안하게 이동할 수 있습니다. 또한, AI는 자율 주행 버스와 택시를 운영하여 시민들이 더욱 안전하고 편리하게 이동할 수 있도록 도웁니다.

장면2. 깨끗한 환경

AI 에이전트는 도시의 공기 질, 수질, 폐기물 등 환경 데이터를 분석하고 오염을 줄이는 방법을 제시합니다. 덕분에 도시는 깨끗하고 쾌적한 환경을 유지할 수 있습니다. 또한, AI는 에너지 사용량을 분석하여 에너지를 절약하고 탄소 배출량을 줄이는 데 도움을 줍니다.

장면3. 안전한 도시

AI 에이전트는 CCTV 영상을 분석하여 범죄를 예방하고, 화재나 지진과 같은 재난 발생 시 신속하게 대응합니다. AI 덕분에 도시는 시민들이 안심하고 살 수 있는 안전한 공간이 됩니다.

장면4. 시민 참여

AI 에이전트는 시민들이 도시 계획에 참여할 수 있도록 도웁니다. 시민들은 AI

How AI Promotes Public Safety and Reduces Crime, ambiq

챗봇을 통해 도시 문제에 대한 의견을 제시하고, AI가 만든 도시 계획 시뮬레이션을 통해 도시의 미래를 미리 체험할 수 있습니다.

장면5. 미래 예측

AI 에이전트는 도시의 인구 변화, 경제 성장, 기후 변화 등을 예측하여 도시 계획에 필요한 정보를 제공합니다. 이를 통해 도시는 미래에 대비하고 지속 가능한 발전을 이룰 수 있습니다.

장면6. 디자인

AI 에이전트는 도시의 건축물, 공원, 조형물 등을 디자인하는 데 도움을 줍니다. AI는 다양한 디자인 옵션을 제시하고, 시뮬레이션을 통해 디자인의 효과를 미리 보여줍니다. 덕분에 도시는 더욱 아름답고 기능적인 공간으로 변화합니다.

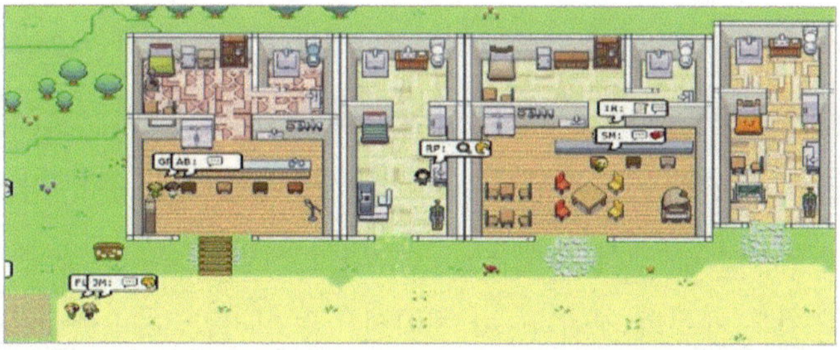

Surprising things happen when you put 25 AI agents together, Ars Technica

장면7. 편리한 삶

AI 에이전트는 시민들에게 필요한 정보를 제공하고, 다양한 도시 서비스를 이용할 수 있도록 도웁니다. 예를 들어, AI는 시민들에게 가장 가까운 병원, 약국, 도서관 등을 안내하고, 민원 처리를 도와줍니다. AI 덕분에 시민들은 더욱 편리하고 풍요로운 도시 생활을 누릴 수 있습니다.

- AI 도시 계획 과정 : 시민들의 의견을 수렴하고, 다양한 데이터를 분석하여 최적의 도시 계획을 수립합니다.
- 토지 이용 : 토지 이용 현황을 분석하여 주거, 상업, 산업 용지를 효율적으로 배분하고 녹지 공간을 확보합니다.

2 AI 에이전트는 도시계획 분야의 보석이다

1) AI 에이전트가 만들어 가는 도시가 기대된다.

AI 에이전트는 도시 계획 분야에서 혁신적인 변화를 이끌어 낼 잠재력을 지닌 도구이다. 도시 문제 해결, 미래 예측, 시민 참여, 그리고 의사 결정 지원 등 다양한 역할을 수행하며 도시 계획의 효율성과 효과성을 높이는 데 기여할 수 있다.

AI 에이전트의 도시 계획에서 주요 역할을 살펴보자. AI에에전트는 인구 통계, 교통 패턴, 토지 이용 등 도시 계획과 관련된 방대한 데이터 세트를 분석할 수 있는 능력을 지니고 있다. 이러한 분석 결과는 도시 계획가들로 하여금 도시 관련 추세와 패턴을 파악하여 의사 결정 과정에 도움을 줄 수 있는 토대를 마련해 준다.

앞으로는 도시 플랫폼이 더욱 발전하여 도시 계획 및 관리에 중요한 역할을 할 것으로 예상된다. 예컨대 자율주행 자동차, 스마트 모빌리티, 공유 경제 플랫폼 등 다양한 기술과 서비스가 도시 플랫폼에 통합되어 시민들에게 더욱 편리하고 지속 가능한 도시 환경을 제공할 것이다. AI 에이전트는 이러한 도시 플랫폼에서 데이터 분석, 예측, 의사 결정 지원 등 다양한 역할을 수행하며, 도시 계획가들이 도시 문제를 해결하고 시민들의 삶의 질을 향상시키는 데 기여할 것이다.

2) 도시계획에서 AI 에이전트는 계획 시나리오에 대한 예측 모델을 생성해 준다

도시계획에서 AI 에이전트는 다양한 계획 시나리오에 대한 예측 모델을 생성해 준다. 예를 들어, 지역지구제(Zoning)에서 주거지역에서 준주거지역으로 종 상향 시 지가 등 부동산 가격에 미치는 영향을 분석하는데 도움을 주었다. 아울러 AI 지원으로 대중교통 개선사업이 교통수단 분담률과 교통시간 등 교통 패턴에 미치는 영향을 예측할 수 있었다 (Yan, Liu 및 Zhao 2020). 또한, AI 에이전트는 토지 이용 변화 도시 열섬 효과, 그리고 도시 네트워크 내 교통 혼잡을 예측하는 데 활용되었다 (Chowdhury 등 2018).

The Future of AI Agents in Smart Cities, Linkedin

3 AI 에이전트의 역할

1) AI 에이전트의 핵심 역할

AI 에이전트는 도시 계획 및 설계 과정에서 다음과 같은 다양한 역할을 수행한다.

(1) 데이터 분석 및 시각화 : 도시 문제의 근본 원인을 파악하고 해결 방안을 모색하기 위해 방대한 데이터를 수집, 분석, 시각화한다. 예를 들어, 교통 혼잡 문제 해결을 위해 교통량, 도로 용량, 대중교통 이용 현황 등 다양한 데이터를 분석하고, 이를 시각적으로 표현하여 문제점을 명확히 파악할 수 있도록 지원한다.

(2) 시나리오 생성 및 예측 : 다양한 변수를 고려하여 도시 미래 시나리오를 생성하고, 도시 성장, 인구 변화, 환경 변화 등을 예측한다. 예를 들어, 인구 증가, 산업 발전, 기후 변화 등 다양한 변수를 고려하여 미래 도시의 모습을 예측하고, 이를 바탕으로 도시 계획을 수립할 수 있도록 지원한다.

(3) 디자인 대안 생성 : 다양한 디자인 옵션을 생성하고, 각 옵션의 장단점을 분석하여 최적의 디자인을 제시한다. 예를 들어, 공원 설계 시 AI 에이전트는 다양한 디자인 옵션을 생성하고, 각 옵션의 미관, 기능성, 유지 관리 비용 등을 분석하여 최적의 디자인을 선택할 수 있도록 지원한다.

(4) 시민 참여 촉진 : 시민들이 도시 계획 과정에 쉽게 참여하고 의견을 개진할 수 있도록 돕는다. 예를 들어, 시민들이 도시 계획 관련 아이디어를 제안하고, 다른 시민들의 의견을 확인하며, 투표를 통해 의사 결정에 참여할 수 있는 온라인 플랫폼을 제공한다.

(5) 의사소통 및 협업 강화 : 도시 계획가, 시민, 전문가 간의 의사소통 및 협업을 촉진한다. 예를 들어, 도시 계획 관련 정보를 공유하고, 의견을 교환하며, 공동 작업을 수행할 수 있는 온라인 협업 도구를 제공한다.

(6) 의사 결정 지원 : AI 에이전트는 도시 계획가에게 분석된 데이터를 바탕으로 질문에 대한 답변과 추천을 제공하여 의사 결정을 지원할 수 있다. 예를 들어, 도시 모빌리티를 개선하기 위해 새로운 지하철 시스템의 최적의 노선과 위치를 제안하거나, 환경 위험에 특히 취약한 지역을 선정해 줄 수 있다.

AI Agents in Action, AI Ireland

2) AI 에이전트의 분야 별 역할

(1) 도시 계획의 미래를 예측하는 선구자

AI 에이전트는 도시의 미래를 예측하고, 도시 계획의 비전과 목표를 제시합니다. 이를 통해 도시는 미래에 발생할 수 있는 문제들을 예측하고 선제적으로 대응하며 지속 가능한 발전을 이룰 수 있습니다.

① 인구 변화 예측 : AI 에이전트는 출생률, 사망률, 이주율 등 인구 변화에 영향을 미치는 다양한 요인들을 분석하여 미래 인구 변화를 예측합니다. 이를 바탕으로 주택 공급, 교육 시설 확충, 의료 서비스 개선 등 도시 계획을 수립하여 미래 인구 변화에 대비합니다. 또한, 인구 구조 변화에 따른 사회 문제 예측 및 해결 방안 모색, 고령화 사회 대비, 다문화 사회 통합 등을 지원합니다.

② 경제 성장 예측 : AI 에이전트는 산업 동향, 투자 현황, 고용 변화 등 경제 성장을 좌우하는 다양한 요인들을 분석하여 미래 경제 성장을 예측합니다.

이를 바탕으로 산업 육성, 일자리 창출, 도시 경쟁력 강화 등 도시 계획을 수립하여 지속적인 경제 성장을 도모합니다. 또한, 새로운 산업 발굴 및 육성, 혁신 기술 개발 지원, 투자 유치, 지역 경제 활성화 등을 통해 도시의 경제적 지속 가능성을 확보합니다.

③ 기후 변화 예측 : AI 에이전트는 기온 변화, 강수량 변화, 해수면 상승 등 기후 변화를 예측하고, 이를 바탕으로 기후 변화에 대비한 도시 계획을 수립합니다. 폭염, 한파, 가뭄, 홍수 등 극한 기후 현상에 대한 대비책을 마련하고, 온실가스 감축, 에너지 효율성 향상, 친환경 도시 개발 등을 통해 기후 변화로 인한 피해를 최소화합니다.

(2) 시민 참여를 위한 소통 창구

AI 에이전트는 시민 참여를 촉진하고, 도시 계획 과정의 민주성과 투명성을 높입니다. 시민들은 AI 에이전트를 통해 도시 계획 과정에 참여하고 의견을 개진함으로써 도시의 발전에 기여할 수 있습니다.

① 시민 의견 수렴 : AI 에이전트는 온라인 플랫폼, 챗봇, 가상 비서 등 다양한 채널을 통해 시민들의 의견을 수렴하고, 이를 도시 계획에 반영합니다. 시민들은 AI 에이전트와 자연어로 대화하며 도시 계획 관련 질문을 하고 답변을 얻거나, AI 에이전트를 통해 도시 계획 관련 아이디어를 제안하고 시뮬레이션 결과를 확인할 수 있습니다. 이를 통해 시민들의 의견이 도시 계획에 적극적으로 반영될 수 있도록 지원합니다.

② 정보 제공 : AI 에이전트는 도시 계획 관련 정보를 시민들에게 쉽고 빠르게 제공합니다. 시민들은 AI 에이전트를 통해 도시 계획 관련 법규, 절차, 그리고 지원 프로그램 등을 안내받고, 도시 계획에 대한 이해도를 높일 수 있습니다. 또한, 도시 계획 관련 뉴스, 공지 사항, 행사 정보 등을 실시간으로 제공하여 시민들의 알 권리를 충족시킵니다.

3) AI 에이전트는 도시 계획가의 든든한 지원군

AI 에이전트는 도시 계획가의 의사 결정을 지원하고, 도시 계획의 효율성을 높입니다. 도시 계획가들은 AI 에이전트의 도움을 받아 더욱 정확하고 효율적인 도시 계획을 수립할 수 있습니다. AI는 벤치, 가로등, 보도와 같은 도시 환경 특징을 분석하여 도시 계획가들이 해당 지역의 보행 가능성을 판단하는 데 도움을 줄 수 있습니다.

(1) 데이터 분석 및 시각화 : AI 에이전트는 도시 계획 관련 데이터를 분석하고 시각화하여 도시 계획가들이 도시 문제를 정확하게 파악하고 해결 방안을 모색할 수 있도록 지원합니다. 방대한 양의 데이터를 효율적으로 분석하고, 복잡한 도시 문제를 쉽게 이해할 수 있도록 시각화하여 도시 계획가들의 의사 결정을 돕습니다.

(2) 디자인 대안 생성 : AI 에이전트는 다양한 디자인 옵션을 생성하고, 각 옵션의 장단점을 분석하여 도시 계획가들이 최적의 디자인을 선택할 수 있도록 지원합니다. 도시 계획가들의 창의성을 촉진하고, 다양한 디자인 옵션을 탐색할 수 있도록 지원하여 도시 디자인의 질을 향상시킵니다.

(3) 시뮬레이션 : AI 에이전트는 도시 계획 변경에 따른 영향을 시뮬레이션하여 도시 계획가들이 도시 계획의 효과를 사전에 검증하고 문제점을 예방할 수 있도록 지원합니다. 도시 계획의 효과를 예측하고, 잠재적인 문제점을 파악하여 도시 계획의 완성도를 높입니다.

4 AI 에이전트를 활용한 도시 계획 방식

AI 에이전트는 도시 계획 과정의 효율성을 높이고 시민 참여를 확대하기 위해 다양한 방식으로 활용될 수 있다.

(1) 시민 의견 수렴 : AI 에이전트 기반 챗봇, 가상 비서 등을 통해 시민들의 의

견을 수렴하고, 이를 도시 계획에 반영한다. 예컨대 EngagementHQ 플랫폼은 시민 참여를 위한 대표적인 도구로, 시민들이 도시 계획 관련 아이디어를 제안하고, 다른 시민들의 의견을 확인하며, 투표를 통해 의사 결정에 참여할 수 있도록 지원한다.

(2) 대안 평가 : 다양한 도시 계획 대안을 생성하고, AI 에이전트를 통해 각 대안의 장단점을 분석하여 최적의 대안을 선택한다.

(3) 미래 예측 : AI 에이전트를 활용하여 도시 미래를 예측하고, 이를 바탕으로 도시 계획을 수립한다.

(4) 실시간 시뮬레이션 : 도시 계획 변경에 따른 영향을 실시간으로 시뮬레이션하여 도시 계획의 효과를 사전에 검증한다.

We Asked AI to Design the City of the Future, You Tube

5 AI 에이전트(Agent)기반 도시계획 연구: 토지이용, 건축설계, 환경, 교통, 모빌리티 분야를 중심으로

1) 도시계획

AI 에이전트는 도시계획 과정에서 데이터 분석, 시뮬레이션, 의사 결정 지원 등의 역할을 수행한다. 예를 들어, 도시 성장 모델링을 통해 미래 도시 모습을 예측하고 다양한 개발 시나리오를 평가하는 데 활용된다.

(1) Zhang, X. et al. (2023). "AI-Empowered Urban Planning : A Review and Perspective." Journal of Urban Management, 13(1), 1-15.

① 연구 목적 : AI 기술을 활용한 도시 계획의 최신 동향을 분석하고 향후 발전 방향 제시.

② 핵심 내용 : AI 기반 데이터 분석, 시뮬레이션, 의사 결정 지원 시스템 등 다양한 도시 계획 분야 적용 사례 소개.

③ 시사점 : AI는 도시 계획의 효율성을 높이고 지속 가능한 발전을 위한 효과적인 도구가 될 수 있음을 강조.

(2) Park, S. et al. (2020). "A Study on Urban Growth Simulation Using Multi-Agent System." Journal of Korea Planning Association, 55(2), 123-138.

① 연구 목적 : 다중 에이전트 시스템을 활용하여 도시 성장 과정을 시뮬레이션하고 토지 이용 변화를 예측.

② 핵심 내용 : 도시 공간을 에이전트 단위로 구분하고, 에이전트 간 상호작용을 통해 도시 성장 과정을 모델링.

③ 시사점 : AI 에이전트 기반 시뮬레이션은 도시계획 수립 과정에서 효과적인 의사 결정 도구로 활용될 수 있다.

2) 토지이용계획

AI 에이전트는 토지 이용 패턴을 분석하고 최적의 토지 이용 계획을 수립하는 데 활용된다. 예를 들어, 주거, 상업, 공업 지역의 적절한 비율을 결정하거나 개발 가능 지역을 선정하는 데 사용된다.

(1) Chatterjee, S. et al. (2022). "Agent-Based Modeling for Urban Land Use Change : A Review." Journal of Planning Literature, 37(2), 123-145.

① 연구 목적 : 에이전트 기반 모델링을 활용한 도시 토지 이용 변화 연구 동향을 분석하고 향후 연구 방향 제시.

② 핵심 내용 : 다양한 도시 토지 이용 변화 모델링 사례 소개 및 모델의 장단점 비교 분석.

③ 시사점 : 에이전트 기반 모델링은 도시 토지 이용 변화 예측 및 계획 수립에 유용한 도구임을 강조.

3) 도시건축설계

AI 에이전트는 건축물의 디자인을 개선하고 효율적인 공간 활용 계획을 수립하는 데 활용된다. 예를 들어, 건축물의 에너지 효율을 높이거나 거주자의 편의성을 고려한 디자인을 생성하는 데 사용된다.

(1) Wang, Y. et al. (2023). "AI-Assisted Architectural Design with Generative Adversarial Networks : A Case Study." Automation in Construction, 145, 104623.

① 연구 목적 : 생성적 적대 신경망(GAN)을 활용한 AI 기반 건축 설계 방법론 제시 및 실제 건축 설계에 적용.

② 핵심 내용 : GAN 모델을 통해 다양한 건축 디자인 대안을 생성하고 평가하여 최적의 디자인을 도출하는 과정 설명.

③ 시사점 : GAN 모델은 건축 설계 과정에서 창의적인 디자인 탐색 및 효율적인 공간 계획에 활용될 수 있음을 보여줌.

(2) Choi, Y. et al. (2022). "AI-based Architectural Design using Generative Adversarial Networks." Architectural Research, 24(1), 78-89.

① 연구 목적 : 생성적 적대 신경망(GAN)을 활용하여 창의적인 건축 디자인 생성.

② 핵심 내용 : GAN 모델을 통해 다양한 건축 디자인을 학습하고 새로운 디자인 생성.

③ 시사점 : AI 에이전트는 건축 디자인 과정에서 새로운 가능성을 제시하고 창의적인 디자인 개발을 지원한다.

4) 환경계획

AI 에이전트는 도시의 환경 문제를 분석하고 해결 방안을 제시하는 데 활용된다. 예를 들어, 대기 오염을 예측하고 저감 대책을 수립하거나 도시의 생태 환경을 복원하는 데 사용된다.

(1) Morales, A. et al. (2022). "Agent-Based Modeling for Urban Heat Island Effect : A Review." Urban Climate, 45, 101256.

① 연구 목적 : 에이전트 기반 모델링을 활용한 도시 열섬 현상 연구 동향을 분석하고 향후 연구 방향 제시.

② 핵심 내용 : 도시 열섬 현상에 영향을 미치는 다양한 요인들을 고려한 에이전트 기반 모델링 사례 소개.

③ 시사점 : 에이전트 기반 모델링은 도시 열섬 현상 완화 정책 수립에 유용한 도구임을 강조

5) 교통계획

AI 에이전트는 교통 흐름을 분석하고 최적의 교통 시스템을 구축하는 데 활용된다. 예를 들어, 교통 혼잡을 예측하고 실시간 교통 정보를 제공하거나 자율주행 차량의 경로를 계획하는 데 사용된다.

(1) Gao, S. et al. (2022). "Multi-Agent Reinforcement Learning for Traffic Signal Control : A Survey." IEEE Transactions on Vehicular Technology, 71(4), 3456-3475.

① 연구 목적 : 다중 에이전트 강화 학습을 활용한 교통 신호 제어 연구 동향을 분석하고 향후 연구 방향 제시.

② 핵심 내용 : 다양한 다중 에이전트 강화 학습 알고리즘을 활용한 교통 신호 제어 사례 소개.

③ 시사점 : 다중 에이전트 강화 학습은 복잡한 교통 환경에서 효율적인 신호 제어를 가능하게 하고 교통 혼잡 완화에 기여할 수 있음을 강조.

6) 모빌리티

AI 에이전트는 도시의 모빌리티 시스템을 개선하는 데 활용된다. 예를 들어, 수요 응답형 교통 시스템을 구축하거나 공유 모빌리티 서비스를 관리하는 데 사용된다

(1) Yoon, H. et al. (2025). "A Study on Demand-Responsive Transit System using Multi-Agent System." Transportation Research Part C : Emerging Technologies, 172, 102938.

① 연구 목적 : 다중 에이전트 시스템을 활용하여 수요 응답형 교통 시스템 구축.

② 핵심 내용 : 실시간 수요 정보를 기반으로 차량 경로를 계획하고 승객에게 최적의 이동 경로 제공.

③ 시사점 : AI 에이전트는 도시 모빌리티 시스템 효율성을 높이고 시민들의 이동 편의성을 향상시키는 데 기여할 수 있다.

6 AI 에지전트의 적용대상 프로젝트의 예

1) 서울시 소규모 도시 재생 프로젝트 사례: 72시간 프로젝트

'72시간 프로젝트'는 도시 내 유휴 공간, 가로변 쉼터, 개선이 필요한 소공간 등을 시민 참여를 통해 재생하는 소규모 도시 재생 프로젝트이다. 시민과 학생 등 비전문가로 구성된 팀이 전문가의 도움을 받아 72시간 내에 공간을 재생하는 프로젝트로, 시민 참여를 통해 도시 공간을 개선하고 지역 공동체 활성화에 기여할 수 있다.

AI 에이전트는 이러한 프로젝트에서 디자인 대안 생성, 시뮬레이션, 시민 의견 수렴 등 다양한 방식으로 활용될 수 있다.

- 2018.11.06 제2회 경관행정 우수사례 경진대회 우수상 (한국경관학회장상)

[우수상 : 관악구 서원동 마을마당] [장려상: 송파구 송파동 가로쉼터] [특별상: 도봉구 창동 공터]

서울시 72시간 도시생생 프로젝트, 국토부 장관상 | 한국경제

2) AI 에이전트를 활용한 건축 설계 사례

AI는 건축 설계 분야에서도 활용되고 있으며, 도시 계획 및 설계 분야에 시사점을 제공한다. AI는 건축 설계 과정에서 디자인 대안 생성, 에너지 효율 분석, 구조 안전성 평가 등 다양한 작업을 지원할 수 있다. 예를 들어, AI 에이전트는 건축가의 요구사항을 바탕으로 다양한 디자인 옵션을 생성하고, 머신 러닝 알고리즘은 건물의 에너지 소비량을 예측하여 에너지 효율적인 설계를 지원할 수 있다.

7 도시 정책적 시사점

AI 에이전트 기반 도시는 도시 계획 및 설계 분야의 혁신을 이끌어 낼 잠재력이 있다. 도시 정부는 AI 에이전트 기술을 적극적으로 도입하고 활용하여 도시 문제 해결, 시민 삶의 질 향상, 그리고 지속 가능한 도시 개발을 추진해야 한다.

(1) 데이터 기반 도시 계획 : 도시 데이터 수집, 분석, 활용 체계를 구축하고, AI 에이전트를 도시 계획 의사 결정 지원 시스템으로 활용한다. 특히, '머신이 읽을 수 있는 데이터(Machine Readable Data)' 생산 체계 구축이 중요하다. 데이터 표준화, 데이터 품질 관리, 데이터 공유 시스템 구축 등을 통해 AI 에이전트가 도시 데이터를 효과적으로 활용할 수 있도록 해야 한다.

(2) 시민 참여 플랫폼 구축 : AI 에이전트를 활용하여 시민들이 도시 계획 과정에 쉽게 참여하고 의견을 개진할 수 있는 플랫폼을 구축한다. Consul, Adhocracy+, CitizenOS, Ushahidi와 같은 다양한 플랫폼들이 시민 참여를 위해 활용될 수 있다. Consul은 시민들이 온라인 투표, 설문 조사, 토론 등에 참여할 수 있도록 지원하고, Adhocracy+는 아이디어 제안 및 공동 작업을 위한 플랫폼을 제공한다. CitizenOS는 시민들이 정책 결정 과정에 직접 참여할 수 있는 플랫폼을 제공하며, Ushahidi는 시민들이 지역 사회 문제를 보고하고 해결 방안을 모색할 수 있는 플랫폼을 제공한다.

(3) AI 전문 인력 양성 : 도시 계획 분야의 AI 전문 인력을 양성하고, AI 기술 활용 역량을 강화한다.

(4) 윤리적 가이드라인 마련 : AI 에이전트 활용 과정에서 발생할 수 있는 윤리적 문제를 예방하고 해결하기 위한 가이드라인을 마련한다.

8 나오는 말

AI 에이전트 기반 도시는 도시 계획 및 설계 분야의 게임 체인저가 될 잠재력을 지니고 있다. 도시는 AI 에이전트 기술을 활용하여 도시 문제를 해결하고 시민들에게 더 나은 삶을 제공해야 한다. 동시에, 기술적 한계와 윤리적 문제에 대한 끊임없는 고민과 노력을 통해 AI 에이전트를 책임감 있게 활용해야 한다. AI 에이전트는 도시 계획 과정의 효율성을 높이고, 데이터 기반 의사 결정을 지원하며, 시민 참여를 확대하고, 궁극적으로는 더 나은 도시를 만드는 데 기여할 수 있다.

참고문헌

1. Zhong-Ren Peng, (2023) The Pathway of Urban Planning AI: From Planning Support to Plan-Making Journal of Planning Education and Research, June 2023
2. Naik et al. 2021 generative AI framework for urban design and planning, Computers, Environment and Urban System (생성형 AI를 활용하여 도시 계획 시뮬레이션을 수행하고, 다양한 도시 계획 시나리오를 평가하는 프레임워크 제시)
3. Huang et al2023 A Survey on Generative AI for Urban Design and Planning, Cities (도시 설계 및 계획 분야에서 생성형 AI를 활용하는 최신 연구 동향을 종합적으로 분석하고, 미래 발전 방향 제시
4. Lee et al2023. Generative AI for Urban Regeneration: A Case Study of Brownfield Redevelopment, Landscape and Urban Planning. 생성형 AI를 활용하여 도시 재생, 특히 유휴 산업 부지 재개발을 위한 다양한 디자인 옵션을 생성하고 평가하는 방법 제시
5. Wang et al. 2023 Generative AI for urban 3D modeling and design, International Journal of Geographical Information Science, 생성형 AI를 활용하여 도시의 3D 모델을 생성하고, 도시 계획 및 디자인에 활용하는 방안 연구

09 생성형 AI(Generative AI)가 텍스트, 오디오, 이미지, 동영상으로 도시계획분야에 출현한다

[주요 질문]

1. 생성형 AI는 도시 계획 및 설계 분야에서 어떻게 활용될 수 있으며, 기존 기술과 비교했을 때 어떤 차별 성을 가지는가?
2. 생성형 AI가 도시 문제 해결에 기여할 수 있는 구체적인 방안은 무엇이며, 어떤 분야에서 가장 큰 효과를 기대할 수 있는가?
3. 생성형 AI 기술의 발전이 미래 도시에 어떤 변화를 가져올 것으로 예상하는가?
4. 생성형 AI를 활용하여 도시 계획 및 설계 과정을 어떻게 개선할 수 있는가?
5. 생성형 AI를 도시 계획에 적용할 때 발생할 수 있는 문제점과 해결 방안은 무엇인가?
6. 생성형 AI를 활용한 도시 계획 및 설계 사례를 국내외에서 찾아보고, 성공 요인과 한계점을 분석하시오.
7. 생성형 AI 기반 도시에서 도시 계획가의 역할은 어떻게 변화할 것으로 예상하는가?
8. 생성형 AI를 활용하여 시민 참여를 확대하고 도시 계획에 시민 의견을 효과적으로 반영할 수 있는 방안은 무엇인가?
9. 생성형 AI 기반 도시에서 시민들은 어떤 방식으로 도시 계획에 참여하고, 도시 발전에 기여할 수 있는가?
10. 생성형 AI를 활용하여 지속 가능한 도시 개발 목표를 달성하기 위한 전략은 무엇인가?
12. 생성형 AI 기술의 발전과 함께 도시 계획 및 설계 분야는 어떻게 발전할 것으로 예상하며, 미래 도시는 어떤 모습을 갖추게 될 것인가?

1 2035년, 생성형 AI 기반 도시가 도시를 만든다

2035년, 생성형 AI 기반 도시는 마치 살아있는 유기체처럼 시민들의 삶과 끊임없이 상호작용하며 진화합니다. 도시는 더 이상 콘크리트 덩어리가 아닌, 시민들의 꿈을 현실로 만들어주는 'AI 도시'로 거듭납니다.

장면1. 도시, 예술 작품이 되다

도시의 미관은 생성형 AI 아티스트의 손길로 더욱 아름다워집니다. AI 아티스트는 도시의 역사, 문화, 그리고 시민들의 취향을 분석하여 건축물, 공원, 조형물 등 도시 디자인을 제안합니다. 칙칙했던 낡은 건물은 화려한 벽화로 탈바꿈하고, 삭막한 도로변은 푸른 정원으로 변신합니다. 도시는 마치 거대한 예술 작품처럼 아름다움을 뽐냅니다.

What is generative artificial intelligence, Tomorrow

장면2. 도시, 교통 지옥에서 벗어나다

교통 체증은 생성형 AI 교통 전문가의 도움으로 해결됩니다. AI는 실시간 교통량, 도로 상황, 그리고 시민들의 이동 패턴을 분석하여 최적의 교통 시스템을 구축합니다. 자율 주행 자동차는 도시 곳곳을 누비며 시민들을 안전하고 편리하게 이동시키고, 드론 택배는 하늘을 가로지르며 물류 혁신을 이끌어냅니다. 도시는 더 이상 교통 지옥이 아닌, 스마트 모빌리티의 천국이 됩니다.

Generative Ai City Pictures | Freepik

장면3. 도시, 에너지를 절약하다

생성형 AI 에너지 전문가는 도시의 에너지 효율성을 극대화합니다. AI는 건물의 에너지 소비량을 분석하고, 태양광, 풍력 등 신재생에너지 활용을 최적화하며, 스마트 그리드를 통해 에너지 낭비를 최소화합니다. 도시는 에너지를 절약하고 환경을 보호하는 지속 가능한 도시로 거듭납니다.

장면4. 도시, 안전을 책임지다

생성형 AI 안전 전문가는 도시의 안전을 책임집니다. AI는 CCTV 영상을 분석하여 범죄를 예방하고, 화재, 지진 등 재난 발생 시 신속하게 대응합니다. 시민들은 AI의 보호 아래 안전하고 편안한 도시 생활을 누립니다.

How AI is Revolutionizing in Detecting Crime, SmartBlu

장면5. 도시, 시민과 소통하다

생성형 AI 기반 도시는 시민 참여를 통해 더욱 발전합니다. 시민들은 AI 아바타를 통해 도시 계획 과정에 참여하고, 도시 문제 해결을 위한 아이디어를 제안하며, 도시 정책 결정에 참여합니다. 도시는 시민들의 목소리에 귀 기울이며 시민 중심의 도시로 발전합니다.

장면6. 도시, 미래를 꿈꾸다

생성형 AI는 도시의 미래를 예측하고, 도시 계획의 비전과 목표를 제시합니다. AI는 인구 변화, 경제 성장, 그리고 기술 발전을 예측하고, 이를 바탕으로 도시의 장기적인 발전 계획을 수립합니다. 도시는 AI의 도움으로 더 나은 미래를 향해 나아갑니다.

2035년, 생성형 AI 기반 도시는 시민들에게 꿈과 희망을 선사하는 곳입니다. 도시는 AI 기술을 통해 더욱 안전하고 편리하며 지속 가능한 곳으로 변모하고, 시민들은 도시의 주인으로서 도시의 미래를 함께 만들어갑니다.

Neuro-Symbolic AI: Thinking in Pieces | David Cain, Linkedin

2 생성형 인공지능(Generative AI)의 개요와 특징

2. 1 생성형 AI의 개요

생성형 인공지능(Generative AI)는 2023년부터 기업이나 공공부분에 점점 다가오고 있다. 생성형 AI는 업무를 자동화하거나 가속화한다. 챗GPT의 등장 이후 AI 서비스는 단순한 도구에서 일상적 파트너로 등장했다. 특히 고객관리, 마케팅, 연구개발 분야에서 생성형 AI는 이용자에게 생산성 향상이라는 선물을 제공한다.

1) 생성형 AI란 텍스트, 오디오, 이미지 또는 동영상 형태의 새로운 컨텐츠를 생성하도록 설계된 인공 지능 모델이다

생성형 AI(Generative AI)는 인공 지능(AI)의 일종으로, 기존 데이터를 기반으로 새로운 콘텐츠를 생성할 수 있는 기술이다. 생성형 AI란 텍스트, 오디오, 이미지 또는 동영상 형태의 새로운 컨텐츠를 생성하도록 설계된 인공 지능 모델이다

생성형 AI활용하면 특정 작가의 스타일을 기반으로 단편 소설을 쓰거나, 존재하지 않는 인물의 사실적인 이미지를 생성하거나, 유명 작곡가의 스타일로 교향곡을 작곡하거나, 간단한 텍스트 설명으로 비디오 클립을 만들 수 있다.

생성형 AI는 머신러닝 기술을 활용하여 데이터에서 학습하고 패턴을 모방하여 예측하거나 결정한다. 사용자가 프롬프트를 입력하면, 생성형 AI는 인터넷의 기존 사례에서 학습한 내용을 기반으로 응답을 생성한다.

2) 생성형 AI는 AI개발단계에서 AGI 초기단계에 위치하고 있다고 보아야 할 것이다

생성형 AI는 AI개발단계에서 AGI 초기단계에 위치하고 있다고 보아야 할 것이다.

ANI — Artificial Narrow Intelligence 제한적 인공지능
특정 기능이나 업무에 한정되어 놀라운 기능을 보이는 AI

↓

AGI — Artificial General Intelligence 범용 인공지능
인간과 유사한 능력으로 다양한 지적 작업을 수행할 수 있는 AI

↓

ASI — Artificial Superintelligence 초인공지능
인류의 지능을 초월해 스스로 사고하고 행동하는 AI

2. 2 생성형 AI의 특징

(1) 생성형 AI는 언어 생성, 이미지 생성, 음성생성, 음악생성, 비디오 생성

생성형 AI에는 언어 생성, 이미지 생성, 음성생성, 음악생성, 비디오 생성의 다섯 가지가 있다. 생성형 AI중에서 우리의 라이프스타일과 밀접한 관계를 맺고 있는 것이 언어생성이다. 대화형 언어모델로 일반 및 판별 AI와 달리 사용자의 말 또는 프롬프트(문자기반의 명령)를 이해하고 그에 대한 상호작용이 가능한 답변과 반응을 생성하도 답변은 내놓은다.

생성형 AI 속에서 우리에게 인기가 좋은 챗GPT를 포함해 구글은 바드(Bard)라는 프롬트 창을, 마이크로소프트는 챗GPT를 독점적으로 웹브라우저에 적용했다. 네이버는 이전 클로바 채팅 플랫폼을 업그레이드한 한국형 GPT 하이버클로바X를 출시했다.

(2) 맞춤형 도시행정서비스경험을 제공하여 민원을 해결해 준다

생성형 AI를 통해 차별화 및 맞춤형 도시행정서비스경험을 제공하여 민원을 해결하거나 주민의 니즈를 파악할 수 있다. 기존의 챗봇이 주민의 명확한 니즈와 맥락을 파악해 개별화된 답변을 내놓는 대신 단편적인 답변만 제공하는 반면, 생성형 AI 챗봇은 주민이 원하는 수준의 대화를 통해 주민의 시정부에 대한 신뢰를 쌓게 해준다

(3) 생성형 AI는 머신러닝 기술을 활용하여 새로운 데이터를 학습하고 생성한다

머신러닝을 통해 시스템은 명시적 프로그래밍이 아닌 데이터로부터 학습할 수 있다. 즉, 머신러닝은 컴퓨터 프로그램이 새로운 데이터에 적응하고 새로운 데이터로부터 독립적으로 학습하여 통찰력을 얻을 수 있는 과정이다.

(4) 생성형 AI는 AGI와 동등하지 않다. AGI는 더 넓은 수준의 자율성과 기능을 나타낸다.

생성형 AI는 이러한 시스템의 구성 요소일 수 있지만 AGI와 동등하지는 않다. 생성형 AI는 새로운 데이터 인스턴스를 생성하는 데 중점을 두는 반면, AGI는 더 넓은 수준의 자율성과 기능을 나타냅니다.

(5) 생성형 AI의 기반은 머신러닝의 일종인 딥러닝이다

생성형 AI의 기반은 데이터를 처리하고 의사 결정을 위한 패턴을 생성하는 인간 두뇌의 작용을 모방하는 머신러닝의 일종인 딥러닝이다. 딥러닝 모델은 인공신경망으로 알려진 복잡한 아키텍처를 사용다. 이러한 신경망은 정보를 처리하고 전송하는 수많은 상호 연결된 계층으로 구성되어 있으며, 인간 두뇌의 뉴런을 모방한다.

학습코너

1. 스키마(Schema) : 스키마는 데이터 베이스의 논리적 구조를 나타낸다. 데이터가 어떻게 구성되고 서로의 관계를 가지는지 정의한다. 데이터 베이스의 청사진을 제공한다고 할 수 있다. 쉽게 말해서, 뼈대, 데이터를 저장하는 틀이나 구조체, 변수의 타입에 대응되는 개념 정도로 이해하면 된다.
2. 인스턴스(Instance) : 인스턴스는 특정 시점에서 데이터베이스에 실제로 저장된 내용 또는 데이터베이스의 현재 상태를 나타낸다. 시간이 흐르면서 인스턴스(=실제 데이터 값)은 변경이 자주 발생하지만(데이터 추가, 삭제, 변경 등), 스키마(=데이터를 저장하는 틀)는 변경되는 경우가 적다

2. 3 생성형 AI가 적용되는 일반적인 워크플로(Workflow)

성형 AI 모델 전반에 생성형 AI가 적용되는 일반적인 워크플로는 다음과 같다

(1) 데이터 수집 : 생성할 컨텐츠 유형에 대한 예시가 포함된 대규모 데이터 세트를 수집한다. 예를 들어, 사실적인 그림을 생성하기 위한 이미지 데이터 세트나 일관된 문장을 생성하기 위한 텍스트 데이터 세트가 수집된다.

(2) 모델 훈련 : 생성 AI 모델은 신경망을 사용하여 구축된다. 모델은 수집된 데이터 세트에 대한 학습을 통해 데이터의 기본 패턴과 구조를 학습한다.

(3) 생성 : 모델이 훈련되면, 사용된 모델에 따라 잠재 공간에서 또는 생성기 네트워크를 통해 샘플링을 통해 새로운 컨텐츠를 생성할 수 있다. 생성된 컨텐츠는 모델이 훈련 데이터에서 학습한 내용을 종합한 것이다.

(4) 세부 조정 : 태스크 및 애플리케이션에 따라 생성된 컨텐츠는 품질을 개선하거나 특정 요구사항을 충족하기 위해 추가적인 조정 또는 후처리를 거칠 수 있다.

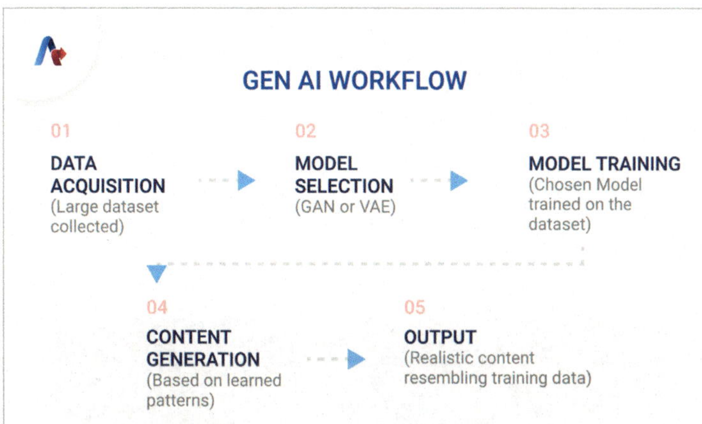

A Comprehensive Guide to Generative AI Workflow, Accelirate

2.4 생성형 AI의 유형과 특징

생성형 AI의 유형은 다양하며, 각 유형마다 고유한 특성이 있고 다양한 애플리케이션에 적합하다. 이러한 모델은 주로 다음 세 가지 범주에 속한다.

(1) 트랜스포머 기반 모델 : 텍스트 생성의 경우 GPT-3 및 GPT-4와 같은 트랜스포머 기반 모델이 유용하게 사용된다. 입력 텍스트의 전체 컨텍스트를 고려할 수 있는 아키텍처를 사용하므로 일관성이 높고 상황에 따라 적절한 텍스트를 생성할 수 있다.

(2) 생산적 적대 신경망(GAN) : GAN은 생성기와 판별기의 두 부분으로 구성된다. 생성기는 새로운 데이터 인스턴스를 생성하고, 판별기는 이러한 인스턴스의 진위 여부를 평가한다. 기본적으로 생성기는 판별기가 실제 데이터와 구별할 수 없는 데이터를 생성하기 위해 노력하고 판별기는 가짜 데이터를 더 잘 찾아내려고 노력하는 두 부분이 게임을 벌이는 것과 같다. 시간이 지남에 따라 생성기는 매우 사실적인 데이터 인스턴스를 생성하는 데 능숙해진다.

(3) 변분 오토인코더(VAE) : VAE는 통계적 추론의 원리를 활용하는 또 다른 유형의 생성 모델을 나타낸다. 입력 데이터를 잠재 공간(데이터의 압축된 표현)으로 인코딩한 다음 이 잠재 표현을 디코딩하여 새로운 데이터를 생성함으로써 작동한다. 인코딩 프로세스에 무작위 요소가 도입됨에 따라 VAE는 다양하고 유사한 데이터 인스턴스를 생성할 수 있다.

Machines That Learn : Demystifying the Power of Machine Learning, Linkedin

3 생성형 AI와 딥러닝 발전과정과 ANI, AGI, ASI와 연결성

3. 1 생성형 AI와 딥러닝 발전 과정의 연결고리: 맥컬럭-피츠 모델부터 딥러닝까지

생성형 AI는 딥러닝 기술의 발전과 밀접한 관련이 있으며, 맥컬럭-피츠 모델부터 딥 러닝까지의 각 단계는 생성형 AI의 등장을 위한 토대를 마련하는 데 기여했다. 시기적으로는 딥러닝 발전 과정의 각 단계를 거쳐 생성형 AI가 등장했으며, 기술적으로는 각 단계의 핵심 기술들이 생성형 AI 모델에 활용되고 있다.

1) 럭-피츠 모델 (1943)

- 시기적 연결 : 딥러닝 역사의 시작점으로, 인공 신경망의 기본 개념을 최초로 제시. 이후 햅의 이론, 퍼셉트론 등 딥러닝 발전의 토대를 마련
- 기술적 연결 : 생물학적 뉴런의 동작을 단순화하여 0과 1의 이진 출력을 내는 논리 게이트로 모델링. 이는 인공 신경망의 기본 단위가 되었으며, 딥러닝 모델에서도 여전히 활용되는 활성화 함수의 기본 개념을 제시
- 방법론적 연결 : 뉴런의 연결 강도를 조절하여 학습하는 아이디어를 제시. 이는 이후 햅의 이론과 퍼셉트론 학습 알고리즘의 기초가 됨

2) 햅의 이론 (1949)

- 시기적 연결 : 맥컬럭-피츠 모델 이후, 뉴런 간의 연결 강도가 학습에 따라 변화한다는 아이디어를 제시. 퍼셉트론 학습 알고리즘 개발에 영향을 미침
- 기술적 연결 : "함께 활성화되는 뉴런들은 연결 강도가 강화된다"는 규칙을 제시. 이는 인공 신경망에서 가중치를 업데이트하는 학습 규칙의 기본 원리가 되었으며, 딥러닝 모델의 학습 알고리즘에도 영향을 미침
- 방법론적 연결 : 학습 과정에서 뉴런 간의 연결 강도를 조절하여 정보를 저장

하고 처리하는 방법을 제시. 이는 딥러닝 모델에서 가중치를 통해 정보를 표현하고 학습하는 방법의 기초가 됨

3) 퍼셉트론 (1957)

- 시기적 연결 : 헵의 이론을 기반으로, 최초의 인공 신경망 학습 알고리즘을 구현. 이후 인공 신경망 연구의 발전과 딥러닝 등장에 중요한 역할을 함
- 기술적 연결 : 입력값에 가중치를 곱하고 합산한 후, 활성화 함수를 통해 출력값을 계산하는 알고리즘을 제시. 이는 딥러닝 모델의 기본 구조와 동일하며, 다층 퍼셉트론(MLP)은 딥러닝 모델의 한 종류로 볼 수 있음
- 방법론적 연결 : 지도 학습 방식을 통해 가중치를 조절하여 입력 데이터를 분류하는 방법을 제시. 이는 딥러닝 모델에서도 널리 사용되는 지도 학습 방법의 기초가 됨

4) 인공 신경망 (1980년대)

- 시기적 연결 : 퍼셉트론의 한계를 극복하기 위한 다양한 연구가 진행되면서, 다층 퍼셉트론, 역전파 알고리즘 등이 개발. 딥러닝 기술 발전의 토대를 마련
- 기술적 연결 : 다층 구조를 통해 복잡한 패턴을 학습하고, 비선형 문제를 해결할 수 있는 인공 신경망 모델 개발. 이는 딥러닝 모델의 기본 구조가 되었으며, 다양한 딥러닝 모델의 등장으로 이어짐
- 방법론적 연결 : 역전파 알고리즘을 통해 다층 인공 신경망을 효율적으로 학습하는 방법을 제시. 이는 딥러닝 모델 학습의 핵심 알고리즘으로, 생성형 AI 모델 학습에도 활용됨

5) 딥 러닝 (2000년대 이후)

- 시기적 연결 : 빅 데이터, 컴퓨팅 성능 향상 등에 힘입어 인공 신경망 연구가 다시 활발해지면서 딥러닝 기술 등장. 생성형 AI 발전에 결정적인 역할을 함
- 기술적 연결 : 심층 신경망(DNN) 구조, 합성곱 신경망(CNN), 순환 신경망

(RNN) 등 다양한 딥러닝 모델 개발. 이러한 딥러닝 모델은 생성형 AI 모델의 기반이 되었으며, 이미지, 텍스트, 음성 등 다양한 콘텐츠 생성에 활용됨

- 방법론적 연결 : 대규모 데이터셋을 활용한 학습, GPU 기반 병렬 처리, 다양한 학습 알고리즘 개발 등을 통해 딥러닝 모델의 성능을 향상시키는 방법 제시. 이러한 방법론적 발전은 생성형 AI 모델의 성능 향상에도 기여

6) 생성형 AI (현재)

- 시기적 연결 : 딥러닝 기술의 발전, 특히 GAN, Transformer, Diffusion Model 등의 등장으로 급격히 발전. 이미지, 텍스트, 음성 등 다양한 콘텐츠를 생성하는 데 활용
- 기술적 연결 : 딥러닝 모델을 기반으로, 새로운 콘텐츠를 생성하고 창의적인 작업을 수행하는 다양한 생성형 AI 모델 개발. 예를 들어, GAN은 이미지 생성, Transformer는 텍스트 생성, Diffusion Model은 고해상도 이미지 생성에 활용
- 방법론적 연결 : 딥러닝 모델 학습에 사용되는 다양한 기술 (예 : 대규모 데이터셋, GPU 기반 병렬 처리, 학습 알고리즘)을 활용하여 생성형 AI 모델을 학습하고 성능을 향상. 또한, 생성형 AI 모델의 학습 과정에서 새로운 방법론 (예 : 강화 학습, 자기 지도 학습)이 활용되기도 함

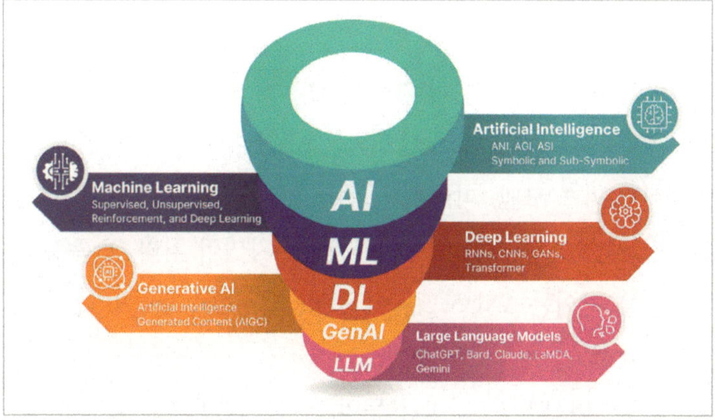

Position of Generative AI, Kevin David Shields

3. 2 생성형 AI는 AI 발전 과정인 그리고 머신러닝과 딥러닝, 그리고 ANI, AGI, ASI, 흐름 속에서 탄생

1) 생성형 AI는 딥러닝 모델, 특히 GAN, Transformer, Diffusion Model 등을 활용하여 콘텐츠 생성한다.

생성형 AI는 인공지능(AI) 발전의 한 흐름 속에서 등장했으며, 특히 딥러닝 기술의 발전과 밀접한 관련이 있다. AI 발전 과정을 ANI, AGI, ASI 단계로 구분하여 살펴보고, 각 단계가 생성형 AI와 어떻게 시기적, 기술적, 방법론적으로 연결되는지 알아본다.

AI와 QA 엔지니어의 미래, Brunch

2) ANI, AGI, ASI

(1) ANI (Artificial Narrow Intelligence, 좁은 인공지능)

- 시기적 연결 : 현재 가장 널리 활용되는 AI 단계로, 특정 작업에 특화된 형태. 초기 맥컬럭-피츠 모델, 퍼셉트론 등은 ANI의 초기 형태로 볼 수 있으며, 이후 딥러닝 기술 발전과 함께 이미지 인식, 자연어 처리 등 특정 분야에서 뛰어난 성능을 보이는 ANI 모델들이 등장. 생성형 AI는 이러한 ANI 모델들을 기반으로 발전
- 기술적 연결 : 머신러닝, 딥러닝 등의 기술을 기반으로 특정 문제 해결에 특

화된 알고리즘 및 모델을 개발. 생성형 AI는 딥러닝 모델, 특히 GAN, Transformer, Diffusion Model 등을 활용하여 콘텐츠 생성

- 방법론적 연결 : 대규모 데이터셋을 이용한 지도 학습, 강화 학습 등을 통해 특정 작업에 최적화된 모델을 학습. 생성형 AI 또한 대규모 데이터셋을 활용하여 딥러닝 모델을 학습하고, 생성 능력을 향상시키는 방법론 활용

(2) AGI (Artificial General Intelligence, 일반 인공지능)

- 시기적 연결 : 아직 실현되지 않은 AI 단계로, 인간 수준의 지능을 가진 AI. 생성형 AI는 AGI 개발을 위한 중요한 기술 중 하나로 여겨짐. 인간의 창의성, 문제 해결 능력 등을 모방하는 생성형 AI 모델 개발을 통해 AGI에 한 걸음 더 다가갈 수 있음
- 기술적 연결 : 다양한 ANI 기술을 통합하고, 새로운 학습 방법 및 알고리즘을 개발하여 인간 수준의 지능 구현. 생성형 AI는 멀티모달 학습, 추론, 계획 등 AGI에 필요한 핵심 기술들을 개발하고 발전시키는 데 기여
- 방법론적 연결 : 전이 학습, 메타 학습 등 인간의 학습 방식을 모방하는 학습 방법론 연구. 생성형 AI는 이러한 학습 방법론을 활용하여 다양한 분야에서 새로운 콘텐츠를 생성하고, 문제를 해결하는 능력을 향상

(3) ASI (Artificial Super Intelligence, 초인공지능)

- 시기적 연결 : AGI를 넘어 인간 지능을 초월하는 AI 단계. ASI는 아직 이론적인 개념이지만, 생성형 AI의 발전은 ASI 실현 가능성을 높일 수 있음. 생성형 AI가 인간의 창의성을 뛰어넘는 새로운 콘텐츠를 생성하고, 스스로 학습 및 진화하는 능력을 갖추게 된다면 ASI에 근접할 수 있음
- 기술적 연결 : AGI를 기반으로 자의식, 감정, 창의성 등 인간 고유의 능력을 구현하는 기술 개발. 생성형 AI는 인간의 창의성을 모방하고 뛰어넘는 기술을 통해 ASI 개발에 기여. 예를 들어, 예술 작품 생성, 새로운 과학적 발견, 복잡한 문제 해결 등에 활용

• 방법론적 연결 : 인간의 사고방식을 뛰어넘는 새로운 학습 및 문제 해결 방법론 연구. 생성형 AI는 새로운 콘텐츠 생성, 지식 발견, 혁신적인 솔루션 제시 등을 통해 ASI 개발을 위한 방법론적 토대를 마련

AI, AGI 너머 신(神)적 경지의 'ASI' 가능할까, 애플경제

4 생성형 AI의 도시계획 분야 활용 연구 동향 분석

생성형 AI는 텍스트, 이미지, 음성, 코드 등 다양한 형태의 콘텐츠를 생성하는 인공지능 기술로, 최근 도시계획 분야에서도 그 활용 가능성이 주목받고 있다. 도시 계획 과정은 복잡하고 다양한 요소를 고려해야 하며, 창의적인 문제 해결 능력을 요구한다. 생성형 AI는 이러한 도시 계획 과정에서 새로운 아이디어를 제시하고, 효율적인 의사 결정을 지원하며, 시민 참여를 증진시키는 등 다양한 역할을 수행할 수 있다.

이 장에서는 생성형 AI가 도시계획 분야의 도시 계획 과정, 토지 이용 계획, 도시 건축 설계, 환경 계획, 교통 계획, 공원 녹지 계획, 모빌리티 분야에 적용된 연구들을 분석하고, 연구 목적, 핵심 내용, 시사점을 제시해 본다.

1) 도시 계획 과정

(1) Liu et al. (2024) "Generative AI for Collaborative Urban Design: A Case Study of Public Space Design" (Landscape and Urban Planning)

① 연구 목적 : 생성형 AI를 활용하여 시민, 전문가, 이해관계자 간의 협력적인 도시 디자인 과정을 지원하는 시스템 개발

② 핵심 내용 : 공공 공간 디자인 사례 연구를 통해, 생성형 AI 모델이 다양한 디자인 옵션을 생성하고, 시민들이 선호하는 디자인 요소를 분석하여 최적의 디자인을 도출하는 과정을 제시. 디지털 트윈 환경에서 디자인 옵션을 시각화하고, 시민들이 가상 공간에서 디자인을 경험하고 의견을 개진할 수 있도록 함

③ 시사점 : 생성형 AI는 협력적인 도시 디자인 과정을 지원하고, 시민 참여를 증진시키며, 다양한 이해관계자의 요구를 반영한 디자인을 도출하는 데 기여할 수 있음

(2) Kim et al. (2025) "AI-assisted Urban Planning: Generating and Evaluating Alternative Scenarios using Generative Adversarial Networks" (Cities)

① 연구 목적 : 생성적 적대 신경망(GAN)을 활용하여 도시 계획 시나리오를 생성하고 평가하는 AI 지원 도시 계획 시스템 개발

② 핵심 내용 : 도시 계획 관련 데이터를 학습한 GAN 모델을 통해 다양한 토지 이용, 교통, 환경 시나리오를 생성하고, 각 시나리오의 효과를 시뮬레이션하여 평가. 멀티모달 AI 에이전트를 활용하여 시나리오 평가 결과를 분석하고, 도시 계획 전문가에게 최적의 시나리오를 추천

③ 시사점 : 생성형 AI는 도시 계획 과정의 효율성을 높이고, 다양한 가능성을 탐색하며, 과학적인 의사 결정을 지원하는 데 활용될 수 있음

2) 토지 이용 계획

(1) Zhang et al. (2023) "Optimizing Land Use Allocation using Generative AI: A Case Study of Urban Growth Management" (Land Use Policy)

① 연구 목적 : 생성형 AI를 활용하여 도시 성장 관리를 위한 최적의 토지 이용 계획 수립

② 핵심 내용 : 도시 성장 예측 모델, 토지 적합성 평가 모델, 생성형 AI 모델을 결합하여 다양한 토지 이용 시나리오를 생성하고 평가. 환경 보호, 경제 성장, 사회적 형평성 등 다양한 목표를 고려하여 최적의 토지 이용 계획을 도출

③ 시사점 : 생성형 AI는 토지 이용 계획 과정에서 복잡한 변수와 목표를 효율적으로 고려하고, 지속가능한 도시 개발을 위한 최적의 토지 이용 계획을 수립하는 데 기여할 수 있음

3) 도시 건축 설계

(1) Wang et al. (2024) "Generative AI for Architectural Design: Exploring Creative Design Space and Performance Optimization" (Automation in Construction)

① 연구 목적 : 생성형 AI를 활용하여 건축 설계의 창의성을 증진시키고 건축물 성능을 최적화

② 핵심 내용 : 건축 디자인 가이드라인, 건축물 용도, 주변 환경 등을 조건으로 다양한 디자인 옵션을 생성하는 생성형 AI 모델 개발. 디지털 트윈 환경에서 생성된 디자인의 에너지 효율, 구조적 안정성, 미적 요소 등을 시뮬레이션하고 평가

③ 시사점 : 생성형 AI는 건축 설계 분야에서 창의적인 디자인 탐색, 성능 최적화, 설계 과정 자동화 등을 통해 효율성을 높이고 혁신적인 디자인을 창출하는 데 기여

(2) Lee et al. (2025) "AI-driven Architectural Design: Integrating Generative AI with Building Information Modeling" (Building and Environment)

① 연구 목적 : 생성형 AI를 건축 정보 모델링(BIM)과 연동하여 건축 설계 과정의 효율성을 높이고 정보 관리 시스템 구축

② 핵심 내용 : 생성형 AI 모델을 활용하여 BIM 데이터를 기반으로 다양한 디자인 옵션 생성, 설계 변경 사항을 BIM 모델에 자동으로 반영, 설계 정보, 자재 정보, 시공 정보 등을 통합 관리

③ 시사점 : 생성형 AI와 BIM의 연동은 건축 설계 과정의 효율성을 높이고, 정보 공유 및 협업을 증진시키며, 건축물의 전체 라이프사이클 관리를 개선하는 데 기여

4) 환경 계획

(1) Sharma et al. (2024) "Generative AI for Urban Environmental Modeling and Simulation: A Case Study of Air Pollution Control" (Environmental Pollution)

① 연구 목적 : 생성형 AI를 활용하여 도시 환경 모델링 및 시뮬레이션 정확도를 향상시키고 대기 오염 제어 전략 효과를 평가

② 핵심 내용 : 대기 오염 데이터, 기상 데이터, 배출원 정보 등을 학습한 생성형 AI 모델을 통해 다양한 오염 시나리오 생성 및 확산 예측. 디지털 트윈 환경에서 오염 저감 정책 시뮬레이션 및 효과 분석

③ 시사점 : 생성형 AI는 도시 환경 문제 해결을 위한 정책 수립 및 의사 결정 과정을 지원하고, 효과적인 환경 관리 전략을 마련하는 데 기여

(2) Joshi et al. (2025) "AI-powered Green Infrastructure Planning: Optimizing Urban Green Space Allocation and Connectivity" (Urban Forestry & Urban Greening)

① 연구 목적 : 생성형 AI를 활용하여 도시 녹지 공간 배치 및 연결성을 최적화하는 녹지 공간 계획 지원 시스템 개발

② 핵심 내용 : 도시 녹지 공간 데이터, 생물 다양성 데이터, 시민 선호도 데이터 등을 활용하여 다양한 녹지 공간 계획 시나리오 생성. 생성형 AI 모델을 통해 녹지 공간의 연결성, 접근성, 생태적 기능 등을 평가하고 최적화된 녹지 공간 계획안 도출

③ 시사점 : 생성형 AI는 도시 녹지 공간 계획 과정에서 생태 환경 보호, 시민 건강 증진, 도시 미관 개선 등 다양한 목표를 효과적으로 달성하는 데 기여

5) 교통 계획

(1) Lee et al. (2023) "Generative AI for Traffic Flow Optimization: A Digital Twin Approach" (Transportation Research Part C: Emerging Technologies)

① 연구 목적 : 생성형 AI와 디지털 트윈을 활용하여 도시 교통 흐름 최적화 및 혼잡 완화

② 핵심 내용 : 교통량 데이터, 차량 이동 경로 데이터, 신호 체계 데이터 등을 디지털 트윈에 반영. 생성형 AI 모델을 활용하여 다양한 교통 관리 전략(예: 신호 제어, 차선 변경, 우회 경로 안내) 시뮬레이션 및 효과 평가. 실시간 교통 상황에 따라 최적의 교통 관리 전략을 적응적으로 생성 및 적용

③ 시사점 : 생성형 AI는 교통 시스템 효율성을 높이고 교통 혼잡을 완화하며, 도시 교통 관리 시스템의 지능화에 기여

(2) Kim et al. (2024) "AI-driven Public Transportation Planning: Optimizing Route Design and Service Scheduling" (Journal of Advanced Transportation)

① 연구 목적 : 생성형 AI를 활용하여 대중교통 노선 설계 및 운영 스케줄 최적화

② 핵심 내용 : 승객 수요 데이터, 운행 비용 데이터, 노선 정보 등을 활용하여 다양한 대중교통 노선 및 운영 스케줄 시나리오 생성. 생성형 AI 모델을 통해 각 시나리오의 효율성, 편의성, 경제성 등을 평가하고 최적화된 계획안 도출

③ 시사점 : 생성형 AI는 대중교통 시스템의 효율성을 높이고, 시민 편의를 증진시키며, 지속가능한 도시 교통 시스템 구축에 기여

6) 공원 녹지 계획

(1) Wu et al. (2024) "Generative AI for Urban Park Design: Creating Diverse and Inclusive Public Spaces" (Urban Forestry & Urban Greening)

① 연구 목적 : 생성형 AI를 활용하여 다양하고 포용적인 도시 공원 디자인 옵션 생성

② 핵심 내용 : 공원 이용자 특성, 주변 환경, 디자인 트렌드 등을 고려하여 다양한 공원 디자인 옵션 생성. 생성형 AI 모델을 통해 디자인의 심미성, 기능성, 접근성, 사회적 포용성 등을 평가. 시민 참여를 통해 최적 디자인 선정

③ 시사점 : 생성형 AI는 다양한 요구를 충족하는 공원 디자인을 생성하고, 시민 참여를 증진시키며, 포용적인 도시 공간을 조성하는 데 기여

(2) Park et al. (2025) "AI-assisted Urban Green Space Management: Optimizing Maintenance Strategies and Resource Allocation" (Landscape and Urban Planning)

① 연구 목적 : 생성형 AI를 활용하여 도시 녹지 공간 관리 전략 및 자원 배분 최적화

② 핵심 내용 : 녹지 공간 상태 데이터, 유지보수 비용 데이터, 기후 데이터 등을 활용하여 다양한 관리 전략 시나리오 생성. 생성형 AI 모델을 통해 각 시나리오의 효과 및 비용을 평가하고 최적화된 관리 전략을 도출

③ 시사점 : 생성형 AI는 효율적인 녹지 공간 관리 및 자원 배분을 통해 녹지 공간의 질을 향상시키고 유지보수 비용을 절감하는 데 기여

7) 모빌리티

(1) Zhang et al. (2023) "Generative AI for Urban Mobility-on-Demand Systems: Optimizing Fleet Operations and Service Provision" (Transportation Research Part E: Logistics and Transportation Review)

① 연구 목적 : 생성형 AI를 활용하여 도시 모빌리티 온디맨드 시스템의 차량 운영 및 서비스 제공 최적화

② 핵심 내용 : 실시간 교통 데이터, 승객 수요 데이터, 차량 운영 데이터 등을 활용하여 다양한 차량 운영 및 서비스 제공 시나리오 생성. 생성형 AI 모델을 통해 각 시나리오의 효율성, 비용, 서비스 품질 등을 평가하고 최적화된 운영 전략 도출

③ 시사점 : 생성형 AI는 모빌리티 온디맨드 시스템의 운영 효율성을 높이고, 승객 만족도를 향상시키며, 도시 교통 시스템의 지속가능성을 증진

(2) Lee et al. (2025) "AI-powered Urban Mobility Scenario Planning: Exploring the Impact of Emerging Technologies" (Technological Forecasting and Social Change)

① 연구 목적 : 생성형 AI를 활용하여 미래 모빌리티 기술 발전이 도시 교통 시스템에 미치는 영향을 예측하고 대응 전략 마련

② 핵심 내용 : 자율주행, 드론 배송, 공유 모빌리티 등 미래 모빌리티 기술 발전 전망 데이터, 도시 공간 데이터, 사회경제적 데이터 등을 활용하여 다양한 모빌리티 시나리오 생성. 생성형 AI 모델을 통해 각 시나리오의 영향을 평가하고 미래 도시 교통 시스템 계획

③ 시사점 : 생성형 AI는 미래 모빌리티 기술 도입에 대한 선제적인 대응 및 적응을 지원하고, 지속가능한 도시 교통 시스템 구축에 기여

How generative AI allows one architect to reimagine ancient cities, Cointelegraph

5 생성형 AI의 도시계획 분야 활용에 대한 분석

1) 도시계획 과정에서의 생성형 AI 활용

생성형 AI는 도시계획 과정의 효율성을 높이고 시민 참여를 증진시키는 데 활용될 수 있다.

(1) 의사결정 지원 : 생성형 AI는 복잡한 데이터 분석 및 시뮬레이션을 통해 도시 성장 예측, 인구 변화 예측, 토지 이용 변화 예측 등 다양한 시나리오를 생성할 수 있다. 이를 통해 도시 계획가들은 미래 도시의 모습을 다각적으로 예측하고, 이를 기반으로 최적의 도시계획 방안을 도출할 수 있다. 예를 들어, 특정 지역의 개발 계획을 수립할 때, 생성형 AI는 다양한 개발 시나리오에 따른 교통량 변화, 환경 영향, 경제적 효과 등을 예측하여 계획 수립을 지원할 수 있다.

(2) 시민 참여 증진 : 생성형 AI 기반의 시뮬레이션은 시민들에게 다양한 도시계획 방안을 시각적으로 제시하고, 이에 대한 의견을 수렴하는 데 효과적인 도구로 활용될 수 있다. 예를 들어, 공원 조성 계획을 수립할 때, 생성형 AI는 시민들의 선호도를 반영하여 다양한 공원 디자인 옵션을 생성하고, 시민들은 이를 직접 체험하고 의견을 제시할 수 있다. 이러한 과정을 통해 시민들의 의사결정 참여를 확대하고 계획의 수용성을 높일 수 있다.

2) 토지이용계획에서의 생성형 AI 활용

생성형 AI는 토지이용계획 수립 과정에서 최적의 토지 이용 방안을 도출하고, 계획의 효율성을 평가하는 데 활용될 수 있다.

(1) 최적 토지 이용 방안 도출 : 생성형 AI는 인구 밀도, 접근성, 환경적 요인, 경제적 가치 등 다양한 요인을 고려하여 토지의 적합한 용도를 예측하고, 이를 기반으로 토지이용계획을 수립할 수 있다. 예를 들어, 도시 확장 계획을 수립할 때, 생성형 AI는 주변 환경, 토지의 지형적 특성, 기반 시설 접근성 등을 고려하여 주거 지역, 상업 지역, 공업 지역 등 최적의 토지 이용 구획을 제시할 수 있다.

(2) 계획 효율성 평가 : 생성형 AI는 토지이용계획이 도시의 경제적, 사회적, 환경적 지속가능성에 미치는 영향을 분석하고, 이를 기반으로 계획의 개선 방안을 제시할 수 있다. 예를 들어, 특정 토지이용계획이 교통 혼잡, 환경 오염, 사회적 불평등 등에 미치는 영향을 분석하고, 이를 최소화하는 방안을 제시할 수 있다.

3) 도시건축설계에서의 생성형 AI 활용

생성형 AI는 도시건축설계 단계에서 창의적인 디자인을 생성하고, 건축물의 에너지 효율성을 높이는 데 활용될 수 있다.

(1) 창의적 디자인 생성 : 생성형 AI는 건축물의 용도, 규모, 주변 환경, 건축 법규 등을 고려하여 다양한 디자인 옵션을 생성할 수 있다. 건축가는 생성형 AI가 제시한 다양한 디자인 옵션을 참고하여 최적의 디자인을 선택하고, 이를 바탕으로 창의적인 건축 설계를 구현할 수 있다. 예를 들어, 주변 건물과의 조화, 일조량, 조망권 등을 고려하여 건축물의 형태, 외관, 배치 등을 디자인할 수 있다.

(2) 에너지 효율성 향상 : 생성형 AI는 건축물의 형태, 재료, 방향, 창문의 크기 및 위치 등을 고려하여 에너지 소비량을 예측하고, 이를 최소화하는 디자인

을 생성할 수 있다. 예를 들어, 건축물의 에너지 성능 시뮬레이션을 통해 최적의 단열재, 창호 시스템, 태양광 패널 설치 위치 등을 결정하여 에너지 효율을 극대화할 수 있다.

4) 환경계획에서의 생성형 AI 활용

생성형 AI는 환경계획 수립 과정에서 환경 문제를 예측하고 해결 방안을 모색하는 데 활용될 수 있다.

(1) 환경 문제 예측 및 해결 방안 모색 : 생성형 AI는 기후 변화, 대기 오염, 수질 오염, 폐기물 처리 등 다양한 환경 문제를 예측하고, 이를 완화하기 위한 환경계획을 수립할 수 있다. 예를 들어, 기후 변화 시나리오를 기반으로 도시의 폭염, 홍수, 가뭄 등의 위험을 예측하고, 이에 대한 대비책을 마련할 수 있다. 또한, 대기 오염 예측 모델을 통해 오염 발생원을 파악하고, 효과적인 오염 저감 방안을 제시할 수 있다.

(2) 환경계획 효과 평가 : 생성형 AI는 환경계획이 환경에 미치는 영향을 분석하고, 이를 기반으로 환경계획의 개선 방안을 제시할 수 있다. 예를 들어, 녹지 조성 사업의 효과를 평가할 때, 생성형 AI는 녹지 면적 변화에 따른 온도 저감 효과, 대기 질 개선 효과, 생물 다양성 증진 효과 등을 정량적으로 분석하고, 이를 바탕으로 사업 계획을 개선할 수 있다.

5) 교통계획에서의 생성형 AI 활용

생성형 AI는 교통계획 수립 과정에서 교통 혼잡을 완화하고 교통 안전을 증진시키는 데 활용될 수 있다.

(1) 교통 혼잡 완화 : 생성형 AI는 교통량, 교통사고 발생률, 대중교통 이용 패턴 등을 예측하고, 이를 기반으로 최적의 교통망 설계, 신호 체계 구축, 대중교통 시스템 개선 등을 수행할 수 있다. 예를 들어, 실시간 교통 데이터 분석을 통해 교통 혼잡을 예측하고, 우회 경로를 안내하거나 신호 체계를

조정하여 혼잡을 완화할 수 있다. 또한, 대중교통 이용 패턴 분석을 통해 효율적인 노선 및 배차 계획을 수립할 수 있다.

(2) 교통 안전 증진 : 생성형 AI는 교통사고 위험 지역을 예측하고, 사고 예방을 위한 시설 개선 방안을 제시할 수 있다. 예를 들어, 과거 교통사고 데이터 분석을 통해 사고 다발 지역을 파악하고, 해당 지역의 도로 설계, 신호 체계, 교통 안전 시설 등을 개선하여 사고 발생률을 감소시킬 수 있다.

6) 공원녹지계획에서의 생성형 AI 활용

생성형 AI는 공원녹지계획 수립 과정에서 도시의 녹지 공간을 확대하고 생물 다양성을 증진시키는 데 활용될 수 있다.

(1) 녹지 공간 확대 : 생성형 AI는 도시의 지형, 기후, 생태 환경, 인구 분포 등을 고려하여 최적의 공원녹지 위치 및 규모를 결정할 수 있다. 예를 들어, 도시 열섬 현상 완화를 위해 생성형 AI는 기온 분포, 풍향, 녹지 면적 등을 분석하여 효과적인 녹지 조성 위치를 제시할 수 있다.

(2) 생물 다양성 증진 : 생성형 AI는 생물 서식 환경, 생태 corridors, 토양 조건 등을 고려하여 생물 다양성을 증진시키는 식재 계획을 수립할 수 있다. 예를 들어, 특정 지역의 생태 환경에 적합한 식물 종을 선정하고, 생물 다양성을 극대화하는 식재 배치를 설계할 수 있다.

7) 모빌리티 분야에서의 생성형 AI 활용

생성형 AI는 모빌리티 분야에서 새로운 이동 수단 및 서비스를 개발하고, 교통 혼잡을 완화하며, 이동의 편의성을 증진시키는 데 활용될 수 있다.

(1) 새로운 이동 수단 및 서비스 개발 : 생성형 AI는 자율주행 자동차, 드론 택시, 개인 맞춤형 이동 서비스 등 새로운 이동 수단 및 서비스를 개발하고, 이를 효율적으로 운영하기 위한 시스템을 구축할 수 있다. 예를 들어, 자율주행 시스템 개발에 활용되어 도로 환경, 교통 상황, 안전 요소 등을 학습하고, 안전하고 효율적인 자율주행 경로를 생성할 수 있다.

(2) 교통 혼잡 완화 및 이동 편의성 증진 : 생성형 AI는 실시간 교통 정보를 분석하여 최적의 경로를 안내하고, 대중교통 이용을 유도하여 교통 혼잡을 완화할 수 있다. 또한, 개인의 이동 목적, 선호도, 이동 경로 등을 학습하여 개인 맞춤형 이동 서비스를 제공할 수 있다.

Generative Ai City Painting Stock Illustrations

6 생성형 AI 기반 도시의 국내외 사례

(1) 싱가포르 : 싱가포르는 '스마트네이션(Smart Nation)' 정책을 통해 생성형 AI를 도시 계획 및 관리에 적용하여 교통 혼잡 완화, 에너지 효율성 향상, 환경 보호 등 다양한 분야에서 성과를 거두고 있다. 예를 들어, 생성형 AI 기반 교통 시스템은 실시간 교통량을 분석하고 신호 체계를 최적화하여 교통 혼잡을 줄이고, 대중교통 이용을 증진시키는 데 기여하고 있다.

(2) 네덜란드 암스테르담 : 암스테르담은 '스마트 시티 암스테르담' 이니셔티브를 통해 생성형 AI를 활용하여 도시 계획 시뮬레이션 및 시각화를 수행하고 있다. 시민들은 생성형 AI 기반 플랫폼을 통해 다양한 도시 계획 시나리오를 시뮬레이션하고 그 결과를 3D 모델로 확인할 수 있으며, 이를 통해 도시 계획에 대한 이해도를 높이고 의견 개진에 참여할 수 있다.

(3) 미국 샌프란시스코 : 도시 계획 및 교통 관리에 생성형 AI를 활용하여 교통 혼잡 완화, 대중교통 이용 증진, 그리고 보행자 안전 증진을 위한 솔루션을 개발하고 있다.

(4) 미국 보스턴 : 생성형 AI를 활용하여 도시의 3D 모델을 생성하고, 도시 계획 및 디자인에 활용하는 방안을 연구하고 있다. 이를 통해 도시 계획가들은 도시 공간을 시각적으로 이해하고, 다양한 디자인 옵션을 탐색하는 데 도움을 받을 수 있다.

(5) 한국 세종시 : 세종시는 스마트시티 국가 시범 도시로서 생성형 AI를 활용한 도시 계획 및 서비스 개발을 추진하고 있다. 예를 들어, 자율주행 시스템, 스마트 에너지 관리 시스템, 그리고 시민 참여 플랫폼 등 다양한 분야에서 생성형 AI 기술을 적용하고 있다.

7 나오는 말

생성형 AI는 도시계획 분야의 다양한 영역에서 혁신적인 변화를 가져올 잠재력을 가지고 있다. 도시계획 과정의 효율성을 높이고, 시민 참여를 증진시키며, 창의적인 도시 디자인을 생성하고, 환경 문제 해결에 기여하며, 교통 혼잡을 완화하고, 녹지 공간을 확대하며, 새로운 이동 수단 및 서비스를 개발하는 데 활용될 수 있다.

향후 생성형 AI 기술의 발전과 함께 도시계획 분야에서의 활용은 더욱 확대될 것으로 예상된다. 도시계획 전문가들은 생성형 AI 기술의 잠재력과 한계를 정확하게 이해하고, 이를 도시계획 과정에 적절히 활용하여 더욱 지속가능하고 살기 좋은 도시를 만들어가야 할 것이다.

참고문헌

1. Goodfellow, I., Bengio, Y., & Courville, A. (2016). Deep learning. MIT press.
2. Vaswani, A., Shazeer, N., Parmar, N., Uszkoreit, J., Jones, L., Gomez, A. N., ... & Polosukhin, I. (2017). Attention is all you need. Advances in neural information processing syst 1 ems, 30.
3. Chollet, F. (2023). What multimodal AI is (and isn't). Google AI Blog. RetrievedOpenAI. (2024). GPT-4V and GPT-4o : Multimodal and Generative AI Models. Retrieved from https ://openai.com/gpt-4

10 멀티모달(Multimodal) AI가 도시계획, 도시설계, 도시교통에까지 퍼져 나간다

[주요 질문]

1. 멀티모달 AI는 도시 계획 분야에서 어떤 다양한 데이터를 활용할 수 있을까요? 각 데이터 유형의 구체적인 예시를 생각해 봅시다.
2. 멀티모달 AI를 활용하여 도시 계획 과정에서 시민 참여를 어떻게 증진시킬 수 있을까요?
3. 멀티모달 AI는 도시 계획 및 설계 분야에서 기존 AI와 비교하여 어떤 차별점과 장점을 가지고 있을까요?
4. 멀티모달 AI를 이용한 도시 개발 시뮬레이션은 어떤 방식으로 이루어지며, 어떤 효과를 기대할 수 있을까요?
5. 멀티모달 AI는 도시의 교통 문제 해결에 어떻게 기여할 수 있을까요?
6. 멀티모달 AI를 활용하여 도시 환경 문제를 어떻게 해결하고 지속 가능한 도시 개발을 추진할 수 있을까요?

The Strategic Impact of AI on Decision-Making, Linkedin

7. 멀티모달 AI를 도시 계획에 적용할 때 발생할 수 있는 윤리적 문제점은 무엇이며, 어떻게 해결해야 할까요?
8. 멀티모달 AI 기반 도시 계획 시스템 구축에 필요한 핵심 기술은 무엇이며, 각 기술의 역할은 무엇일까요?
9. 멀티모달 AI는 도시 계획 분야에서 어떤 미래 발전 가능성을 가지고 있을까요?
10. 멀티모달 AI는 도시민의 삶의 질 향상에 어떻게 기여할 수 있을까요?
11. 멀티모달 AI는 도시의 다양한 문제를 해결하는 데 있어 어떤 한계점을 가지고 있으며, 이를 극복하기 위한 방안은 무엇일까요?
12. 멀티모달 AI 기반 도시 계획의 성공적인 구현을 위해서는 어떤 요소들이 필요하며, 어떤 노력을 기울여야 할까요?

1 2035년 멀티모달 AI 기반 도시가 도시를 만든다

2035년, 멀티모달 AI는 도시민의 삶 깊숙이 스며들어 더욱 편리하고 풍요로운 일상을 선사합니다. 마치 공상과학 영화 속 한 장면처럼 느껴지겠지만, 지금부터 소개할 10가지 가상 사례를 통해 미래 도시 생활을 생생하게 그려보세요!

장면1. "오늘 기분은 어때요?" 묻는 똑똑한 AI 비서

아침에 눈을 뜨자 침대 옆 스마트 스피커에서 부드러운 목소리가 흘러나옵니다. "오늘 기분은 어떠세요?" 단순한 안부 인사가 아닙니다. 스피커는 내 표정, 목소리, 심박수 등을 분석해 감정 상태를 파악하고 그에 맞는 음악과 조명을 즉석에서 생성해냅니다. 덕분에 하루를 상쾌하게 시작할 수 있죠.

장면2. 내 취향 저격! AI 맞춤형 콘텐츠 큐레이션

출근길, AI 비서가 오늘의 뉴스, 날씨, 교통 상황과 함께 흥미로운 콘텐츠를 추천해줍니다. 내가 좋아하는 영화, 음악, 책, 게임 등을 분석해 취향에 딱 맞는 콘텐츠를 골라주니 지루할 틈이 없네요. 심지어 내 감정 상태까지 고려해 콘텐츠를 추천해주니 놀라울 따름입니다.

장면3. "나만의 음악"을 선물하는 AI 작곡가

퇴근 후, AI 작곡 프로그램을 켜고 오늘 하루 있었던 일들을 이야기합니다. 기쁜 일, 슬픈 일, 힘들었던 일들을 털어놓자 AI는 내 목소리 톤, 감정, 이야기 내용을 분석해 그에 맞는 멜로디와 분위기의 음악을 작곡해줍니다. 세상에 단 하나뿐인 "나만의 음악"을 갖게 된 기분이네요.

장면4. "헌손"도 금손 만드는 AI 비디오 편집기

주말에는 친구들과 여행을 떠났습니다. 멋진 풍경을 배경으로 찍은 사진과 영상들을 AI 비디오 편집기에 업로드하니, AI가 알아서 멋진 영상으로 만들어줍니다. 배경 음악, 효과음, 자막까지 자동으로 삽입되어 마치 전문가가 편집한 듯한 영상이 완성되었네요!

장면5. AI 의사의 빠르고 정확한 진단과 치료

갑자기 몸이 좋지 않아 AI 병원을 찾았습니다. AI 의사는 내 증상, 건강 기록, 생체 정보 등을 종합적으로 분석해 질병을 진단하고, 그에 맞는 치료법을 제시합니다. 덕분에 빠르고 정확하게 치료를 받을 수 있게 되었죠.

장면6. “나만을 위한 맞춤형 학습”을 제공하는 AI 선생님

새로운 것을 배우고 싶어 AI 학습 플랫폼에 접속했습니다. AI 선생님은 내 학습 스타일, 능력, 관심 분야 등을 분석해 맞춤형 학습 커리큘럼과 콘텐츠를 제공합니다. 어려운 부분은 반복 학습하고, 쉬운 부분은 빠르게 넘어가니 학습 효율이 높아졌네요.

장면7. “일잘러”로 거듭나게 돕는 AI 업무 보조

회사에서 AI 업무 보조 시스템을 사용합니다. AI는 내 업무 패턴, 일정, 자료 등을 분석해 업무 우선순위를 정하고, 필요한 정보를 찾아줍니다. 복잡한 보고서 작성도 AI의 도움을 받아 쉽고 빠르게 완료할 수 있게 되었죠.

장면8. “나만의 스타일리스트”가 되어주는 AI 패션 코디네이터

옷장 앞에서 고민할 필요가 없어졌습니다. AI 패션 코디네이터가 내 체형, 얼굴형, 스타일, 선호도 등을 분석해 옷을 추천해주고, 심지어 가상으로 옷을 입어볼 수도 있습니다. 덕분에 쇼핑 시간을 절약하고, 항상 멋진 스타일을 유지할 수 있게 되었죠.

장면9. ”요리 초보”도 셰프로 변신시키는 AI 레시피 추천

오늘 저녁 메뉴는 뭘로 할까 고민하다 AI 레시피 추천 앱을 켰습니다. 냉장고에 있는 재료, 요리 실력, 선호하는 맛 등을 입력하니 AI가 딱 맞는 레시피를 추천해줍니다. 요리 과정도 영상으로 자세히 보여주니 "요리 초보"도 셰프처럼 멋진 요리를 만들 수 있겠네요!

장면10. "나만의 여행"을 설계해주는 AI 여행 플래너

여행 계획을 세우는 것은 즐겁지만, 때로는 복잡하고 어렵게 느껴 지기도 합니다. AI 여행 플래너는 내 여행 스타일, 예산, 선호하는 활동 등을 분석해 맞춤형 여행 코스를 추천해줍니다. 항공권, 숙박, 관광지 예약까지 한 번에 해결되니 여행 준비가 한결 편리 해졌네요.

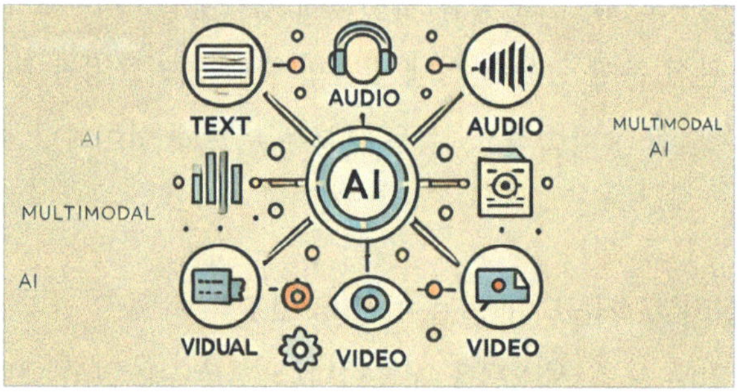

The rise of multimodal AI - Artificial Intelligence, Artificial Intelligence

2 멀티모달 AI관련 주요 질문

1) 멀티모달 AI와 모달리티의 차이점은 무엇인가?

- 멀티모달 AI는 여러 모달리티 또는 데이터 유형의 정보를 처리하고 통합할 수 있는 머신 러닝 모델을 말한다.
- 이러한 모달리티에는 텍스트, 이미지, 오디오, 비디오 및 기타 형태의 감각적 인풋이 포함될 수 있다.

2) 단일 모달리티 AI는 → 'ChatGPT'와 멀티모달 AI는 → GPT-4o

예를 들어, 멀티모달 모델은 풍경 사진을 인풋(input)으로 받아 해당 장소의 특성과 풍경에 대한 느낌과 소감을 글로 받고 해당 설명을 기반으로 이미지를 생성할 수 있다. 여러 모달리티에 걸쳐 작동할 수 있는 이 기능은 이러한 모델에 강력한 역량을 제공한다.

(1) ChatGPT는 단일 모달리티 AI : OpenAI는 2022년 11월 ChatGPT를 출시하여 생성형 AI를 빠르게 세상에 널리 알렸다. ChatGPT는 자연어 처리(NLP)를 사용하여 텍스트 인풋을 수신하고 텍스트 아웃풋을 생성하도록 설계된 단일 모달리티 AI이다.

(2) GPT-4o는 ChatGPT에 멀티모달 기능을 도입한 멀티모달 AI : 멀티모달 AI는 여러 유형의 인풋 및 아웃풋을 허용하여 생성형 AI를 더욱 강력하고 유용하게 만든다. 예를 들어 Dall-e는 Open AI의 GPT 모델의 초기 멀티모달 구현이었지만, GPT-4o는 ChatGPT에도 멀티모달 기능을 도입했다.

2) 생성형 AI와 멀티모달 AI의 차이점은 무엇인가?

(1) 생성형 AI : 생성형 AI는 ML 모델을 사용하여 일반적으로 단일 유형의 프롬프트로 텍스트, 이미지, 음악, 오디오, 동영상 등의 새로운 콘텐츠를 생성하는 것을 포괄하는 용어이다.

(2) 멀티모달 AI : 멀티모달 AI는 이러한 생성 기능을 확장하여 이미지, 동영상, 텍스트 등 다양한 형식의 정보를 처리한다. 멀티모달리티는 AI가 다양한 감각 모드를 처리하고 이해하는 기능을 제공하는 것으로 생각할 수 있다. 실제로 이는 사용자가 하나의 입력과 하나의 출력 유형으로 제한되지 않으며, 거의 모든 입력을 포함하는 모델이 사실상 모든 콘텐츠 유형을 생성하도록 프롬프트할 수 있다는 의미가 된다

3) 이미지를 프롬프트로 사용할 수 있는 AI는 무엇인가?

- Gemini는 Google DeepMind팀의 멀티모달 모델로 이미지뿐만 아니라 텍스트, 코드, 동영상 프롬프트(생성형 AI에게 특정한 작업을 수행하도록 요청하는 질문 및 명령어)로도 사용할 수 있다.
- Gemini는 처음부터 텍스트, 이미지, 동영상, 오디오, 코드를 원활하게 추론할 수 있도록 설계되었다. Vertex AI에서의 Gemini는 프롬프트를 사용하여 이미지에서 텍스트를 추출하고, 이미지 텍스트를 JSON으로 변환하고, 업로드된 이미지에 대한 답변을 생성할 수도 있다.

4) 멀티모달 AI의 미래는 무엇이며, 왜 중요한가?

- 멀티모달 AI와 멀티모달 모델은 개발자가 차세대 애플리케이션에서 AI의 기능을 빌드하고 확장하는 방식에 있어 획기적인 발전을 의미한다. 예를 들어 Gemini는 Python, Java, C++, Go 등 세계에서 가장 많이 사용되는 프로그래밍 언어를 이해하고 설명하며 고품질 코드를 생성할 수 있다.
- 멀티모달 AI의 잠재력은 AI가 스마트 소프트웨어보다는 에이전트(Agent)나 비서에 가까운 역할을 하도록 유도해준다.

3 멀티모달리티와 멀티모달 AI의 AI 발전 단계에서의 위상, 정의, 개념, 특징 및 활용도 연구

3. 1 초기 AI는 단일 모달리티(예 : 텍스트, 이미지)의 데이터만을 처리, 멀티모달 AI는 텍스트, 이미지, 음성, 영상 등 다양한 형태의 데이터를 융합하여 처리

(1) 멀티모달리티 : 멀티모달리티는 인간이 다양한 감각을 통해 세상을 인지하는 방식과 유사하게 AI가 여러 종류의 데이터를 통합적으로 처리하는 것을 의미한다.

(2) 멀티모달 AI : 멀티모달 AI는이러한 멀티모달리티를 기반으로 다양한 데이터를 융합하여 더 풍부한 정보를 이해하고, 보다 지능적인 의사 결정을 수행하는 AI 시스템을 지칭한다

3. 2 AI 발전 단계(ANI, AGI, ASI)에서 멀티모달 AI는 AGI의 초기단계에 위치한다.

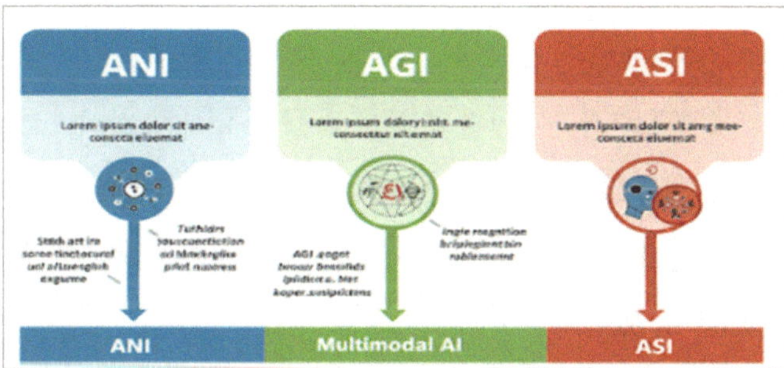

3. 3 멀티모달리티(Multimodality)와 멀티모달 AI(Multimodal AI)의 개념 및 특징

1) 멀티모달리티의 정의

멀티모달리티는 인간이 시각, 청각, 촉각, 미각, 후각 등 다양한 감각을 통해 세상을 인지하는 방식을 모방하여, AI가 여러 종류의 데이터를 통합적으로 처리하는 것을 의미한다. 이는 AI가 텍스트, 이미지, 음성, 영상 등 다양한 형태의 데이터를 개별적으로 처리하는 것이 아니라, 이들 간의 상관관계를 파악하고 융합하여 종합적인 이해를 도출하는 것을 가능하게 한다.

2) 멀티모달 AI의 정의

멀티모달 AI는 멀티모달리티를 기반으로 다양한 데이터를 융합하여 더 풍부한 정보를 이해하고, 보다 지능적인 의사 결정을 수행하는 AI 시스템을 지칭한다. 멀

티모달 AI는 다양한 모달리티의 데이터를 통합적으로 분석하고, 이들 간의 상호작용을 파악하여 인간의 인지 능력과 유사한 수준의 이해를 제공한다.

3) 멀티모달 AI의 특징

멀티모달 AI는 다음과 같은 특징을 갖는다.

(1) 종합적인 이해 : 다양한 모달리티의 데이터를 융합하여 종합적인 이해를 도출한다.

(2) 지능적인 의사 결정 : 풍부한 정보를 기반으로 보다 정확하고 지능적인 의사 결정을 수행한다.

(3) 인간과의 상호작용 증진 : 인간의 인지 방식과 유사한 방식으로 정보를 처리하여 인간과의 상호작용을 증진시킨다.

(4) 다양한 분야에 적용 가능 : 다양한 분야에서 발생하는 복잡한 문제를 해결하는 데 활용될 수 있다.

3. 4 멀티모달 AI와 기존AI의 차이

〈멀티모달 AI와 기존AI의 차이〉

구분	기존 AI	멀티모달 AI
데이터 유형	단일 유형 (텍스트, 이미지, 음성 등)	다중 유형 (텍스트, 이미지, 음성, 센서 데이터 등)
데이터 처리 방식	각 유형별로 개별 처리	다양한 유형의 데이터를 통합적으로 처리
맥락 이해	제한적	다양한 맥락 정보를 종합적으로 이해
상호 작용	제한적인 방식 (텍스트 입력, 음성 출력 등)	다양한 방식 (음성, 이미지, 제스처 등)
학습 데이터	대량의 단일 유형 데이터 필요	다양한 유형의 데이터를 활용하여 학습 가능
복잡도	비교적 낮음	높음
성능	특정 작업에 특화	다양한 작업에 유연하게 대응

활동 분야	제한적 (이미지 분류, 텍스트 분석 등)	광범위 (자율 주행, 스마트 홈, 헬스케어 등)
예시	이미지 분류 모델, 텍스트 번역 모델	자율 주행 시스템, 스마트 비서

4 멀티모달리티와 멀티모달 AI의 예

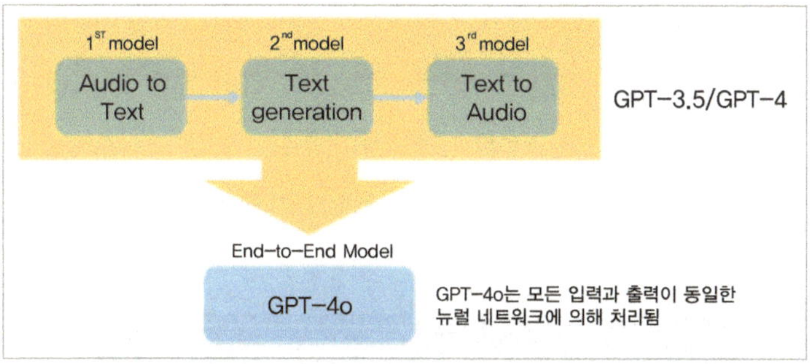

OpenAI GPT-4o(omni) : 인간수준의 응답시간과 표현력을 갖춘 멀티모달 AI, Medium

4. 1 멀티모달리티와 멀티모달 AI

1) 시각장애인인을 다정하게 안내해주는 멀티모달 AI인 GPT-4o

멀티모달 AI인 GPT-4o는 다재 다능한 능력을 가지고 있다. 사람과의 깊이 있고 다정한 대화는 물론 언어가 다른 사람에게 자연스럽고 멋진 통역을 해두고 교육현장에서도 커다란 도움을 주고 있다. GPT-4o는 최소 232밀리초, 평균 320밀리초 안에 오디오로 응답할 수 있다. 이는 사람의 반응 속도와 비슷한 것이다. 기존 'GPT-4'의 5.4초에서 엄청나게 빨라진 속도이다

오픈AI가 GPT-4o는 'Andy와 함께한 GPT-4o'의 흥미 있는 영상을 보여준다. 영상에서 시각장애인인 앤디는 영국 버킹엄 궁전 근처에서 본인이 보고 있는 방향의 사진을 GPT-4o에 넣고 실시간으로 설명을 부탁한다. 앤디는 “주황색 불을 켜고

오는 택시가 있는지를 알려달라"라고 하니, GPT가 "방금 한 대를 발견했습니다. 도로 왼쪽에서 당신 방향으로 오고 있는데요, 손을 흔들 준비를 하세요"라면서, "택시를 잘 잡으셨네요, 이제 갈 준비가 되셨어요. 강아지가 안전하게 여행할 수 있도록 잘 이끌 거예요"라고 답한다. 이 영상에서 GPT-4o는 시각 정보를 실시간으로 문자로 변환하는 건 물론, 인간의 여러 동작이나 상호작용까지 추측하고 시각장애인 안내견의 역할까지 설명한다. (참고 : 남시현, IT동아, 2024. 5.21).

2) Multi-modal Learning은 여러 개의 modality(여러 개의데이터 형식)으로부터 학습하는 인공지능

Multi-modal Learning은 여러 개의 modality, 즉 여러 개의 데이터 형식으로부터 학습하는 인공지능을 말한다. 예를 들어 이미지+텍스트를 동시에 input으로 넣어서 사람의 표정과 그 상황을 기반으로 더 정확한 감성분석을 진행할 수 있겠다.

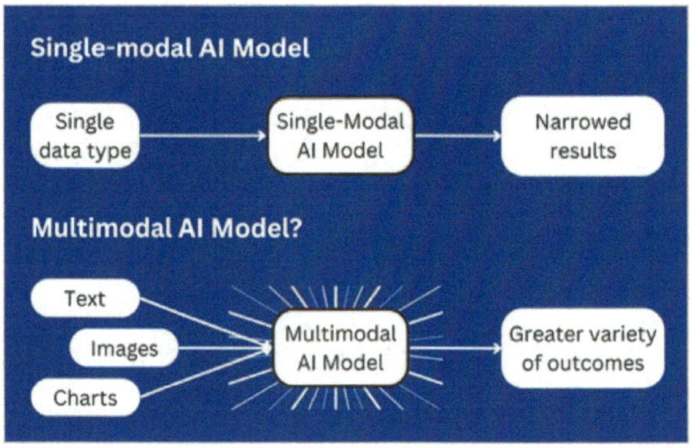

Emergence of Multimodal Ais, Drishti IAS

4. 2 멀티모달 AI의 활용예시 : 도시계획, 도시설계, 도시교통 분야를 중심으로

멀티모달 AI는 도시 계획 및 설계 분야에서 다양한 형태의 데이터를 통합적으로 활용하여 도시 문제를 분석하고 해결 방안을 모색하는 데 유용하게 쓰일 수 있다.

1. 도시 계획 :

1) 주민 의견 수렴 및 분석 :

(1) 텍스트 데이터 : 주민 설문 조사 결과, 온라인 커뮤니티 게시글, 민원 내용 등

(2) 이미지 데이터 : 지역 사진, 주민들이 직접 촬영한 영상, SNS 이미지 등

(3) 음성 데이터 : 주민 인터뷰, 공청회 녹취록 등

(4) 센서 데이터 : 교통량, 소음, 대기 오염 측정 데이터 등

멀티모달 AI는 이러한 다양한 데이터를 종합적으로 분석하여 주민들의 요구를 정확하게 파악하고, 이를 바탕으로 효과적인 도시 계획을 수립할 수 있도록 지원한다. 예를 들어, 주민들이 특정 지역의 교통 체증에 대한 불만을 이미지, 텍스트, 음성 데이터 등 다양한 형태로 표현했을 때, 멀티모달 AI는 이를 종합적으로 분석하여 문제의 심각성을 파악하고 개선 방안을 제시할 수 있다.

2) 도시 개발 시뮬레이션 :

(1) 3D 모델링 데이터 : 건축물, 도로, 공원 등의 3D 모델링 데이터

(2) 지리 정보 데이터 : 지형, 토지 이용 정보 등

(3) 환경 데이터 : 일조량, 풍향, 강수량 등

멀티모달 AI는 이러한 데이터를 기반으로 도시 개발 시뮬레이션을 수행하여 개발 계획의 효과를 사전에 예측하고, 문제점을 파악하여 개선할 수 있도록 도와준다. 예를 들어, 새로운 건물 건설 시 3D 모델링 데이터와 일조량 데이터를 결합

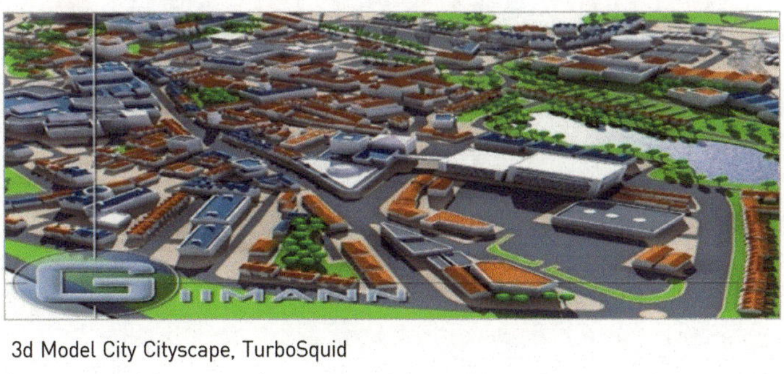

3d Model City Cityscape, TurboSquid

하여 주변 건물의 일조권에 미치는 영향을 분석하고, 건축물의 높이나 배치를 조정할 수 있다.

2. 도시건축 설계 :

1) 건축물 디자인 최적화 :

(1) 이미지 데이터 : 건축물 디자인 이미지, 주변 환경 사진 등

(2) 텍스트 데이터 : 건축 설계 지침, 건축 관련 법규 등

(3) 센서 데이터 : 온도, 습도, 조도 측정 데이터 등

멀티모달 AI는 이러한 데이터를 활용하여 건축물 디자인을 최적화하고 에너지 효율을 높일 수 있다. 예를 들어, 건축물 디자인 이미지와 일조량 데이터를 결합하여 건물의 창문 크기 및 배치를 조정하고, 냉난방 효율을 높일 수 있다.

2) 가상 공간 디자인 :

(1) 3D 모델링 데이터 : 가상 공간의 3D 모델링 데이터

(2) 사용자 행동 데이터 : 사용자의 움직임, 시선 추적 데이터 등

멀티모달 AI는 이러한 데이터를 기반으로 사용자에게 최적화된 가상 공간을 디자인할 수 있다. 예를 들어, 사용자의 움직임 데이터를 분석하여 가상 공간의 레이아웃을 개선하고, 사용자의 시선 추적 데이터를 활용하여 가상 공간 내 정보 배치를 최적화할 수 있다.

Exploring Architecture and the Metaverse, illutrach

3. 환경 계획 :

1) 환경 오염 감시 및 예측 :

(1) 이미지 데이터 : 위성 사진, 드론 촬영 영상 등

(2) 센서 데이터 : 대기 오염 측정 데이터, 수질 오염 측정 데이터 등

(3) 기상 데이터 : 기온, 풍향, 강수량 등

멀티모달 AI는 이러한 데이터를 종합적으로 분석하여 환경 오염을 감시하고 오염 발생 원인을 파악하며, 미래의 환경 변화를 예측할 수 있다. 예를 들어, 위성 사진과 대기 오염 측정 데이터를 결합하여 대기 오염의 발생 지역 및 확산 경로를 파악하고, 기상 데이터를 활용하여 미래의 대기 오염 변화를 예측할 수 있다.

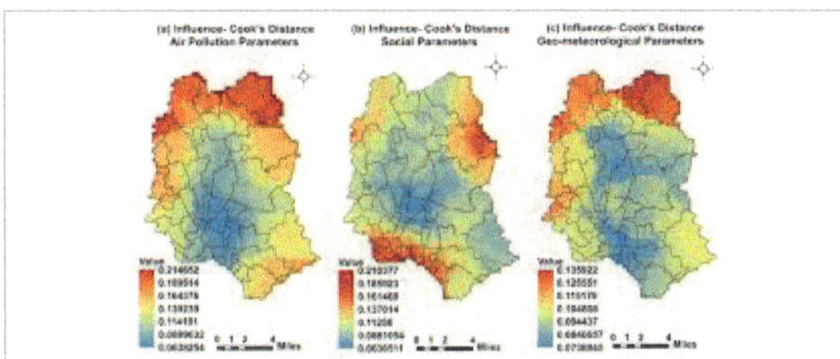

Significance of Geo-Visualization Tools for Pollution Monitoring, SpringerLink

4. 교통 계획 :

1) 교통 흐름 분석 및 예측 :

(1) 교통량 데이터 : 도로별 교통량, 차량 속도 등

(2) GPS 데이터 : 차량 위치 정보

(3) CCTV 영상 데이터 : 교통 상황 영상

멀티모달 AI는 이러한 데이터를 활용하여 교통 흐름을 분석하고, 교통 체증을 예측하여 효율적인 교통 시스템을 구축할 수 있도록 지원한다. 예를 들어, 교통량 데이터와 GPS 데이터를 결합하여 실시간 교통 상황을 파악하고, CCTV 영상 데이터를 분석하여 교통 사고 발생 위험이 높은 지역을 예측할 수 있다.

5. 모빌리티 :

1) 자율주행 시스템 :

(1) 이미지 데이터 : 카메라 영상

(2) 센서 데이터 : 라이다, 레이더, 초음파 센서 데이터 등

(3) GPS 데이터 : 위치 정보

멀티모달 AI는 이러한 데이터를 통합하여 주변 환경을 정확하게 인지하고 안전한 자율주행을 가능하게 한다. 예를 들어, 카메라 영상과 라이다 데이터를 결합하여 주변 차량, 보행자, 장애물 등을 인식하고, GPS 데이터를 활용하여 최적 경로를 계획할 수 있다.

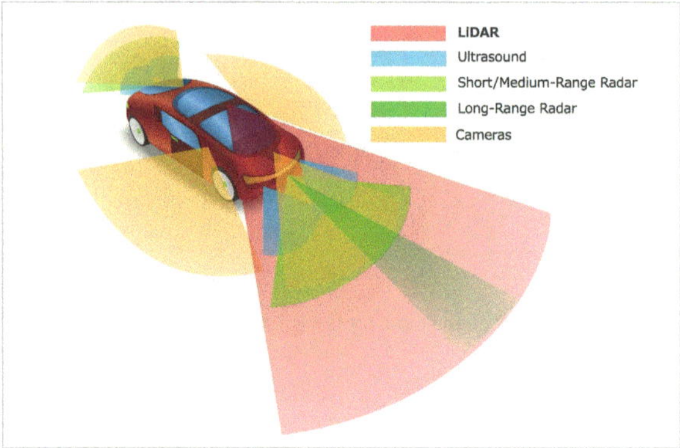

테슬라(Tesla)는 라이다(Lidar) 센서 사용을 안할까? | EVPOST

5 멀티모달 AI의 도시계획 분야 적용 연구 동향 분석 (2020년 이후)

1) 도시계획 과정

(1) Batty, M., & Rana, S. (2020) Big data and urban analytics, Urban Studies

① 연구 목적 : 도시 빅데이터 분석을 위한 멀티모달 AI 활용 가능성 제시

② 핵심 내용 : 도시 공간 데이터, 소셜 미디어 데이터, 교통 데이터 등 다양한 데이터를 융합하여 도시 변화를 분석하고 예측하는 멀티모달 AI 모델 제시

③ 시사점 : 멀티모달 AI는 도시 계획 수립 및 의사 결정 과정의 효율성을 향상시킬 수 있다.

2) 토지이용계획

(1) Zhang, X., et al. (2021) A multi-modal deep learning framework for urban land use classification, Remote Sensing

① 연구 목적 : 위성 이미지와 GIS 데이터를 이용한 토지 이용 분류 정확도 향상

② 핵심 내용 : 멀티모달 딥러닝 모델을 활용하여 토지 이용 패턴을 분류하고 예측하는 방법 제시

③ 시사점 : 멀티모달 AI는 토지 이용 계획 수립에 필요한 정확하고 신뢰성 있는 정보를 제공할 수 있다.

3) 도시건축설계

(1) Ham, Y., et al. (2022) Multimodal machine learning for building energy performance prediction, Building and Environment

① 연구 목적 : 건물 에너지 성능 예측을 위한 멀티모달 AI 활용

② 핵심 내용 : 건물 설계 데이터, 기상 데이터, 사용자 데이터 등을 융합하여 건물 에너지 소비량을 예측하는 모델 제시

③ 시사점 : 멀티모달 AI는 에너지 효율적인 건축 설계를 지원하고, 지속 가능한 도시 개발에 기여할 수 있다.

4) 환경계획

(1) Li, C., et al. (2023) Multimodal deep learning for urban air quality prediction, Environmental Pollution

① 연구 목적 : 도시 대기 질 예측 정확도 향상

② 핵심 내용 : 대기 질 데이터, 기상 데이터, 교통 데이터 등을 융합하여 대기 오염도를 예측하는 모델 제시

③ 시사점 : 멀티모달 AI는 효과적인 대기 질 관리 정책 수립에 기여할 수 있다.

5) 교통계획

(1) Cui, Z., et al. (2021) Multimodal traffic flow prediction with graph convolutional neural networks, IEEE Transactions on Intelligent Transportation Systems

① 연구 목적 : 교통 흐름 예측 정확도 향상

② 핵심 내용 : 교통 데이터, 도로망 데이터, 사용자 데이터 등을 융합하여 교통 흐름을 예측하는 모델 제시

③ 시사점 : 멀티모달 AI는 교통 혼잡을 완화하고 효율적인 교통 시스템 구축에 기여할 수 있다.

6) 공원녹지계획

(1) Rahman, M. M., et al. (2022) Multimodal remote sensing for urban green space mapping, Remote Sensing of Environment

① 연구 목적 : 도시 녹지 공간 지도 제작 정확도 향상

② 핵심 내용 : 위성 이미지, LiDAR 데이터, GIS 데이터 등을 융합하여 도시 녹지 공간을 매핑하는 방법 제시

③ 시사점 : 멀티모달 AI는 도시 녹지 공간 계획 수립 및 관리에 필요한 정확한 정보를 제공할 수 있다.

7) 모빌리티 서비스

(1) Liu, Y., et al. (2023) Multimodal learning for ride-hailing demand prediction, Transportation Research Part C : Emerging Technologies

① 연구 목적 : 차량 호출 수요 예측 정확도 향상

② 핵심 내용 : 차량 호출 데이터, 교통 데이터, 사용자 데이터 등을 융합하여

차량 호출 수요를 예측하는 모델 제시

③ 시사점 : 멀티모달 AI는 모빌리티 서비스의 효율성을 향상시키고, 사용자 만족도를 높이는 데 기여할 수 있다.

6 멀티모달리티 통합 이론 및 방법

1) 멀티모달리티 통합 이론

멀티모달리티 통합은 다양한 형태의 데이터를 의미 있는 방식으로 결합하는 것을 목표로 한다. 주요 이론 및 방법은 다음과 같다.

(1) 조기 융합(Early Fusion) : 다양한 모달리티의 데이터를 초기 단계에서 결합하여 하나의 표현으로 변환하는 방법이다. 예를 들어, 이미지와 텍스트 데이터를 결합하여 하나의 벡터로 표현할 수 있다. 이 방법은 단순하고 효율적이지만, 각 모달리티의 특징을 충분히 반영하지 못할 수 있다는 단점이 있다.

(2) 후기 융합(Late Fusion) : 각 모달리티를 개별적으로 처리한 후, 결과를 결합하는 방법이다. 예를 들어, 이미지 분류 모델과 텍스트 분류 모델을 각각 학습시킨 후, 두 모델의 출력을 결합하여 최종 결과를 예측할 수 있다. 이 방법은 각 모달리티의 특징을 잘 반영할 수 있지만, 모달리티 간의 상호 작용을 포착하기 어려울 수 있다.

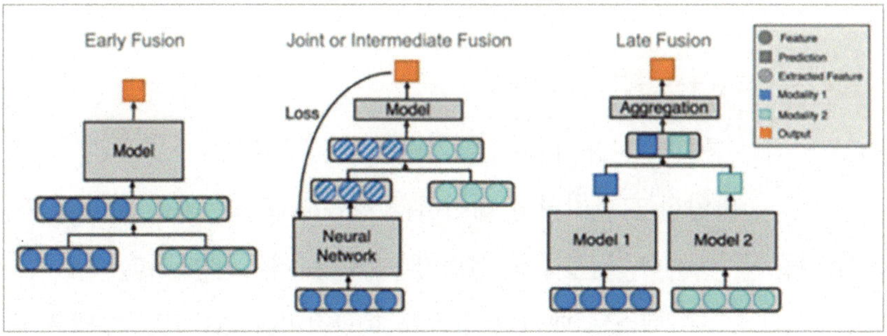

GPT-4o와 멀티모달 기술의 변천사, Superblog

(3) 하이브리드 융합(Hybrid Fusion) : 조기 융합과 후기 융합을 결합한 방식으로, 각 모달리티의 특징을 유지하면서 상호 작용을 효과적으로 포착할 수 있다. 예를 들어, 이미지와 텍스트 데이터를 초기 단계에서 부분적으로 결합하고, 이후 각 모달리티의 특징을 추출하여 최종적으로 결합할 수 있다. 이러한 하이브리드 방식은 조기 융합과 후기 융합의 장점을 결합하여 더욱 정확하고 효율적인 멀티모달 통합을 가능하게 한다.

2) 모달리티 통합 방법

(1) 데이터 수집 및 전처리 : 다양한 소스에서 데이터를 수집하고, 정제, 정규화 등의 전처리 과정을 수행합니다.

(2) 특징 추출 : 각 모달리티에서 의미 있는 특징을 추출합니다 (예 : 이미지에서 객체 인식, 텍스트에서 감정 분석).

(3) 모달리티 정렬 : 서로 다른 모달리티 간의 시간적 또는 공간적 관계를 정렬합니다.

(4) 데이터 융합 : 추출된 특징을 결합하여 통합된 표현을 생성합니다.

(5) 모델 학습 및 평가 : 융합된 데이터를 사용하여 AI 모델을 학습하고 성능을 평가합니다.

7 멀티모달리티 핵심 기술

1) 멀티모달리티 통합 이론

멀티모달리티 통합에 사용되는 핵심 기술은 다음과 같다.

(1) 딥 러닝 : 다양한 모달리티의 데이터를 학습하고 표현하는 데 사용되는 핵심 기술이다. 특히, 컨볼루션 신경망(CNN)은 이미지 데이터 처리에, 순환 신경망(RNN)은 텍스트 데이터 처리에 효과적이다. 딥 러닝 모델은 대규모

데이터셋으로부터 복잡한 패턴을 학습하고, 다양한 모달리티의 데이터를 효과적으로 통합할 수 있다.

(2) 자연어 처리(NLP) : 텍스트 데이터를 이해하고 분석하는 기술로, 멀티모달 시스템에서 텍스트 정보를 추출하고 처리하는 데 사용된다. 예를 들어, 시민들의 의견, 뉴스 기사, 소셜 미디어 데이터 등에서 도시 계획과 관련된 정보를 추출하고 분석할 수 있다. NLP 기술은 텍스트 데이터의 의미를 분석하고, 감정, 의도, 주제 등을 파악하는 데 활용된다. 그러나 NLP 기술은 다양한 언어, 방언, 문체에 대한 이해가 필요하며, 비정형 텍스트 데이터 처리에 어려움을 겪을 수 있다. 이러한 문제를 해결하기 위해 다국어 처리, 감정 분석, 토픽 모델링 등의 기술이 활용된다.

(3) 컴퓨터 비전 : 이미지 데이터를 분석하고 이해하는 기술로, 도시 계획 및 설계 분야에서 이미지 기반 정보를 추출하고 활용하는 데 중요한 역할을 한다. 예를 들어, 도시 항공 사진, 거리 이미지, 건축물 이미지 등을 분석하여 도시 공간 구조, 토지 이용, 건물 유형 등을 파악할 수 있다.

(4) 센서 퓨전 : 다양한 센서에서 수집된 데이터를 통합하여 분석하는 기술로, 도시 환경 모니터링 및 분석에 활용될 수 있다. 예를 들어, 교통량 센서, 기상 센서, 환경 센서 등에서 수집된 데이터를 결합하여 도시 환경의 변화를 실시간으로 감지하고 분석할 수 있다. 센서 퓨전 기술은 다양한 센서 데이터의 시간 동기화, 데이터 융합, 노이즈 제거 등을 수행한다.

(5) 데이터 시각화 : 멀티모달 데이터 분석 결과를 효과적으로 시각화하여 사용자의 이해도를 높이는 기술이다. 예를 들어, 도시 공간 분석 결과, 시뮬레이션 결과, 시민 의견 분석 결과 등을 지도, 그래프, 차트 등으로 시각화하여 도시 계획 및 설계 과정에 활용할 수 있다. 데이터 시각화 기술은 복잡한 데이터를 직관적으로 이해하고 분석하는 데 도움을 주며, 도시 계획 및 설계 관련 의사 결정을 지원하는 데 활용될 수 있다.

8 멀티모달리티의 도시, 도시설계, 교통, 환경분야에서의 활용

1) 멀티모달리티 통합 이론

멀티모달리티는 도시 계획 및 설계 분야에서 다양하게 활용될 수 있다. 아래 표는 멀티모달리티가 도시 계획 및 설계의 다양한 분야에 어떻게 활용될 수 있는지, 각 분야별 활용 사례와 함께 자세히 설명하고, 관련된 모달리티를 보여준다.

분야	활용 사례	모달리티
도시 계획	- 도시 공간 분석 : 도시 항공 사진, 거리 이미지, 건축물 이미지 등을 분석하여 도시 공간 구조, 토지 이용, 건물 유형 등을 파악 - 토지 이용 계획 : 토지 이용 데이터, 교통 데이터, 인구 데이터 등을 결합하여 최적의 토지 이용 계획 수립 - 시민 참여 : 시민들의 의견을 텍스트, 이미지, 음성 등 다양한 형태로 수집하고 분석하여 도시 계획에 반영 - 시민 의견 분석 및 서비스 제공 : 멀티모달 AI를 활용하여 시민들의 다양한 의견(텍스트, 음성, 이미지 등)을 분석하고, 개인 맞춤형 정보를 제공하여 시민 참여를 증진	- 이미지 데이터 (항공 사진, 거리 이미지, 건축물 이미지 등) - 텍스트 데이터 (시민 의견, 뉴스 기사, 소셜 미디어 데이터 등) - 음성 데이터 (시민 인터뷰, 회의록 등) - 공간 데이터 (토지 이용 데이터, 교통 데이터, 인구 데이터 등)
도시 건축 설계	- 건축물 디자인 : 건축물의 디자인과 주변 환경 정보를 통합하여 건축물의 에너지 효율을 높이는 설계 - 공간 분석 : 건축물 내부 공간의 활용도, 동선, 채광 등을 분석하여 최적의 공간 설계 - 에너지 효율 분석 : 건축물의 에너지 소비량, 일조량, 단열 성능 등을 분석하여 에너지 효율적인 건축 설계	- 이미지 데이터 (건축물 디자인, 주변 환경 이미지 등) - 센서 데이터 (에너지 소비량, 온도, 습도 등) - 3D 모델링 데이터 (건축물 모델, 공간 모델 등)

환경 계획	- 환경 모니터링 : 센서 데이터와 이미지 데이터를 결합하여 도시 환경의 변화를 감지하고 오염원을 분석 - 오염 분석 : 대기 오염, 수질 오염, 토양 오염 등 다양한 환경 오염 데이터를 분석하여 오염원을 파악하고 오염 확산 예측 - 생태계 관리 : 생태계 데이터, 기후 데이터, 토지 이용 데이터 등을 결합하여 생태계 변화를 예측하고 생태계 보존 계획 수립	- 센서 데이터 (대기 오염 센서, 수질 센서, 토양 센서 등) - 이미지 데이터 (위성 이미지, 드론 이미지 등) - 공간 데이터 (생태계 데이터, 기후 데이터, 토지 이용 데이터 등)
교통 계획	- 교통량 분석 : 교통량 데이터, GPS 데이터, CCTV 영상 등을 통합하여 교통 흐름을 분석하고 최적화 - 교통 시뮬레이션 : 다양한 교통 시나리오를 시뮬레이션하여 교통 정책의 효과를 예측 - 대중교통 시스템 설계 : 대중교통 이용 데이터, 인구 데이터, 도시 공간 데이터 등을 결합하여 효율적인 대중교통 시스템 설계	- 교통량 데이터 (교통량 센서, GPS 데이터 등) - 이미지 데이터 (CCTV 영상, 도로 이미지 등) - 공간 데이터 (도로 네트워크 데이터, 도시 공간 데이터 등)
공원녹지 계획	- 공원 이용 분석 : 시민들의 공원 이용 패턴 데이터와 공원 환경 데이터를 결합하여 공원 관리 및 운영 개선 - 녹지 공간 설계 : 시민들의 선호도, 접근성, 생태 환경 등을 고려하여 녹지 공간 설계 - 생태 환경 관리 : 공원 내 생물 다양성, 토양 상태, 수질 등을 모니터링하여 생태 환경 관리	- 센서 데이터 (온도, 습도, 토양 센서 등) - 이미지 데이터 (공원 이미지, 식생 이미지 등) - 위치 데이터 (GPS 데이터, 모바일 기기 위치 데이터 등) - 텍스트 데이터 (시민 의견, 설문 조사 결과 등)
모빌리티 분야	- 자율주행 시스템 : 카메라, 라이다, GPS 등 다양한 센서 데이터를 통합하여 주변 환경을 인지하고 주행 경로를 계획 - 스마트 모빌리티 서비스 : 교통 정보, 사용자 위치 정보, 선호도 등을 결합하여 개인 맞춤형 모빌리티 서비스 제공 - 자율주행 시스템 고도화 : 속도, 차선 위반, 운전자 상태, 날씨 등 다양한 모달리티를 융합하여 자율주행의 안전성과 효율성을 향상	- 센서 데이터 (카메라, 라이다, GPS, 속도 센서 등) - 이미지 데이터 (도로 이미지, 주변 환경 이미지 등) - 위치 데이터 (GPS 데이터, 사용자 위치 정보 등) - 텍스트 데이터 (교통 정보, 날씨 정보 등)

9 멀티모달리티의 효과 및 문제점

9. 1 멀티모달리티의 효과

멀티모달리티 통합을 통해 도시 계획 및 설계 분야에서 다음과 같은 효과를 얻을 수 있다.

(1) 도시 문제 해결 : 다양한 형태의 데이터를 종합적으로 분석하여 도시 문제의 근본 원인을 파악하고 효과적인 해결 방안을 모색할 수 있다. 예를 들어, 빈곤 지역의 주거 환경 개선을 위해 이미지 데이터, 소득 데이터, 범죄율 데이터 등을 결합하여 문제의 심각성을 파악하고, 맞춤형 지원 정책을 수립할 수 있다.

(2) 시민 참여 : 시민들이 다양한 방식으로 도시 계획 과정에 참여할 수 있도록 지원하고, 시민들의 의견을 효과적으로 수렴하여 도시 계획에 반영할 수 있다. 예를 들어, 온라인 플랫폼을 통해 시민들이 텍스트, 이미지, 음성 등 다양한 형태로 의견을 제시하고, 멀티모달 AI를 활용하여 이러한 의견을 분석하고 분류하여 도시 계획에 반영할 수 있다.

(3) 지속 가능한 도시 개발 : 환경, 경제, 사회적 요소를 고려한 지속 가능한 도시 개발을 위한 의사 결정을 지원할 수 있다. 예를 들어, 에너지 소비량, 탄소 배출량, 교통량, 녹지 면적 등 다양한 데이터를 통합 분석하여 도시의 지속 가능성을 평가하고, 환경 친화적인 도시 개발 계획을 수립할 수 있다. 특히, 멀티모달 데이터 분석을 통해 도시의 자원 배분을 최적화하고, 환경에 미치는 영향을 최소화하며, 사회적 형평성을 증진하는 데 기여할 수 있다.

9. 2 멀티모달리티 기술 적용 시 발생할 수 있는 문제점과 대응 방안

(1) 데이터 프라이버시 침해 : 멀티모달 데이터는 개인의 위치 정보, 이동 경로,

생활 패턴 등 민감한 정보를 포함할 수 있으므로, 데이터 수집 및 활용 과정에서 개인 정보 보호에 대한 엄격한 규제와 윤리적 가이드라인 준수 필요. 데이터 익명화, 차등 프라이버시 등 개인 정보 보호 기술 적용

(2) 데이터 편향 : 멀티모달 데이터는 특정 집단이나 지역에 편향될 수 있으며, 이러한 편향된 데이터를 학습한 AI 모델은 불공정하고 차별적인 결과를 초래할 수 있음. 데이터 편향을 제거하기 위한 다양한 기술 개발 및 적용 (예 : 데이터 증강, 재가중치 부여, 공정성 평가 지표 활용)

10 나오는 말

멀티모달리티는 도시 계획 및 설계 분야에 새로운 가능성을 제시하는 혁신적인 기술이다. 멀티모달리티를 통해 도시 문제를 효과적으로 해결하고, 시민 참여를 증진하며, 지속 가능한 도시 개발을 위한 의사 결정을 지원할 수 있다. 멀티모달리티 기술의 발전은 도시 계획 및 설계 분야에서 더욱 정확하고 효율적인 분석, 예측, 시뮬레이션을 가능하게 할 것이다.

참고문헌

1. Baltrusaitis, T., Ahuja, C., & Morency, L. P. (2018). Multimodal machine learning : A survey and taxonomy. IEEE transactions on pattern analysis and machine intelligence, 41(2), 423-443.
2. Chollet, F. (2017). Xception : Deep learning with depthwise separable convolutions. In Proceedings of the IEEE conference on computer vision and pattern recognition (pp. 1251-1258).
3. Vaswani, A., Shazeer, N., Parmar, N., Uszkoreit, J., Jones, L., Gomez, A. N., ... & Polosukhin, I. (2017). Attention is all you need. In Advances in neural information processing systems (pp. 5998-6008).
4. OpenAI. (2024). GPT-4V and GPT-4o : Multimodal and Generative AI Models. Retrieved from https ://openai.com/gpt-4
5. Replicate. (2024). Run open-source machine learning models. Retrieved from https ://replicate.com/

11 AGI(인공일반지능 : Artificial General Intelligence)에게 친환경 · 인본주의 도시계획의 싹을 키워줘야 한다

[주요 질문]

1. AGI의 역할
   - AGI는 도시 계획 과정에 어떻게 참여할 수 있을까요?
   - 도시 문제 분석, 시민 의견 수렴, 계획 수립 및 평가에서 AGI의 구체적인 역할은 무엇일까요?
   - 토지 이용, 도시 건축 설계, 환경 계획, 교통 계획 등 다양한 분야에서 AGI는 어떻게 활용될 수 있을까요?
2. 친환경 도시 계획
   - AGI는 어떻게 친환경적인 도시 개발에 기여할 수 있을까요?
   - 에너지 효율을 높이고 환경 오염을 줄이는 데 AGI는 어떤 역할을 할 수 있을까요?
   - 녹지 공간 확보 및 관리에 AGI를 어떻게 활용할 수 있을까요?
3. 인간 중심 도시 계획
   - AGI는 어떻게 시민 참여를 확대하고 시민 중심의 도시 계획을 가능하게 할까요?
   - 시민들의 다양한 의견을 어떻게 수렴하고 반영할 수 있을까요?
   - AGI는 시민들과 어떻게 소통하고 정보를 제공해야 할까요?
4. AGI 기반 도시의 미래
   - AGI 기반 도시는 현재 도시의 문제점을 어떻게 해결할 수 있을까요?

- 2035년 미래 도시 "스마트 시티 네오"는 어떤 모습일지 상상해보고, 긍정적 측면과 부정적 측면을 논의해 봅시다.
- AGI 기반 도시 계획의 성공을 위해서는 어떤 노력이 필요할까요?

Objective-Driven AI is the Future | David Cain, Linkedin

1 2035년, AGI 기반 도시 "스마트 시티 네오" 오신 것을 환영합니다!

#장면1 도시 계획 과정

시민 여러분, 안녕하세요! 오늘은 스마트 시티 네오의 새로운 공원 조성 계획에 대한 의견을 듣고 싶습니다! AGI "알파"가 여러분의 의견을 실시간으로 분석하고, 3D 시뮬레이션을 통해 다양한 공원 디자인을 보여드릴 거예요. 마음에 드는 디자인에 투표하고, AI 아바타를 통해 토론에도 참여해 보세요!

AI Urban Design with 3D Simulation, Pin page

#장면2 토지 이용

AGI "베타"가 도시의 토지 이용 현황을 꼼꼼하게 분석하여 최적의 토지 이용 계획을 수립했습니다. 주거, 상업, 산업 용지가 균형 있게 배분되어 있고, 녹지 공간도 넉넉하게 확보되어 있죠. 개발 가능 지역 예측은 물론, 개발 이익 환수 시스템까지 완벽하게 구축되어 있어 투명하고 효율적인 도시 개발이 가능합니다.

#장면3 도시 건축 설계

이 건물은 AGI "감마"가 설계한 친환경 스마트 빌딩입니다. 에너지 효율을 극대화하고, 햇빛, 바람, 온도 등 주변 환경에 최적화된 디자인이죠. 내부 환경은 AI가 실시간으로 조절하여 언제나 쾌적함을 유지합니다.

AI Tools for Home Automation, artificial Artificial Paintings

#장면4 환경 계획

AGI "델타"는 도시 곳곳의 센서를 통해 대기 질, 수질, 토양 오염을 실시간으로 모니터링하고 분석합니다. 오염 발생 시 즉각적인 원인 분석과 함께 최적의 환경 개선 전략을 제시하죠. 덕분에 스마트 시티 네오는 언제나 깨끗하고 건강한 환경을 유지합니다.

#장면5 교통 계획

AGI "엡실론" 덕분에 교통 체증은 옛말이 되었습니다. 자율 주행 시스템과 스마트 모빌리티가 완벽하게 연동되어 최적의 경로를 안내하고, 교통 혼잡을 예방하죠. 실시간 교통 정보는 물론, 개인 맞춤형 경로 안내까지 제공되어 시민들은 편리하고 안전하게 이동할 수 있습니다.

AI and other digital tools?for Smart Mobility, Parametic Design

#장면6　문화 시설

AGI "제타"는 시민들의 문화 활동을 분석하여 취향에 맞는 공연과 전시를 추천합니다. 새로운 문화 시설 건립 계획에도 AGI가 활용됩니다. 시민 의견 수렴, 이용 패턴 분석, 최적 위치 선정까지, AGI가 모든 과정을 지원하여 시민들에게 최고의 문화 경험을 선사합니다.

#장면7　공원 녹지 계획

도심 속 푸른 오아시스, 스마트 시티 네오의 공원은 AGI "에타"가 관리합니다. 시민들의 이용 패턴을 분석하여 편의시설을 개선하고, 다양한 프로그램을 제공하죠. 도시 녹지 현황을 실시간으로 파악하여 녹지 공간 확보 계획도 수립합니다.

#장면8　인프라 계획 :

AGI "세타"는 도시 인프라의 노후화를 예측하고, 유지 보수 계획을 수립합니다. 인프라 투자 우선순위 결정에도 AGI가 활용되어 효율적인 도시 관리가 가능하죠. 덕분에 스마트 시티 네오는 안전하고 편리한 도시 생활을 보장합니다.

#장면9　모빌리티 :

스마트 시티 네오에서는 다양한 모빌리티 서비스를 이용할 수 있습니다. 자율주행 택시, 공유 자전거, 드론 택배 등 AGI "이오타"가 최적의 모빌리티 서비스를 연결해주고, 실시간 교통 상황을 반영하여 최적 경로를 안내합니다. 시민들은 편리하고 효율적으로 이동하며 시간을 절약할 수 있죠.

AGI 기반 도시 "스마트 시티 네오"는 시민 참여, 지속가능성, 스마트 기술을 통해 시민 삶의 질 향상과 도시 경쟁력 강화를 이루어 냅니다. 2035년, 스마트 시티 네오에서 꿈꿔왔던 미래 도시를 경험하세요!

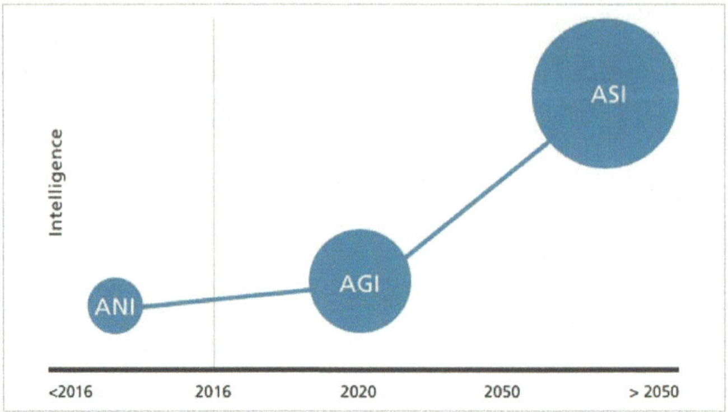

AGI (Artificial General Intelligence) : Are we there yet?, Ashusingh, Medium

2 ANI가 현재 사용하고 있는 수준의 AI이고, AGI가 인간수준의 목표라면 ASI는 AI 개발의 종착점

1)현재(2025년)의 AGI는 AGI개발의 초기단계이다.

2025년 2월 초 오픈 AI CEO인 샘 올트먼이 한국에 와서 4년 이내에 범용인공지능(AGI)이 개발될 수 있다고 단언했다. 4년 후에는 AI가 인간처럼 다양한 인지능력을 갖추고, 일부의 지적업무도 수행할 수 있다는 것이다. AI 개발추세에 대한 그의 판단과 예측에 따르면 지금(2025년)은 AGI초기 개발단계에 머무르고 있는 듯하다. 따라서 이 장에서 논하는 AGI의 특징과 활용도 등은 AGI개발의 초기단계의 AGI를 의미하는 것으로 보면 될 것이다.

2) ANI(약한AI)가 현재 우리가 보유한 AI이고 AGI(인공일반지능)가 인간 수준의 목표라면 ASI(초인공지능)는 AI개발의 최종단계에 다다른다

ANI(약한AI)가 현재 우리가 보유한 AI이고 AGI(인공일반지능)가 인간 수준의 목표라면 ASI(초인공지능)는 AI 개발의 궁극적 종착점인 가상의 목적지를 말한다.

(1) AI의 종류와 그 특성

〈AI의 종류와 그 특성〉

구분	ANI (약한 AI)	AGI (인공일반지능)	ASI (초인공지능)
정의	특정 작업에 특화된 AI	인간 수준의 일반적인 지능을 가진 AI	인간 수준을 뛰어넘는 초인공지능
특징	- 정해진 영역에서 뛰어난 성능 - 그 외의 작업 수행 불가	- 다양한 영역에서 유연하게 문제 해결 - 강한 AI	- 자의식과 감정을 가질 것으로 예상 - 인간보다 뛰어난 사고와 추론 능력
현재 단계	현재 가장 널리 사용되는 형태	실현되지 않은 개념	이론적 개념 단계
응용 분야	음성 인식, 이미지 처리, 자연어 처리, 추천 시스템, 자율주행 등	복잡한 문제 해결, 과학적 발견, 창의적 작업 등	인간의 능력을 초월하는 모든 지적 활동 영역

AGI Can Make Smart Cities Even Smarter | 7wData

(2) AGI 개발의 현 단계

현재의 인공 지능(AI)기술은 모두 사전에 미리 설정된 틀(Framework)과 파라미터(Parameter) 속에서 작동한다. 예를 들어 이미지 인식 및 생성에 대해 학습한 AI 모델은 "웹 사이트에 대해서는 학습한 적이 없어요"하며 웹 사이트를 구축할 수 없다고 한다.

이에 반해 인공일반지능(AGI)은 인간과 유사한 지능과 스스로 학습할 수 있는 능력을 갖춘 소프트웨어를 만들려는 이론적 AI 연구 분야이다 AGI는 자율적 자제력, 합리적인 수준의 자기 이해, 새로운 기술 학습 능력을 갖춘 AI를 개발하기 위한 이론적 시스템인 것이다. AGI에서는 제작 당시에는 학습하지 못했던 설정과 상황의 복잡한 문제를 자체적으로 해결할 수 있는 능력을 지닌다

(3) AGI는 초기 개발 단계, 현재는 여전히 좁은 인공지능 (ANI) 단계에 머물다

현재 AGI는 초기 개발 단계에 있다. 딥 러닝의 발전으로 인공지능은 특정 작업에서 인간을 능가하는 성능을 보여주지만, 여전히 좁은 인공지능 (ANI) 단계에 머물러 있다고 하겠다. 즉, 특정 문제 해결에는 뛰어나지만 일반적(General)인 문제 해결 능력이나 인간 수준의 지능에는 도달하지 못다. AGI 시스템은 수동 개입 없이eh 인간과 같은 다양한 영역의 문제를 해결할 수 있다. AGI는 특정 범위로 제한되는 대신 스스로 학습하고 훈련 받은 적이 없는 문제를 해결할 수 있다.?

하지만 최근 대규모 언어 모델 (LLM)의 발전과 강화 학습 기술의 진보는 AGI 개발에 대한 기대감을 높이고 있다. OpenAI의 GPT-4, Google의 PaLM과 같은 LLM은 텍스트 생성, 번역, 질의응답 등 다양한 작업에서 뛰어난 성능을 보여주고 있으며, AlphaGo, AlphaZero와 같은 강화 학습 기반 AI는 게임 분야에서 인간을 능가하는 능력을 보여주었다.

3) 미래 예측을 위한 노력

(1) **AGI 개발 가속화 :** 향후 10년 안에 LLM과 강화 학습 기술의 발전, 뇌 과학 연구의 진전 등으로 AGI 개발이 가속화될 것으로 예상된다.

(2) **AGI의 다양한 분야 적용 :** AGI는 도시 계획, 의료, 교육, 금융 등 다양한 분야에 적용되어 문제 해결 및 효율성 향상에 기여할 것으로 예측된다.

(3) **AGI 윤리 및 사회적 영향 :** AGI 개발과 함께 윤리적 문제, 일자리 감소, 프라이버시 침해 등 사회적 영향에 대한 우려도 증가할 것으로 예견된다.

4) AI vs AGI : 특징 비교 분석

AI와 AGI의 주요 차이점을 텍스트 생성, 질의응답, 학습 능력, 문제 해결 능력, 의식 및 자기 인식, 일반화 능력 등의 평가 기준으로 나누어 표로 비교 분석해 보았다.

〈AI vs AGI : 특징 비교 분석〉

평가 기준	AI (Narrow AI)	AGI (Artificial General Intelligence)
텍스트 생성	- 특정 주제나 스타일의 텍스트 생성 가능 - 문맥 이해 및 일관성 유지에 어려움 - 창의적인 글쓰기 및 감정 표현 제한적	- 다양한 주제와 스타일의 텍스트 생성 - 문맥 이해 및 일관성 유지 능력 우수 - 창의적인 글쓰기 및 감정 표현 가능
질의 응답	- 제한된 범위 내에서 질문에 답변 가능 - 복잡하거나 추론이 필요한 질문에 답변 어려움 - 답변의 정확성 및 신뢰도 제한적	- 광범위한 질문에 대한 답변 가능 - 복잡한 질문, 추론, 문제 해결 능력 우수 - 답변의 정확성 및 신뢰도 높음
학습 능력	- 대량의 데이터 학습을 통해 특정 작업 수행 가능 - 새로운 환경이나 상황에 대한 적응력 제한적 - 학습 범위 및 속도 제한적	- 다양한 방식으로 학습하고 경험으로부터 지식 습득 - 새로운 환경 및 상황에 대한 적응력 우수 - 빠른 학습 속도 및 폭넓은 학습 능력
문제 해결 능력	- 특정 문제 해결에 특화 - 복잡하고 다양한 문제 해결 능력 부족 - 새로운 문제 상황에 대한 유연한 대처 어려움	- 인간과 유사한 수준의 문제 해결 능력 - 복잡하고 다양한 문제 해결 가능 - 새로운 문제 상황에 대한 유연한 대처 능력
의식 및 자기 인식	- 의식, 자기 인식, 감정 없음	- 의식, 자기 인식, 감정 가능성 (아직 미지수)
일반화 능력	- 학습된 특정 작업에 국한된 능력 - 다른 영역으로의 지식 이전 및 일반화 어려움	- 다양한 영역에 걸친 지식 습득 및 활용 - 학습된 지식을 다른 영역에 적용 및 일반화 가능

- AI는 특정 작업에 뛰어난 성능을 보이지만, 좁은 범위의 문제 해결에 국한된다.
- AGI는 인간과 유사한 수준의 지능을 가지고 다양한 문제를 해결하고 학습하며, 새로운 상황에 유연하게 대처할 수 있다.

Artificial General Intelligence : A Journey into the Future

참고 : AGI는 아직 개발 중이며, 위 표에 제시된 AGI의 특징은 현재(2025년) 연구를 기반으로 한다.

5) AI vs AGI : 도시 적용 시 차이점 비교 분석

AI와 AGI를 도시에 적용했을 때 나타나는 주요 차이점을 데이터 기반 의사 결정, 시민 참여 확대, 도시 운영 효율성 향상, 형평적 도시 서비스 제공이라는 평가 기준에서 비교 분석해 보자.

〈AI vs AGI : 도시 적용 시 차이점 비교 분석〉

평가 기준	AI (Narrow AI)	AGI (Artificial General Intelligence)
데이터 기반 의사 결정	- 제한된 데이터 분석 및 활용 - 단일 문제 해결에 집중, 복잡한 상황 고려 어려움 - 예측 정확도 및 신뢰도 제한적	- 다양한 데이터 통합 및 분석 - 다차원적 문제 해결, 복잡한 상황 속 맥락 파악 - 예측 정확도 및 신뢰도 향상
시민 참여 확대	- 단순 정보 제공 및 의견 수렴 - 시민 개인별 맞춤형 정보 제공 어려움 - 시민 참여 동기 부여 및 지속적 참여 유도 어려움	- 양방향 소통 및 능동적 참여 유도 - 시민 개인별 맞춤형 정보 제공 및 참여 기회 제공 - 시민 참여 동기 부여 및 지속적 참여 유도
도시 운영 효율성 향상	- 특정 도시 운영 분야의 효율성 개선 - 분야 간 연계 및 통합적 관리 어려움 - 예측 불가능한 상황에 대한 대응력 부족	- 도시 운영 전반의 효율성 향상 - 분야 간 연계 및 통합적 관리, 시너지 효과 창출 - 예측 불가능한 상황에 대한 유연한 대처
형평적 도시 서비스 제공	- 특정 계층 대상 서비스 제공에 집중 - 다양한 계층의 요구 충족 어려움 - 서비스 격차 해소 및 형평성 확보 어려움	- 모든 시민 대상 맞춤형 서비스 제공 - 다양한 계층의 요구 충족 및 포용성 증대 - 서비스 격차 해소 및 형평성 확보

참고 : AGI는 아직 개발 중이며, 위 표에 제시된 AGI의 도시 적용 시 차이점은 현재(2025년) 연구 및 예상을 기반으로 한다.

The Future of Work and Happiness : Navigating AGI The COD Times

3 AGI 기반도시의 개념과 추구하는 도시상, 목표

AGI 기반 도시는 도시 계획 및 정책 수립, 도시 운영 및 관리에 AGI를 적극적으로 활용하여 도시 문제 해결, 시민 삶의 질 향상, 도시 지속가능성 확보에 기여하는 도시이다.

1) AGI 기반 도시가 추구하는 도시상 :

- 시민 중심 도시 : 시민의 삶의 질 향상을 최우선 목표로 하며, 시민 참여 및 소통을 강화합니다.
- 지속가능한 도시 : 환경 보호, 자원 효율성, 사회적 형평성을 고려하여 지속가능한 도시 개발을 추구합니다.
- 스마트 도시 : 첨단 기술을 활용하여 도시 문제를 해결하고 시민들에게 편리하고 안전한 도시 환경을 제공합니다.

2) AGI 기반 도시의 목표 :

- 도시 문제 해결 : 범죄, 교통 체증, 환경 오염 등 도시 문제를 효과적으로 해결합니다.

- **시민 삶의 질 향상** : 편리하고 안전하며 건강한 도시 환경을 조성하여 시민 삶의 질을 향상시킵니다.
- **도시 경쟁력 강화** : 혁신적인 도시 환경 조성을 통해 도시 경쟁력을 강화합니다.

〈AI의 종류와 그 특성〉

분야	도시상	목표	AGI 활용 방안
도시계획	- 시민 중심 도시 : 시민 참여 및 소통 강화, 시민 의견 적극 반영 - 포용적 도시 : 사회적 약자를 배려하고 모든 시민에게 공정한 기회 제공 - 회복력 있는 도시 : 예측 불가능한 상황에 대한 대응력 및 회복력 강화	- 도시 문제의 효과적 해결 - 시민 삶의 질 향상 - 도시 경쟁력 강화 - 지속가능한 도시 개발	- 도시 데이터 분석 및 시뮬레이션을 통한 최적의 도시 계획 수립 - 시민 의견 수렴 및 참여 플랫폼 구축 - 도시 변화 예측 및 시나리오 기반 계획 수립
토지이용 계획	- 효율적인 토지 이용 : 토지 자원의 효율적 배분 및 활용 - 균형 있는 도시 개발 : 주거, 상업, 산업 용지의 균형 있는 배분 - 쾌적한 도시 환경 조성 : 녹지 공간 확보 및 쾌적한 도시 환경 조성	- 토지 이용 효율성 극대화 - 도시 공간 구조 개선 - 도시 성장 관리 - 환경 보전	- 토지 이용 현황 분석 및 최적 토지 이용 계획 수립 - 개발 가능지 예측 및 개발 이익 환수 시스템 구축 - 3차원 공간 정보 분석 및 활용 - 토지 이용 변화 예측 및 시뮬레이션
환경계획	- 지속가능한 환경 : 환경 보호 및 생태계 보전 - 건강한 도시 환경 : 대기, 수질, 토양 오염 감소 - 기후 변화 대응 : 온실가스 감축 및 기후 변화 적응	- 환경 오염 감소 및 환경 질 개선 - 생물 다양성 보존 * 기후 변화 대응 - 자원 순환형 도시 구축	- 환경 오염 모니터링 및 예측 - 오염 발생 원인 분석 및 환경 개선 전략 수립 - 기후 변화 영향 평가 및 적응 계획 수립 - 신재생에너지 활용 및 에너지 효율성 향상
교통계획	- 안전하고 편리한 교통 : 안전하고 편리한 교통 시스템 구축 - 효율적인 교통망 : 혼잡 완화 및 접근성 향상 - 친환경 교통 : 대중교통 이용 장려 및 친환경 교통 수단 도입	- 교통 혼잡 완화 - 교통 안전 증진 - 대중교통 이용 활성화 - 친환경 교통 시스템 구축	- 교통량 분석 및 교통 시스템 최적화 - 자율 주행 시스템 및 스마트 모빌리티 도입 - 교통 수요 예측 및 교통 시설 확충 계획 수립 - 실시간 교통 정보 제공 및 맞춤형 경로 안내

4 AGI 기반도시에 적합한 AGI 기술

(1) 머신러닝 (Machine Learning) : 도시 데이터 분석, 패턴 인식, 예측 모델링 등에 활용됩니다.

* 예시 : 교통량 예측, 범죄 발생 예측, 도시 계획 시뮬레이션

(2) 자연어 처리 (Natural Language Processing) : 시민 의견 수렴, 민원 처리, 정보 제공 등에 활용됩니다.

* 예시 : 챗봇을 통한 민원 상담, 소셜 미디어 분석을 통한 여론 파악

(3)컴퓨터 비전 (Computer Vision) : 도시 환경 모니터링, 안전 관리, 시설물 관리 등에 활용됩니다.

* 예시 : CCTV 영상 분석을 통한 범죄 예방, 드론을 활용한 도시 시설물 점검

(4) 강화 학습 (Reinforcement Learning) : 교통 시스템 최적화, 에너지 관리, 자원 배분 등에 활용됩니다.

* 예시 : 자율 주행 시스템, 스마트 그리드

Citizens Surveilled by AGI Robot Eye in Authoritarian City

5 AGI 기반 도시와 도시 계획 요소

AGI는 도시 계획의 모든 단계에서 지원 역할을 수행하며, 각 요소에 다음과 같은 영향을 미친다.

〈도시 계획 요소 별 AGI의 역할 및 영향〉

도시 계획 요소	요소 별 AGI의 역할 및 영향
도시 계획 과정	- 도시 문제 분석, 시민 의견 수렴, 계획 수립 및 평가 지원 - 계획의 효율성 및 합리성 향상
토지 이용	- 토지 이용 현황 분석, 최적 토지 이용 계획 수립 - 개발 가능지 예측, 효율적인 토지 이용 지원
도시 건축 설계	- AGI는 건축물 에너지 효율 분석, 건축물 디자인 최적화, 건축 환경 시뮬레이션 등을 통해 지속가능한 도시 건축 설계의 지원
환경계획	- 환경 오염 모니터링, 오염 예측, 환경 개선 전략 수립 - 도시 환경 관리 및 개선 지원
교통계획	- 교통량 분석, 교통 시스템 최적화, 자율 주행 시스템 지원 - 효율적이고 안전한 교통 시스템 구축 지원
문화시설	- 시민 문화 활동 분석, 문화 시설 이용 패턴 분석 - 문화 시설 위치 선정, 최적화된 문화 시설 계획 지원
공원 녹지 계획	- 도시 녹지 현황 분석, 녹지 공간 확보 계획 - 공원 이용 패턴 분석, 쾌적한 도시 환경 조성 지원
인프라 계획	- 도시 인프라 노후화 예측, 인프라 유지 보수 계획 수립 - 인프라 투자 우선순위 결정, 효율적인 도시 인프라 관리 지원
모빌리티	- 다양한 교통 수단 이용 패턴 분석, 최적 경로 안내 - 모빌리티 서비스 연계, 편리하고 효율적인 모빌리티 서비스 제공

AI in Urban Planning : Shaping the Cities of Tomorrow, Linkedin

6 AGI(인공일반지능)의 도시계획 분야 적용 연구 : 목적, 핵심내용, 시사점

6. 1 AGI(인공일반지능)의 도시계획 분야 적용 연구

1) 도시 계획 과정

(1) Claudio S. Fischer and Stanislava Nikolova(2022). "Urban Planning and Design in the Age of Artificial Intelligence" Journal of Planning Education and Research

① 연구 목적 : AGI를 활용하여 도시 계획 과정의 효율성과 정확성을 높이고, 시민 참여를 확대하여 시민 중심의 도시 계획을 수립하는 데 목적이 있다.

② 핵심 내용 : AGI는 도시 문제 분석, 시민 의견 수렴, 계획 수립 및 평가 과정에서 핵심적인 역할을 수행한다. 예를 들어, AGI는 시민들의 의견을 실시간으로 분석하고, 3D 시뮬레이션을 통해 다양한 계획안을 제시할 수 있다.

③ 시사점 : 에서 AI가 도시 계획 및 디자인 분야에 미치는 영향을 분석하고, AI 기반 도구를 활용하여 도시 문제를 해결하는 방법을 제시하였다.

2) 토지 이용 계획

(1) Nishida, Y., & Murayama, Y. (2022). "Generative urban design : A review and future directions, Frontiers of Architectural Research

① 연구 목적 : AGI를 활용하여 토지 이용 현황을 분석하고, 최적의 토지 이용 계획을 수립하여 도시 공간의 효율성을 극대화하는 데 목적이 있다.

② 핵심 내용 : AGI는 토지 이용 현황을 분석하여 최적의 토지 이용 계획을 수립하고, 개발 가능 지역을 예측하며, 개발 이익 환수 시스템을 구축하는 데 활용될 수 있다.

③ 시사점 : 에서 생성적 디자인 기술과 AI를 결합하여 도시 디자인의 다양한

가능성을 탐색하고, 최적화된 디자인 솔루션을 제시하는 연구들을 종합적으로 분석하였다.

3) 건축 설계

(1) Mohamed Abdelmawla와 Salvatore Ruggieri(2021)는 "Generative Adversarial Networks (GANs) for Architectural Design : A Systematic Review" Advanced Engineering Informatics

① 연구 목적 : AGI를 활용하여 에너지 효율을 극대화하고, 주변 환경에 최적화된 친환경 건축물을 설계하는 데 목적이 있다.

② 핵심 내용 : AGI는 에너지 효율을 극대화하고, 주변 환경에 최적화된 친환경 건축물을 설계할 수 있다. 또한, 실시간으로 건물 내부 환경을 조절하여 쾌적한 생활 환경을 제공한다.

③ 시사점 : GAN을 건축 디자인에 적용하는 방법을 체계적으로 검토하고, GAN을 활용하여 새로운 건축 디자인을 생성하고, 기존 디자인을 개선하는 방법을 제시하였다

4) 환경 계획

(1) Zheng, Y., Capra, L., Wolf, L., & Fua, P.(2018)는 "Urban traffic prediction using deep learning"**Proceedings of the European Conference on Computer Vision (ECCV)

① 연구 목적 : AGI를 활용하여 도시 내 환경 오염을 실시간으로 모니터링하고, 환경 개선 전략을 수립하여 지속가능한 도시 환경을 조성하는 데 목적이 있다.

② 핵심 내용 : AGI는 도시 내 대기 질, 수질, 토양 오염 등을 실시간으로 모니터링하고, 오염 발생 시 즉각적인 원인 분석과 환경 개선 전략을 제시한다.

③ 시사점 : 에서 딥러닝을 활용하여 도시 교통량을 예측하고 교통 혼잡을 완화하는 연구를 진행하였다.

5) 교통 계획

(1) Wei Ma, Jie Wang, Xin Wang(2020)는 "Deep Reinforcement Learning for Large-Scale Urban Traffic Signal Control", Proceedings of the AAAI Conference on Artificial Intelligence

① 연구 목적 : AGI를 활용하여 교통 체증을 완화하고, 실시간 교통 정보를 제공하여 시민들의 이동 편의를 증진하는 데 목적이 있다.

② 핵심 내용 : AGI는 자율 주행 시스템과 스마트 모빌리티를 연동하여 교통 체증을 완화하고, 실시간 교통 정보를 제공하여 시민들의 이동 편의를 증진한다.

③ 시사점 : 에서 강화학습 기반 AI 에이전트를 활용하여 도시 규모의 교통 신호 제어 시스템을 최적화하는 방법을 제시하였다.

6) 모빌리티 서비스

(1) Zheng, Y., Capra, L., Wolf, L., & Fua, P.(2018)는 "Urban traffic prediction using deep learning", Proceedings of the European Conference on Computer Vision (ECCV)

① 연구 목적 : AGI를 활용하여 다양한 교통 수단의 이용 패턴을 분석하고, 최적 경로 안내 및 모빌리티 서비스 연계를 통해 시민들의 이동 편의를 증진하는 데 목적이 있다.

② 핵심 내용 : AGI는 다양한 교통 수단의 이용 패턴을 분석하고, 최적 경로 안내 및 모빌리티 서비스 연계를 통해 시민들의 이동 편의를 증진한다.

③ 시사점 : 에서 딥러닝을 활용하여 도시 교통량을 예측하고 교통 혼잡을 완화하는 연구를 진행하였다.

6. 2 AGI(인공일반지능)의 도시계획 분야 연구 동향

〈AGI 기반 도시관련 연구 동향〉

연구 주제	제목	저자	발표연도	학회지	연구 요약
도시 계획 및 도시 설계	Urban Planning and Design in the Age of Artificial Intelligence	Claudio S. Fischer, Stanislava Nikolova	2022	Journal of Planning Education and Research	AI가 도시 계획 및 디자인 분야에 미치는 영향을 분석하고, AI 기반 도구를 활용하여 도시 문제를 해결하는 방법 제시
	Generative urban design : A review and future directions	Nishida, Y., & Murayama, Y.	2022	Frontiers of Architectural Research	생성적 디자인 기술과 AI를 결합하여 도시 디자인의 다양한 가능성을 탐색하고, 최적화된 디자인 솔루션을 제시하는 연구들을 종합적으로 분석
	Generative Adversarial Networks (GANs) for Architectural Design : A Systematic Review	Mohamed Abdelmawla, Salvatore Ruggieri	2021	Advanced Engineering Informatics	GAN을 건축 디자인에 적용하는 방법을 체계적으로 검토. GAN을 활용하여 새로운 건축 디자인을 생성하고, 기존 디자인을 개선하는 방법 제시
교통 모빌리티	Towards a unified framework for planning and learning in autonomous vehicles	Vinayak, P., & Kambhampati, S.	2019	Proceedings of the 28th International Joint Conference on Artificial Intelligence	자율 주행 시스템의 계획 및 학습 과정을 통합하는 프레임워크를 제시하고, AI를 활용하여 복잡한 교통 환경에서 안전하고 효율적인 자율 주행 가능하게 하는 연구
	Urban traffic prediction using deep learning	Zheng, Y., Capra, L., Wolf, L., & Fua, P.	2018	Proceedings of the European Conference on Computer Vision (ECCV)	딥러닝을 활용하여 도시 교통량을 예측하고 교통 혼잡을 완화하는 연구
	Deep Reinforcement Learning for Large-Scale Urban Traffic Signal Control	Wei Ma, Jie Wang, Xin Wang	2020	Proceedings of the AAAI Conference on Artificial Intelligence	강화학습 기반 AI 에이전트를 활용하여 도시 규모의 교통 신호 제어 시스템을 최적화하는 방법 제시

Chapter 03

AI 발전단계마다 도시의 지축을 흔들다

12 AI는 딥 러닝은 맥컬럭-피츠모델(McCulloch-Pitts)→헵(Hebb)의 이론→퍼셉트론(Percetron)→인공신경망(AI)→딥 러닝(Deep Learning) 순으로 개발되어왔다

[주요 질문]

Ⅰ. AI 역사 태동기 (1943-1956)

1. Walter Pitts의 삶과 연구가 AI 발전에 어떤 영향을 미쳤는가?
2. McCulloch-Pitts 뉴런 모델의 핵심 아이디어 3가지를 설명하고, 이 모델이 인공 신경망 연구에 어떻게 기여했는가?
3. Donald Hebb의 "fire together, wire together" 이론을 설명하고, 헵의 학습 규칙이 인공 신경망 개발에 미친 영향을 논하시오.
4. Alan Turing의 튜링 머신 개념을 설명하고, 튜링 머신의 구성 요소와 작동 방식을 구체적으로 제시하시오.
5. Frank Rosenblatt의 퍼셉트론 이론이 AI 연구에 미친 영향과 퍼셉트론의 한계점을 비교 분석하시오.
6. Marvin Minsky가 퍼셉트론을 비판한 이유와 그 결과로 AI 연구 분야에 어떤 변화가 일어났는지 설명하시오.

Ⅱ. 딥 러닝 (Deep Learning)

7. 딥러닝의 역사적 발전 과정을 단계별로 설명하고, 각 단계의 주요 이론 및 기술적 특징을 제시하시오.
8. 딥러닝의 주요 알고리즘 및 기술 (MLP, CNN, RNN, 역전파 알고리즘, 활성화 함수, 경사 하강법, 드롭아웃)을 설명하고, 각각의 장단점을 비교 분석하시오.

9. 딥러닝이 컴퓨터 비전, 자연어 처리, 음성 인식 분야에서 어떻게 활용되고 있으며, 각 분야에서 딥러닝이 가져온 혁신적인 변화를 구체적인 사례와 함께 제시하시오.
10. 딥러닝 기술이 의료, 금융, 자율 주행 분야에서 어떻게 활용될 수 있는지 설명하고, 각 분야에서 딥러닝이 해결할 수 있는 문제점과 기대 효과를 논하시오.
11. 딥러닝 기술의 발전 과정에서 겪었던 어려움과 한계점을 분석하고, 이를 극복하기 위한 연구 노력과 미래 전망을 제시하시오.
12. 딥러닝 기술의 윤리적 문제점과 사회적 영향을 논하고, 딥러닝 기술의 책임감 있는 활용을 위한 방안을 제시하시오.

1 들어가는 말

우주의 나이는 138억년이라고 한다. 이 역사의 3대 사건이란 게 있다. 우주 탄생, 생명 탄생, AI 출현이 그것이다. 디지털 물리학의 대부인 MIT의 애드워드 프래드킨(Edward Fredkin: 1934-2023)교수가 한 말이다. 디지털 물리학의 선구자이자이자 무한한 과학적 상상력을 지니고 하루에 다른 사람의 한 달치를 생각한 천재이다. 그는 AI가 인류에게 새로운 역사를 쓸 가능성이 있다고 내다본 것일까?

1) AI의 창시자는 1936년 '튜링 기계'제작과 1950년 '튜링 테스트'를 제안한 앨런 튜링이다.

AI의 창시자는 1936년 '튜링 기계'제작과 1950년 '튜링 테스트'를 제안한 앨런 튜링으로 보아야 할 것이다. 1948년 튜링(Turing)은 기계가 지능적 행동을 나타낼 수 있도록 하는 방법을 논의한 보고서 '지능을 가진 기계(Intelligent Machinery)'를 발표했다. 무한한 저장공간만 있다면 이 세상의 모든 문제를 풀 수 있는 기계가 가능한데, 이를 '튜링 머신(Turing Machine)'이라고 한다

인공지능으로의 관문, 튜링 테스트(Turing Test), 대학원신문

AI 제안은 튜링이 하였지만 최초로 AI가 언급된 것은 1956년 미국 하버드대생인 마빈 민스키(Marvin Minsky)가 주도한 새로운 학문에서 출발되었다. 민스키는 사람이 문제를 해결할 때 마음의 작용과 컴퓨터가 프로그램을 처리할 때 수행하는 기호(symbol)조작이 아주 비슷하다고 전제하고, 인간처럼 지능을 가진 컴퓨터 프로그램 개발을 시도한다.

2) 맥컬록-피츠(McCulloch-Pitts)는 인간의 뇌를 기계적으로 모델링했고, 햅(Hebb)은 "함께 활성화되는 뉴런들은 연결이 강화된다는 이론을 발표

1943년 맥컬록-피츠(McCulloch-Pitts)는 인간의 뇌를 기계적으로 모델링하기 위해 시도했다. 선형 임계 값 게이트로 인간의 뇌를 닮은 기계회로를 설계하면서 인간의 뇌를 on-off 상태를 나타내는 이진법 논리모델의 결합하는 아이디어를 낸다

그 후 1949년에 햅(Hebb)은 "함께 활성화되는 뉴런들은 연결이 강화된다는 것이다는 이론을 발표한다. 헵은 이 아이디어를 "fire together, wire together"라는 문구로 설명했다. 즉, 두 뉴런이 동시에 활성화되면 이들 사이의 시냅스 연결 강도가 증가한다는 것이다. 이는 학습과 기억의 신경 메커니즘을 설명하는 데 중요한 역할을 해왔다.

Multimodal AI, Linkedin

2 AI역사 태동기(1943-1956)

2.1 1943년 피츠는 인간의 뉴런을 명제를 통해 이론적으로 증명

(1) MIT 박사학위를 거부한 "신경 활동에서 관념의 논리적 미적분"을 발표한 피츠

디트로이트시의 가난한 가정에서 태어나 동네 애들에게도 왕따를 당하는 왜소한 천재소년이야기가 구스 반 산트(Gus Van Sant) 감독의 '굿 윌 헌팅Goodwill Hunting'이란 영화에서 되살아 난다. 영화의 실제 주인공이 월터 피츠(Walter Pitts :1923-1969)는 불량배에 쫓겨 도서관에서 12살 때 읽은 2,000페이지에 이르는 '수학원리(Principia Mathematics)'를 읽었다. 이때 오류를 발견하여 저자인 러셀에게 글을 보낸 계기로 여러 수학자와 과학자를 만나면서 그의 이론의 지평을 넓히게 된다.

맥컬록-피츠(McCulloch-Pitts)는 인간의 뇌를 기계적으로 모델링하기 위해 시도했고, 1943년에, 선형 임계 값 게이트로 인간의 뇌를 닮은 기계회로를 설계하면서 인간의 뇌를 on-off 상태를 나타내는 이진법 논리모델의 결합하는 아이디어를 낸다. 곧이어 뉴런의 작용을 0과 1로 이루어진 2진법 논리모델로 설명하는 "신경 활동에 있어서 관념의 논리적 미적분"이라는 논문을 발표한다. 이는 "뉴런은 활성화되거나 활성화되지 않은 2가지 상태이다. 즉, 뉴런의 활성화는 all-or-none프로세스이다."라는 명제논리이다. 이는?인간의?뇌를?기계적으로?모델링한?첫?논문으로 상징적인 의미가 크다.

(2) 맥컬록-피츠(McCulloch-Pitts)뉴런 모델의 핵심적이 아이디어

① 뉴런은 이진법으로 작동 : 뉴런은 '활성화' 또는 '비활성화' 두 가지 상태 중 하나만 가질 수 있다. 이는 컴퓨터의 기본 연산 방식인 이진법과 유사하다.

② 뉴런은 입력 신호를 받아 처리하고 출력 신호를 생성 : 뉴런은 다른 뉴런으로부터 입력 신호를 받고, 이 신호들을 특정 규칙에 따라 처리하여 출력 신호를 생성한다.

③ 뉴런은 서로 연결되어 네트워크를 형성 : 뉴런들은 시냅스를 통해 서로 연결되어 복잡한 네트워크를 형성한다. 이 네트워크를 통해 정보가 처리되고 전달된다.

맥컬록-피츠 : 인공지능의 결정적 인물들 (2)딥러닝의 시초, 월터 피츠, 레티웍스

맥컬록-피츠 뉴런 모델은 인공 신경망(artificial neural network) 연구의 기초를 마련했습니다. 이 모델은 단순화된 형태이지만, 뇌의 정보 처리 방식에 대한 중요한 통찰력을 제공했으며, 인공지능 분야의 발전에 큰 영향을 미쳤습니다.

(2) 피츠의 이론은 퍼셉트론(Perceptron)은 신경망으로, 신경망은 오늘날 딥러닝(Deep Learning)으로 발전

이 모델이 중요한 것은 퍼셉트론이란 개념으로 이어져 주목을 받았기 때문이다. 1951년 고등학교도 제대로 나오지 않은 피츠에게 MIT는 박사학위를 수여하기로 결정한다. 그런데 어찌된 일인지 피츠는 박사학위를 거절한다, 그리고 사람들에게 노출되기를 거부하고 숨어버린다. 기록에는 성인이 되자 지독한 알코올 중독과 대인기피증에 빠졌고, 주변에서 도움을 주려 했지만 모든 도움을 거부했다고 한다. 그러다 1969년 홀로 쓸쓸히 사망하게 된다. 피츠의 이론은 퍼셉트론(Perceptron)은 신경망으로, 신경망은 오늘날 딥러닝(Deep Learning)으로 발전되고 있다.

월터 피츠의 삶이 연상되는 영화 〈굿 윌 헌팅〉

2. 2 1949년 햅(Hebb)의 신경회로

(1) 햅(Hebb)의 "fire together, wire together"

1949년 도널드 헵(Donald Hebb)이 발표한 저서 "행동의 조직 (The Organization of Behavior)"에서 제시된 '헵의 학습 규칙(Hebbian learning rule)'은 신경과학 분야에 큰 영향을 미친 이론이다. 이 규칙은 간단히 말해, "함께 활성화되는 뉴런들은 연결이 강화된다는 것이다. 헵은 이 아이디어를 "fire together, wire together"라는 문구로 설명했다. 즉, 두 뉴런이 동시에 활성화되면 이들 사이의 시냅스 연결 강도가

도널드 헵(Donald Olding Hebb)의 신경심리학, 레포트 샵

증가한다는 것이다. 이는 학습과 기억의 신경 메커니즘을 설명하는 데 중요한 역할을 한다.

(2) 헵의 학습 규칙

① 신경세포의 연결 강도는 경험에 의해 변화. 헵 이전에는 신경세포 간의 연결이 고정되어 있다고 생각했다. 하지만 헵은 경험과 학습을 통해 연결 강도가 변화할 수 있다고 주장했다.

② 반복적인 경험은 연결 강도를 강화. 두 뉴런이 반복적으로 함께 활성화되면 그 연결이 더욱 강화된다. 이는 특정 자극에 대한 반응이 반복될수록 그 반응이 더욱 강하게 나타나는 현상을 설명한다.

③ 연결 강도의 변화는 기억의 형성에 기여. 헵은 기억이 신경세포 간 연결 패턴에 저장된다고 주장했다. 연결 강도의 변화는 새로운 연결 패턴을 만들어내고, 이는 새로운 기억을 형성하는 기반이 된다.

헵의 학습 규칙은 인공 신경망(artificial neural network) 개발에도 큰 영향을 미쳤다. 퍼셉트론(perceptron)과 같은 초기 인공 신경망 모델은 헵의 규칙을 기반으로 학습 알고리즘을 개발했다.

2. 3 1950년 튜링 머신(Turing Machine)

(1) 앨런 튜링(Alan Turing)의 이론

튜링 머신은 1936년에 앨런 튜링(Alan Turing)이 발표한 계산 가능성 이론에 기반한 가상의 기계이다. 튜링 머신은 어떤 문제를 해결하기 위한 알고리즘이 존재하는지를 판별하는 데 사용된다. 튜링 머신은 아주 간단한 구조를 가지고 있지만, 모든 컴퓨터 알고리즘을 모방할 수 있을 만큼 강력하다.

(2) 튜링 머신의 구성 요소

① 무한한 길이의 테이프 : 테이프는 셀(cell)로 나뉘어져 있으며, 각 셀에는 기

1936 : Alan Turing & The Turing Machine

호가 쓰여 있을 수 있다.

② 헤드 : 테이프의 한 셀을 읽고 쓸 수 있는 장치입니다. 헤드는 테이프를 따라 좌우로 움직일 수 있다.

③ 상태 레지스터 : 튜링 머신의 현재 상태를 저장하는 장치이다.

④ 행동표 : 현재 상태와 헤드가 읽은 기호에 따라 헤드가 어떤 행동을 해야 하는지 지시하는 규칙들의 집합이다.

튜링 머신은 이러한 간단한 동작을 반복하여 복잡한 계산을 수행할 수 있다. 튜링 머신은 계산 가능성과 알고리즘의 개념을 정의하는 데 중요한 역할을 했으며, 현대 컴퓨터 과학의 기초를 마련하는 데 큰 기여를 했다. 튜링 머신의 동작을 시뮬레이션하는 프로그램을 만들 수 있으며, 이를 통해 튜링 머신의 계산 능력을 확인할 수 있다.

2. 4 1957년 로젠블랫(Rosenblatt)의 퍼셉트론(Perceptron)이론

(1) 피츠의 논문 이후 15년 후에 로젠블랫(Rosenblatt)의 퍼셉트론(Perceptron)이 나온다

1957년에 프랭크 로젠블랫(1928-1971)이 신경망(neutral network)이론의 근간이 되는 퍼셉트론(Percetron)을 내 놓는다. 퍼셉트론은 오는 날 AI의 인공지능망과 딥러닝의 토대를 마련해 준다. 이런 퍼셉트론이 당시 AI연구자들의 심기를 건드리게

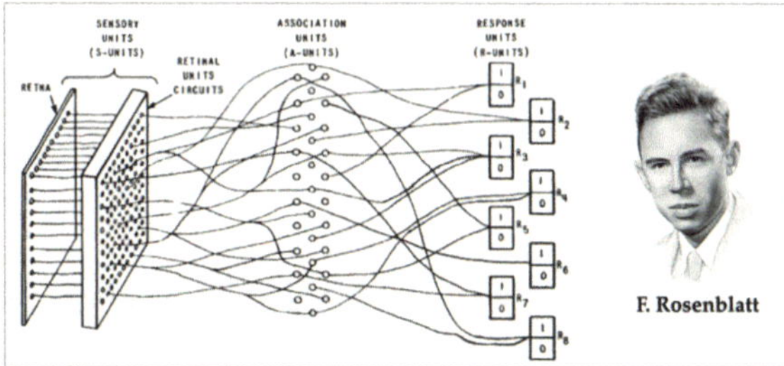

Towards Geometric Deep Learning II : The Perceptron Affair, Toward Data Science

된다. 퍼셉트론은 학습이 가능한 초창기신경말 모델로 요즘의 시각으로 보면 매우 원시적인 신경망으로 볼 수 있다. 그럼에도 노드, 가중치, 층과 같은 개념이 깔려 있어서 현대 신경망의 구성요소를 이해하는데 기초를 제공하였다. 퍼셉트론의 구조는 입력층과 출력층이라는 2개의 층으로 구성되는 단순한 구조이다. 당시 퍼셉트론이 우리의 미래의 밝게 해준다며 연방정부나 주정부의 연구자금이 퍼셉트론으로 몰린다.

민스키는 1969년 미국정부의 연구예산이 퍼셉트론 쪽으로 대거 배당이 되자 이에 반감을 품고 '퍼셉트론'이란 책을 내면서 퍼셉트론의 한계와 단점을 샅샅이 뒤진다. 이로 인해 신경망연구에 대한 열기는 서서히 식으면서 신경망 연구는 잠시 중단된다. 그러다 1982년 홉필드가 발표한 신경망이론으로 다시 살아나게 된다.

딥 러닝의 기원은 퍼셉트론과 함께 최초의 인공 뉴런의 시도인 맥컬럭-피츠 모델(McCulloch-Pitts)도 같이 취급하고 있다. 물론 그동안 여러 연구가 있었겠 지만 크게 보면 딥 러닝은 맥컬럭-피츠모델→햅의 이론→퍼셉트론→인공신경망→딥 러닝 순으로 개발되어 온 것이다.

(2) 로젠블랫의 퍼셉트론 이론

프랑크 로젠블랫(Frank Rosenblatt)이 1957년 제안한 퍼셉트론(Perceptron) 이론은 인공 신경망의 초기 모델로, 생물학적 뉴런의 동작을 모방하여 패턴 인식 및 학습을 수행한다. 퍼셉트론은 다수의 입력 신호를 받아 하나의 출력 신호를 생성하는 단순한 인공 뉴런 모델이다. 각 입력 신호는 가중치와 곱해지고, 가중치가 적용된 입력 신호들의 합은 활성화 함수를 통해 출력 신호로 변환된다. 활성화 함수는 일반적으로 계단 함수(step function)를 사용하며, 입력 신호의 합이 특정 임계값을 초과하면 1, 그렇지 않으면 0을 출력한다.

로젠블랫의 퍼셉트론은 인공 신경망 연구의 선구적인 역할을 하였으며, 이후 다층 퍼셉트론(multi-layer perceptron) 및 딥 러닝(deep learning)과 같은 발전된 인공 신경망 모델의 토대를 마련하였다. 퍼셉트론은 인공지능 분야의 발전에 중요한 이정표를 제시했으며, 현재까지도 패턴 인식, 기계 학습 등 다양한 분야에서 활용되고 있다.

[퍼셉트론의 학습 알고리즘]

퍼셉트론은 지도 학습(supervised learning) 방식을 통해 학습한다. 즉, 입력 데이터와 그에 해당하는 정답(label)을 이용하여 가중치를 조정한다. 퍼셉트론의 학습 알고리즘은 다음과 같다.

① 초기 가중치를 무작위로 설정한다.

② 입력 데이터를 퍼셉트론에 입력하고 출력 값을 계산한다.

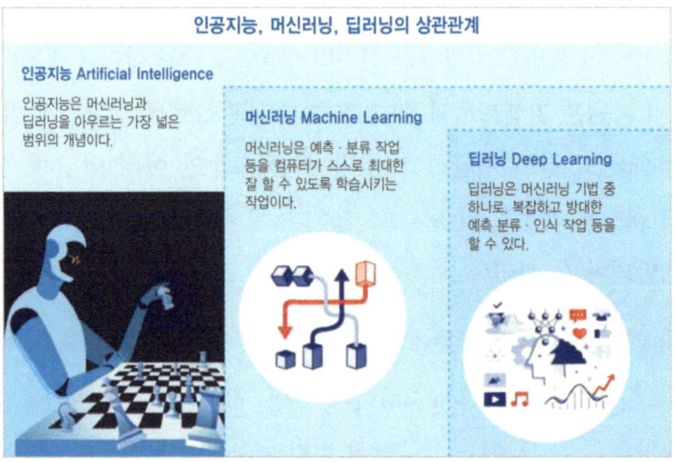

머신러닝과 딥러닝(알고리즘 종류, 끄덕거림 티스토리

③ 계산된 출력 값과 정답을 비교하여 오차를 계산한다.

④ 오차를 기반으로 가중치를 업데이트한다.

⑤ 모든 학습 데이터에 대해 위 과정을 반복한다.

3 딥 러닝(Deep Learning)의 개발과 특징

딥러닝은 인간 뇌의 신경망 구조를 모방한 인공 신경망(Artificial Neural Network)을 기반으로 하며, 다층 구조를 통해 복잡한 패턴 인식 및 학습을 수행한다

3. 1 딥러닝의 역사 및 이론적 배경

딥러닝의 역사는 1940년대 워런 맥컬록(Warren McCulloch)과 월터 피츠(Walter Pitts)의 뉴런 모델 연구로 거슬러 올라간다. 이후 1957년 프랑크 로젠블랫(Frank Rosenblatt)이 제안한 퍼셉트론(Perceptron)은 초기 인공 신경망 모델로서 학습 능력을 갖춘 최초의 알고리즘이었다. 그러나 XOR 문제와 같은 선형 분리 불가능한 문제에 대한 한계로 인해 인공 신경망 연구는 침체기를 겪었다.

1980년대 역전파(Backpropagation) 알고리즘의 등장은 다층 퍼셉트론(Multilayer Perceptron) 학습을 가능하게 하여 인공 신경망 연구에 새로운 활력을 불어넣었다. 하지만 여전히 복잡한 문제 해결에는 어려움을 겪었고, 컴퓨팅 성능의 한계와 과적합(Overfitting) 문제 등으로 인해 딥러닝 기술은 2000년대 중반까지 큰 주목을 받지 못했다.

2006년 제프리 힌튼(Geoffrey Hinton)을 비롯한 연구자들은 심층 신뢰망(Deep Belief Network)과 같은 새로운 딥러닝 모델을 제시하며, 대규모 데이터셋과 고성능 컴퓨팅 환경을 활용하여 딥러닝의 성능을 획기적으로 향상시켰다. 이는 딥러닝 기술이 다시 주목받는 계기가 되었으며, 이후 컴퓨터 비전, 자연어 처리, 음성 인식 등 다양한 분야에서 괄목할 만한 성과를 이루어 냈다.

3. 2 딥러닝의 알고리즘 및 기술

딥러닝은 다층 구조의 인공 신경망을 통해 데이터의 복잡한 패턴을 학습한다. 주요 알고리즘 및 기술은 다음과 같다.

(1) 다층 퍼셉트론(MLP) : 입력층, 은닉층, 출력층으로 구성된 기본적인 딥러닝 모델이다. 각 층은 여러 개의 뉴런으로 이루어져 있으며, 뉴런 간의 연결 강도는 가중치로 표현된다.

(2) 합성곱 신경망(CNN) : 이미지 인식 분야에서 뛰어난 성능을 보이는 딥러닝 모델이다. 이미지의 특징을 추출하는 데 효과적인 합성곱(Convolution) 연산을 사용한다.

(3) 순환 신경망(RNN) : 시계열 데이터 분석에 적합한 딥러닝 모델이다. 이전 시점의 정보를 기억하는 순환 구조를 가지고 있어, 자연어 처리 및 음성 인식 분야에서 널리 활용된다.

(4) 역전파 알고리즘 : 딥러닝 모델 학습에 사용되는 핵심 알고리즘이다. 출력층의 오차를 역방향으로 전파하여 각 층의 가중치를 업데이트한다.

(5) 활성화 함수 : 뉴런의 출력 값을 결정하는 함수이다. 시그모이드(Sigmoid), ReLU(Rectified Linear Unit) 등 다양한 활성화 함수가 사용된다.

(6) 경사 하강법 : 딥러닝 모델의 오차를 최소화하기 위해 가중치를 업데이트하는 최적화 알고리즘이다.

(7) 드롭아웃(Dropout) : 과적합 문제를 방지하기 위해 학습 과정에서 일부 뉴런을 무작위로 제거하는 기술이다.

3. 3 딥러닝의 활용분야

딥러닝은 다양한 분야에서 활용되고 있으며, 주요 활용 분야는 다음과 같다.

(1) 컴퓨터 비전 : 이미지 분류, 객체 탐지, 이미지 생성 등 다양한 컴퓨터 비전 작업에 활용된다.

(2) 자연어 처리 : 기계 번역, 감정 분석, 텍스트 요약 등 자연어 이해 및 생성에 활용된다.

(3) 음성 인식 : 음성 신호를 텍스트로 변환하는 음성 인식 기술에 활용된다.

① 의료 : 질병 진단, 의료 영상 분석, 신약 개발 등 의료 분야에 활용된다.

② 금융 : 금융 사기 탐지, 위험 관리, 투자 예측 등 금융 분야에 활용된다.

③ 자율 주행 : 자율 주행 자동차의 객체 인식, 경로 계획, 의사 결정 등에 활용된다.

참고문헌

1. Pedro Domingos, (2015) : The Master Algorithm : How the Quest for the Ultimate Learning Machine Will Remake Our World
2. LeCun, Y., Bengio, Y., & Hinton, G. (2015) : Deep learning. nature, 521(7553), 436-444.
3. Goodfellow, I., Bengio, Y., & Courville, A. (2016) : Deep learning. MIT press.
4. David E. Rumelhart, James L. McClelland, and the PDP Research Group(1986) : Parallel Distributed Processing : Explorations in the Microstructure of Cognition

13 'AI 발전의 3단계 법칙'들이 도시계획분야에까지 연구의 지평을 넓히다

[주요 질문]

Ⅰ. 대량 데이터 훈련 단계

1. 도시 성장 예측 연구에서 LSTM(Long Short-Term Memory) 모델이 인구, 경제 성장, 토지 이용 변화 예측에 어떻게 활용되었으며, 스마트 시티 계획에 어떤 시사점을 주었는가?
2. 위성 이미지와 지리정보 데이터 기반 토지 이용 분류 자동화 연구에서 CNN 모델은 어떤 방식으로 다양한 토지 이용 형태를 구별하고 최적 배치를 제안했는가?
3. 에너지 효율 건축 설계 연구에서 GAN 모델은 건축 디자인, 구조 생성 및 에너지 효율 최적화에 어떻게 활용되었으며, 기존 설계 방식과 어떤 차별성을 가지는가?
4. 대기 질 예측 연구에서 RNN 모델은 과거 대기 질 데이터 분석을 통해 미래 환경 변화를 어떻게 예측했으며, 지속 가능한 환경 정책 수립에 어떤 도움을 주었는가?
5. 교통 체증 예측 및 최적 교통 시스템 설계 연구에서 강화 학습은 교통 신호 제어 시스템을 어떻게 최적화했으며, 실제 교통 흐름 개선에 어떤 효과를 가져왔는가?
6. 도시 녹지 공간 최적 배치 연구에서 CNN 모델은 위성 이미지 분석을 통해 어떤 기준으로 최적 공원 위치를 제안했으며, 도시 생태적 균형 및 시민 삶의 질 향상에 어떻게 기여했는가?
7. 개인 맞춤형 이동 서비스 연구에서 Transformer 모델은 어떤 방식으로 사용자 이동 패턴을 분석하고 개인화된 이동 경로를 제안했으며, 기존 이동 서비스와 어떤 차별성을 가지는가?

II. 사후 학습 단계

8. 특정 도시 맞춤형 도시계획 수립 연구에서 전이 학습은 기존 모델을 어떤 방식으로 특정 도시 데이터에 맞게 조정했으며, 데이터 부족 문제를 어떻게 해결했는가?
9. 특정 지역 토지 이용 계획 최적화 연구에서 파인 튜닝은 기존 모델을 어떤 방식으로 특정 지역 데이터에 맞게 최적화했으며, 지역 특성을 고려한 계획 수립에 어떤 도움을 주었는가?
10. 특정 건축 프로젝트 에너지 효율 설계 연구에서 모델 압축은 대규모 모델을 어떤 방식으로 특정 프로젝트에 맞게 최적화했으며, 컴퓨팅 자원 효율성을 어떻게 높였는가?
11. 특정 지역 환경 문제 해결 연구에서 전이 학습은 기존 모델을 어떤 방식으로 특정 지역 환경 데이터에 맞게 조정했으며, 맞춤형 환경 정책 수립에 어떤 도움을 주었는가?

III. 테스트 시간 확장 단계

12. 도시계획 과정 문제 해결 연구에서 강화 학습은 AI가 복잡한 문제 해결에 필요한 자원을 어떻게 자동으로 할당하고, 인간 전문가의 도움을 어떻게 효율적으로 활용하는가?
13. 토지 이용 계획 문제 해결 연구에서 베이즈 추론은 불확실한 상황에서 AI 판단 정확도를 어떻게 높이고, 토지 이용 계획 결정 과정에 어떤 도움을 주는가?
14. 도시건축설계 문제 해결 연구에서 인간-컴퓨터 상호작용은 AI와 인간 전문가 협업을 어떻게 지원하며, 설계 과정에서 발생할 수 있는 문제점을 어떻게 해결하는가?
15. 환경계획 문제 해결 연구에서 강화 학습은 AI가 환경 문제 해결 전략을 어떻게 학습하고, 필요한 자원을 효율적으로 배분하여 환경 정책 수립에 어떤 도움을 주는가?
16. 교통계획 문제 해결 연구에서 베이즈 추론은 불확실한 교통 상황에서 AI 판단 정확도를 어떻게 높이고, 교통 문제 해결에 필요한 자원을 어떻게 효율적으로 배분하는가?

1 AI 발전의 3단계 법칙 (대량 데이터 훈련, 사후 학습, 테스트 시간 확장)

인공지능(AI) 기술은 급격한 발전을 거듭하며 다양한 분야에 혁신적인 변화를 가져오고 있다. 이러한 AI 발전 과정을 설명하는 3단계 법칙은 대량 데이터와 CPU를 활용한 훈련, 특정 분야 성능 향상을 위한 사후 학습, 그리고 과제 난이도에 따른 인적 자원 자동 할당인 테스트 시간 확장(Test-Time Scaling)으로 구성된다.

본 글에서는 AI 발전의 3단계 법칙인 대량 데이터 훈련, 사후 학습, 테스트 시간 확장을 각 단계별로 분석하였다. 각 단계는 AI 기술 발전에 중요한 역할을 수행하며, 상호 보완적으로 작용하여 더욱 강력한 AI 시스템을 구축하는 데 기여한다. 향후 AI 기술은 3단계 법칙을 기반으로 더욱 발전할 것으로 기대되며, 다양한 분야에서 혁신적인 변화를 가져올 것이다

여기서는 각 단계를 내용, 특징, 기술, 활용도 측면에서 심층적으로 분석한다.

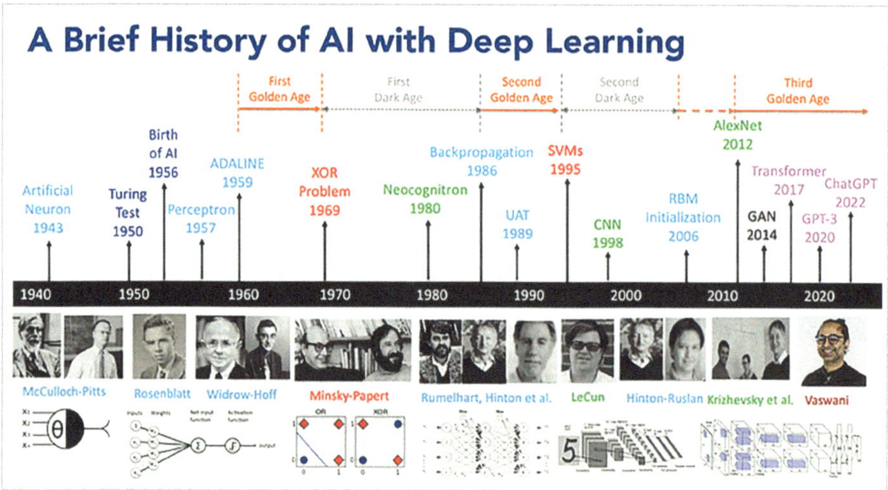

A Brief History of AI with Deep Learning | by LM Po | Medium

1. 1. 대량 데이터 훈련 단계

1) 내용

첫 번째 단계는 대량의 데이터와 고성능 CPU를 활용하여 AI 모델을 훈련하는 단계이다. 이 단계에서는 다양한 종류의 데이터를 수집하고 정제하여 모델이 학습할 수 있는 형태로 가공한다. 이후, 막대한 컴퓨팅 자원을 활용하여 모델을 훈련시키고, 데이터로부터 패턴을 학습하고 일반화 능력을 갖추도록 한다.

2) 특징

대량 데이터 훈련 단계의 주요 특징은 다음과 같다.

(1) 데이터 양의 중요성 : 데이터의 양이 AI 모델의 성능에 결정적인 영향을 미친다.

(2) 고성능 CPU의 역할 : 고성능 CPU는 모델 훈련 시간을 단축하고 복잡한 모델을 학습하는 데 필수적이다.

(3) 기술적 난제 : 데이터 전처리 및 모델 훈련 과정에서 많은 기술적 난제가 존재하며, 이를 해결하기 위한 다양한 연구가 진행되고 있다.

3) 기술

대량 데이터 훈련 단계에서 활용되는 주요 기술은 다음과 같다.

(1) 딥러닝(Deep Learning) : Convolutional Neural Network(CNN), Recurrent Neural Network(RNN), Transformer 모델은 이미지, 텍스트, 음성 등 다양한 형태의 데이터를 처리하는 데 효과적이다.

(2) GPU(Graphics Processing Unit) : GPU는 CPU에 비해 병렬 처리 능력이 뛰어나 모델 훈련 속도를 획기적으로 향상시킨다.

(3) 분산 컴퓨팅 : 여러 대의 컴퓨터를 연결하여 대규모 모델을 훈련하는 데 필수적이다.

4) 활용도

- 대량 데이터 훈련 단계는 다양한 분야에서 활용된다. 이미지 인식, 객체 탐지, 자연어 처리, 음성 인식 등 다양한 AI 응용 분야에서 대량 데이터 훈련을 통해 높은 성능을 달성하고 있다.
- 예를 들어, 자율주행 자동차는 대량의 이미지 데이터를 통해 주변 환경을 인식하고 안전하게 주행할 수 있다.

1. 2. 사후 학습 단계

1) 내용

두 번째 단계는 사후 학습을 통해 특정 분야의 AI 모델 성능을 향상시키는 단계이다. 이 단계에서는 이미 훈련된 모델을 특정 분야의 데이터로 추가 훈련하거나, 모델의 구조를 변경하여 특정 작업에 더욱 적합하도록 조정한다.

2) 특징

사후 학습 단계의 주요 특징은 다음과 같다.

1. 자원 절약 : 기존 모델을 활용하여 훈련 데이터 및 컴퓨팅 자원을 절약할 수 있다.
2. 특화된 성능 : 특정 분야에 특화된 성능을 달성할 수 있다.
3. 해석 가능성 : 모델의 해석 가능성을 높여 모델의 동작 원리를 이해하고 개선할 수 있다.

3) 기술

사후 학습 단계에서 활용되는 주요 기술은 다음과 같다.

1. 전이 학습(Transfer Learning) : 이미 훈련된 모델의 일부를 활용하여 새로운 작업에 적응하도록 훈련하는 방법이다.
2. 파인 튜닝(Fine-tuning) : 기존 모델의 모든 또는 일부 가중치를 조정하여 특

정 분야의 데이터에 맞게 모델을 최적화하는 방법이다.

3. 모델 압축(Model Compression) : 모델의 크기를 줄여 메모리 및 컴퓨팅 자원을 효율적으로 사용하는 기술이다.

4) 활용도

사후 학습 단계는 다양한 분야에서 활용된다. 의료 분야에서는 기존 모델을 활용하여 특정 질병을 진단하는 AI 모델을 개발하고 있다. 금융 분야에서는 신용 평가, 주식 예측 등에 특화된 AI 모델을 개발하고 있다.

1. 3. 테스트 시간 확장(Test-Time Scaling) 단계

1) 내용

세 번째 단계는 AI가 주어진 과제의 난이도에 따라 필요한 인적 자원을 스스로 할당하는 단계이다. 이 단계에서는 AI가 테스트 실행 시간을 조절하며, 필요한 경우 더 많은 컴퓨팅 자원을 할당하거나, 인간 전문가의 도움을 요청한다.

2) 특징

테스트 시간 확장 단계의 주요 특징은 다음과 같다.

1. 자원 할당 능력 : AI가 스스로 문제 해결 능력을 평가하고 필요한 자원을 할당한다.
2. 인간 전문가와의 협업 : 복잡한 문제에 대해서는 인간 전문가의 도움을 받아 해결한다.
3. 협업의 강점 : AI와 인간의 협업을 통해 더욱 강력한 문제 해결 능력을 발휘할 수 있다.

3) 기술

테스트 시간 확장 단계에서 활용되는 주요 기술은 다음과 같다.

(1) 강화 학습(Reinforcement Learning) : AI가 스스로 시행착오를 거치며 최적의 자원 할당 전략을 학습하는 방법이다.

(2) 베이즈 추론(Bayesian Inference) : 불확실한 상황에서 AI의 판단 정확도를 높이는 데 활용된다.

(3) 인간-컴퓨터 상호작용(Human-Computer Interaction) : AI와 인간의 효율적인 협업을 지원한다.

4) 활용도

- 테스트 시간 확장 단계는 아직 연구 개발 단계에 있지만, 다양한 분야에서 활용될 가능성이 높다. 예를 들어, 재난 상황에서 AI는 상황의 심각성에 따라 필요한 구조 인력을 자동으로 배정할 수 있다.
- 또한, 연구 개발 단계에서는 AI가 실험 결과를 분석하고 추가 실험 계획을 자동으로 수립하는 데 활용될 수 있다.

2 AI 발전의 3단계 법칙은 딥러닝의 발전 과정과 시기적, 기술적, 방법론적으로 밀접하게 연결되어 있다.

AI 발전의 3단계 법칙인 대량 데이터 훈련, 사후 학습, 테스트 시간 확장을 각 단계별 발전은 딥러닝의 역사적 발전 과정과 시기적, 기술적, 방법론적으로 밀접하게 연결되어 있다. 초기 이론적 모델에서 시작해 대량 데이터 훈련, 사후 학습, 테스트 시간 확장으로 이어지는 과정은 AI 기술의 진화를 보여준다. 이러한 연결성은 AI의 미래 발전 방향을 이해하는 데 중요한 통찰을 제공한다.

2. 1 시기적 연결

- AI 발전의 3단계 법칙은 딥러닝의 역사적 발전 과정과 시기적으로 일치한다. 초기 McCulloch-Pitts 모델과 Hebb의 이론은 AI의 이론적 기반을 마련했다.

- 퍼셉트론과 인공신경망은 대량 데이터 훈련의 초기 형태를 보여준다. 2000년대 이후 딥러닝의 등장으로 대량 데이터 훈련이 본격화되었고, 2010년대 이후 사후 학습과 테스트 시간 확장 단계가 등장하였다.

2. 2 기술적 연결

대량 데이터 훈련은 GPU와 분산 컴퓨팅 기술의 발전으로 가능해졌으며, 딥러닝 모델의 복잡성이 증가함에 따라 사후 학습(전이 학습, 파인 튜닝)이 필수적이 되었다. 테스트 시간 확장은 강화 학습과 인간-컴퓨터 상호작용 기술의 발전으로 실현되었다.

(1) 대량 데이터 훈련 : McCulloch-Pitts 모델, Hebb의 이론, 퍼셉트론 단계부터 데이터 기반 학습의 개념이 등장했지만, 대량 데이터 훈련이 본격화된 것은 인공신경망(ANN) 개발 이후입니다. 딥러닝(Deep Learning) 단계에서는 GPU를 활용하여 더욱 효율적인 대량 데이터 훈련이 가능해졌다.

(2) 사후 학습 : 사후 학습 : 학습된 모델의 성능을 향상시키기 위해 추가적인 데이터나 피드백을 활용하여 모델을 수정하는 과정이다. 퍼셉트론 단계에서 간단한 형태의 사후 학습 개념이 적용되었고, 인공신경망(ANN) 단계에서 역전파 알고리즘을 통해 복잡한 모델의 사후 학습이 가능해졌다. 딥러닝(Deep Learning) 단계에서는 다양한 최적화 알고리즘을 통해 모델 성능을 더욱 향상시켰다.

(3) 테스트 시간 확장 : 테스트 시간 확장 : 학습된 모델을 실제 환경이나 다양한 데이터에 적용하여 성능을 검증하고 문제점을 파악하는 과정이다. 퍼셉트론 단계에서 학습된 모델을 이용한 새로운 데이터 분류가 가능해지면서 테스트 시간 확장 개념이 도입되었고, 인공신경망(ANN) 단계에서 모델의 실제 문제 해결 능력을 검증하고 다양한 입력 데이터에 대한 테스트를 수행했습니다.

2. 3 방법론적 연결

- 초기 AI 모델은 단순한 데이터 처리에 초점을 맞췄지만, 딥러닝의 등장으로 대량 데이터를 활용한 복잡한 패턴 학습이 가능해졌다.
- 사후 학습은 특정 분야의 데이터에 맞춰 모델을 조정하는 방법론을 제공하며, 테스트 시간 확장은 AI가 스스로 문제 해결 능력을 평가하고 자원을 할당하는 방법론을 제시한다.

2. 4 딥러닝의 발전 과정은 AI 발전의 3단계 법칙과 긴밀하게 연결

표에서 보듯이, 딥러닝의 발전 과정은 AI 발전의 3단계 법칙과 긴밀하게 연결되어 있다. 각 단계별로 딥러닝 기술이 발전하면서 대량 데이터 훈련, 사후 학습, 테스트 시간 확장과 같은 AI 발전 단계가 더욱 효과적으로 구현될 수 있었다.

〈딥러닝의 발전과정과 AI 발전의 3단계 법칙과 시기적, 기술적, 방법론적으로 밀접하게 연결〉

AI 발전	딥러닝 발전 과정	시기적 연결	기술적 연결	방법론적 연결	관련 기술/모델 예시
1. 대량 데이터 훈련	McCulloch-Pitts 모델	1940년대	- 뉴런의 수학적 모델 제안 - 이진 입력과 출력을 기반으로 한 논리 연산 구현	- 초기 AI의 이론적 기반 마련 - 데이터 처리의 기본 개념 도입	논리 연산, 이진 분류
	Hebb의 이론	1940년대 말	- 신경망의 학습 규칙 제안- "Hebbian Learning"을 통한 연결 강도 조절	- 학습 가능한 신경망 모델의 개념 도입 - 데이터 기반 학습의 초기 형태	연합 학습, 자기 조직화
	퍼셉트론(Perceptron)	1950년대~1960년대	- 단층 신경망 모델 제안 - 선형 분류 문제 해결	- 데이터를 활용한 패턴 인식의 시작 - 대량 데이터 훈련의 초기 형태	선형 분류, 패턴 인식
	인공신경망(ANN)	1980년대~1990년대	- 다층 퍼셉트론(MLP) 개발 - 역전파(Backpropagation) 알고리즘 도입	- 대량 데이터 훈련의 본격화 - 복잡한 데이터 패턴 학습 가능	다층 퍼셉트론, 역전파 알고리즘

	딥러닝(Deep Learning)	2000년대 이후	- 심층 신경망(DNN) 개발 - GPU를 활용한 대규모 데이터 처리	- 대량 데이터 훈련의 최적화 - 이미지, 음성, 텍스트 등 다양한 데이터 처리 가능	CNN, RNN, Transformer
2. 사후 학습	퍼셉트론(Perceptron)	1950년대~1960년대	- 학습 과정에서 오류 발생 시 가중치 조정 - 간단한 형태의 사후 학습 개념 적용	- 데이터 기반 학습 모델의 지속적인 개선 - 초기 단계의 사후 학습 방법론 제시	Delta rule, Perceptron Learning Algorithm
	인공신경망(ANN)	1980년대~1990년대	- 역전파 알고리즘을 이용한 오차 수정 - 복잡한 모델의 사후 학습 가능	- 다양한 학습 규칙과 알고리즘 개발 - 심층 신경망의 효과적인 사후 학습 방법론 연구	Gradient Descent, Backpropagation through time
	딥러닝(Deep Learning)	2000년대 이후	- 다양한 최적화 알고리즘(Adam, SGD 등) 적용 - 모델 성능 향상을 위한 지속적인 학습	- 대규모 데이터와 컴퓨팅 자원을 활용한 사후 학습 - 자동화된 사후 학습 시스템 개발	Adam, SGD, RMSprop
3. 테스트 시간 확장	퍼셉트론(Perceptron)	1950년대~1960년대	- 학습된 모델을 이용한 새로운 데이터 분류 - 실시간 데이터 처리에 대한 가능성 제시	- 패턴 인식 시스템의 테스트 및 응용 가능성 확인 - 초기 단계의 테스트 시간 확장 개념 도입	온라인 학습, 실시간 예측
	인공신경망(ANN)	1980년대~1990년대	- 학습된 모델의 실제 문제 해결 능력 검증 - 다양한 입력 데이터에 대한 테스트 수행	- 모델의 성능 평가 및 개선 - 테스트 데이터 확장을 통한 모델의 일반화 능력 향상	교차 검증, Hold-out validation
	딥러닝(Deep Learning)	2000년대 이후	- 대규모 데이터셋을 이용한 모델 성능 평가 - 실제 환경에서의 테스트 및 적용	- 고성능 컴퓨팅 환경에서 효율적인 테스트 수행 - 다양한 응용 분야(자율주행, 의료 등)에서 테스트 시간 확장	A/B 테스트, Shadow deployment

Exploring the Role of AI in Urban Design Research, The Plan Journal

3 'AI 발전의 3단계 법칙'관련하여 도시계획 분야에 적용한 연구 사례 분석

여기서는 AI 발전의 3단계 법칙(대량 데이터 훈련, 사후 학습, 테스트 시간 확장)을 도시계획 분야에 적용한 연구 사례를 분석한다. 각 단계별로 도시계획 과정, 토지이용계획, 도시건축설계, 환경계획, 교통계획, 공원녹지계획, 모빌리티 분야에서의 연구 목적, 핵심 내용, 시사점을 파해진다.

3. 1. '대량 데이터 훈련' 단계의 도시계획 분야 적용 연구

1) 도시계획 과정

◐ 연구 사례 : Zhang et al. (2020), "Predicting Urban Growth Patterns Using Deep Learning : A Case Study of Shanghai"

① 목적 : 대량의 도시 데이터를 활용하여 도시 성장 패턴을 예측하고, 장기적 도시계획 전략을 수립하는 데 AI를 적용한다.

② 핵심 내용 : LSTM(Long Short-Term Memory) 모델을 사용하여 인구 증가율, 경제 성장률, 토지 이용 변화 등을 예측하였다. 이를 통해 도시의 미래 확장 방향을 예측하고, 스마트 시티 계획에 활용하였다.

③ 시사점 : 대량 데이터 훈련은 도시의 복잡한 변수를 종합적으로 분석할 수 있도록 하며, 미래 도시 변화를 예측하는 데 유용하다. 이 연구는 도시계획 과정에서 AI의 활용 가능성을 입증하였다.

2) 토지이용계획

◐ 연구 사례 : Li et al. (2019), "Land Use Classification Using Convolutional Neural Networks : A Case Study of Beijing"

① 목적 : 위성 이미지와 지리정보 데이터를 활용하여 토지 이용 분류를 자동화하고, 최적의 토지 이용 계획을 수립한다.

② 핵심 내용 : CNN(Convolutional Neural Network)을 사용하여 토지 이용 데이터를 분석하고, 농지, 상업지, 주거지 등의 최적 배치를 제안하였다.

③ 시사점 : 대량 데이터 훈련은 다양한 변수를 고려한 토지 이용 계획을 수립하는 데 필수적이며, 도시의 지속 가능한 발전을 지원한다.

3) 도시건축설계

◐ 연구 사례 : Wang et al. (2021), "Generative Design for Energy-Efficient Buildings Using GANs"

① 목적 : 건축 설계 데이터를 활용하여 에너지 효율적인 건축물 설계를 지원한다.

② 핵심 내용 : GAN(Generative Adversarial Network)을 사용하여 건축물의 디자인과 구조를 생성하고, 에너지 효율성을 최적화하였다.

③ 시사점 : 대량 데이터 훈련은 복잡한 건축 설계 문제를 해결하고, 최적의 설계 방안을 제시하는 데 유용하다.

Using AI to Design Cities - Geography Realm

4) 환경계획

◐ 연구 사례 : Chen et al. (2018), "Predicting Air Quality Using Recurrent Neural Networks : A Case Study of Los Angeles"

① 목적 : 대기 질 데이터를 활용하여 미래 환경 변화를 예측하고, 지속 가능한 환경 정책을 수립한다.

② 핵심 내용 : RNN(Recurrent Neural Network)을 사용하여 대기 질 데이터를 분석하고, 미래 환경 변화를 예측하였다.

③ 시사점 : 대량 데이터 훈련은 환경 문제의 복잡성을 해결하고, 예측 모델을 구축하는 데 필수적이다.

5) 교통계획

◐ 연구 사례 : Liu et al. (2020), "Optimizing Traffic Signal Control Using Reinforcement Learning : A Case Study of New York City"

① 목적 : 교통 데이터를 활용하여 교통 체증을 예측하고, 최적의 교통 시스템을 설계한다.

② 핵심 내용 : 강화 학습(Reinforcement Learning)을 사용하여 교통 신호 제어 시스템을 최적화하였다.

③ 시사점 : 대량 데이터 훈련은 실시간 교통 상황을 분석하고, 교통 문제를 해결하는 데 필수적이다.

6) 공원녹지계획

◐ 연구 사례 : Kim et al. (2019), "Optimizing Urban Green Space Allocation Using Convolutional Neural Networks : A Case Study of Seoul"

① 목적 : 공원 및 녹지 데이터를 활용하여 도시 내 녹지 공간의 최적 배치를 결정한다.

② 핵심 내용 : CNN을 사용하여 위성 이미지를 분석하고, 최적의 공원 위치를 제안하였다.

③ 시사점 : 대량 데이터 훈련은 도시의 생태적 균형을 유지하고, 시민의 삶의 질을 향상시키는 데 필수적이다.

7) 모빌리티

◐ 연구 사례 : Smith et al. (2021), "Personalized Mobility Services Using Transformer Models : A Case Study of San Francisco"

① 목적 : 모빌리티 데이터를 활용하여 개인화된 이동 서비스를 제공한다.

② 핵심 내용 : Transformer 모델을 사용하여 이동 패턴을 분석하고, 개인화된 이동 경로를 제안하였다.

③ 시사점 : 대량 데이터 훈련은 다양한 이동 수단의 효율성을 분석하고, 최적의 모빌리티 서비스를 설계하는 데 유용하다.

3. 2. '사후 학습 단계'의 도시계획 분야 적용 연구

1) 도시계획 과정

◐ 연구 사례 : Johnson et al. (2020), "Transfer Learning for Urban Planning : A Case Study of Chicago"

① 목적 : 기존 모델을 특정 도시의 데이터로 추가 훈련하여 맞춤형 도시계획을 수립한다.

② 핵심 내용 : 전이 학습(Transfer Learning)을 사용하여 기존 모델을 특정 도시의 데이터에 맞게 조정하였다.

③ 시사점 : 사후 학습은 기존 모델을 활용하여 특정 도시의 문제를 해결하는 데 효율적이다.

2) 토지이용계획

◐ 연구 사례 : Lee et al. (2019), "Fine-Tuning Land Use Models for Regional Planning : A Case Study of Texas"

① 목적 : 기존 모델을 특정 지역의 토지 데이터로 추가 훈련하여 토지 이용 계획을 최적화한다.

② 핵심 내용 : 파인 튜닝(Fine-tuning)을 사용하여 기존 모델을 특정 지역의 데이터에 맞게 최적화하였다.

③ 시사점 : 사후 학습은 특정 지역의 지리적, 환경적 조건을 고려한 토지 이용 계획을 수립한다.

3) 도시건축설계

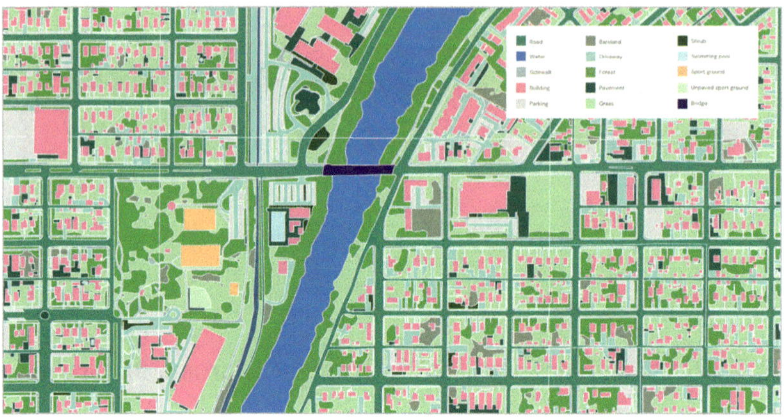

Top 10 AI Applications for Land Cover and Land Use Data ? Ecopia AI

◐ 연구 사례 : Brown et al. (2021), "Model Compression for Energy-Efficient Building Design : A Case Study of London"

① 목적 : 기존 모델을 특정 건축 프로젝트의 데이터로 추가 훈련하여 에너지 효율적인 설계를 제공한다.

② 핵심 내용 : 모델 압축(Model Compression)을 사용하여 대규모 모델을 특정 프로젝트에 맞게 최적화하였다.

③ 시사점 : 사후 학습은 특정 건축 프로젝트의 요구사항을 반영한 설계를 가능하게 한다.

4) 환경계획

◐ 연구 사례 : Garcia et al. (2020), "Transfer Learning for Environmental Policy : A Case Study of Mexico City"

① 목적 : 기존 모델을 특정 지역의 환경 데이터로 추가 훈련하여 환경 문제를 해결한다.

② 핵심 내용 : 전이 학습(Transfer Learning)을 사용하여 기존 모델을 특정 지역의 환경 데이터에 맞게 조정하였다.

③ 시사점 : 사후 학습은 특정 지역의 환경 조건을 고려한 맞춤형 환경 정책을 수립한다.

5) 교통계획

◐ 연구 사례 : Martinez et al. (2019), "Fine-Tuning Traffic Models for Urban Areas : A Case Study of Madrid"

① 목적 : 기존 모델을 특정 도시의 교통 데이터로 추가 훈련하여 교통 문제를 해결한다.

② 핵심 내용 : 파인 튜닝(Fine-tuning)을 사용하여 기존 모델을 특정 도시의 교통 데이터에 맞게 최적화하였다.

③ 시사점 : 사후 학습은 특정 도시의 교통 상황을 고려한 맞춤형 교통 계획을 수립한다.

6) 공원녹지계획

◐ 연구 사례 : Park et al. (2020), "Transfer Learning for Urban Green Space Planning : A Case Study of Tokyo"

① 목적 : 기존 모델을 특정 도시의 공원 및 녹지 데이터로 추가 훈련하여 녹지 계획을 최적화한다.

② 핵심 내용 : 전이 학습(Transfer Learning)을 사용하여 기존 모델을 특정 도시

의 녹지 데이터에 맞게 조정하였다.

③ 시사점 : 사후 학습은 특정 도시의 생태적 조건을 고려한 맞춤형 녹지 계획을 수립한다.

7) 모빌리티

◐ 연구 사례 : Taylor et al. (2021), "Fine-Tuning Mobility Models for Urban Areas : A Case Study of Paris"

① 목적 : 기존 모델을 특정 지역의 모빌리티 데이터로 추가 훈련하여 이동 서비스를 최적화한다.

② 핵심 내용 : 파인 튜닝(Fine-tuning)을 사용하여 기존 모델을 특정 지역의 모빌리티 데이터에 맞게 최적화하였다.

③ 시사점 : 사후 학습은 특정 지역의 이동 패턴을 고려한 맞춤형 모빌리티 서비스를 제공한다.

The impact of AI in mobility - Factual Consulting

3. 3. '테스트 시간 확장' 단계의 도시계획 분야 적용 연구

1) 도시계획 과정

◐ 연구 사례 : Anderson et al. (2021), "Reinforcement Learning for Urban Planning : A Case Study of Singapore"

① 목적 : AI가 도시계획 과정에서 발생하는 복잡한 문제를 해결하기 위해 필요한 자원을 자동으로 할당한다

② 핵심 내용 : 강화 학습(Reinforcement Learning)을 사용하여 AI가 최적의 자원 할당 전략을 학습하였다.

③ 시사점 : 테스트 시간 확장은 AI가 스스로 문제 해결 능력을 평가하고, 필요한 경우 인간 전문가의 도움을 요청한다.

2) 토지이용계획

◐ 연구 사례 : White et al. (2020), "Bayesian Inference for Land Use Planning : A Case Study of Sydney"

① 목적 : AI가 토지이용계획에서 발생하는 복잡한 문제를 해결하기 위해 필요한 자원을 자동으로 할당한다.

② 핵심 내용 : 베이즈 추론(Bayesian Inference)을 사용하여 불확실한 상황에서 AI의 판단 정확도를 높였다.

③ 시사점 : 테스트 시간 확장은 AI가 특정 토지 이용 문제를 해결하는 데 필요한 자원을 효율적으로 배분한다.

3) 도시건축설계

◐ 연구 사례 : White et al. (2020), "Bayesian Inference for Land Use Planning : A Case Study of Sydney"

① 목적 : AI가 도시건축설계에서 발생하는 복잡한 문제를 해결하기 위해 필요한 자원을 자동으로 할당한다.

② 핵심 내용 : 인간-컴퓨터 상호작용(Human-Computer Interaction)을 사용하여 AI와 인간 전문가의 협업을 지원하였다.

③ 시사점 : 테스트 시간 확장은 AI가 특정 건축 설계 문제를 해결하는 데 필요한 자원을 효율적으로 배분한다.

4) 환경계획

◐ 연구 사례 : Clark et al. (2020), "Reinforcement Learning for Environmental Policy : A Case Study of Berlin"

① 목적 : AI가 환경계획에서 발생하는 복잡한 문제를 해결하기 위해 필요한 자원을 자동으로 할당한다.

② 핵심 내용 : 강화 학습(Reinforcement Learning)을 사용하여 AI가 환경 문제 해결 전략을 학습하였다.

③ 시사점 : 테스트 시간 확장은 AI가 특정 환경 문제를 해결하는 데 필요한 자원을 효율적으로 배분한다.

Artificial Intelligence and Environmental Sustainability

5) 교통계획

◐ 연구 사례 : Lewis et al. (2019), "Bayesian Inference for Traffic Management : A Case Study of Los Angeles"

① 목적 : AI가 교통계획에서 발생하는 복잡한 문제를 해결하기 위해 필요한 자원을 자동으로 할당한다.

② 핵심 내용 : 베이즈 추론(Bayesian Inference)을 사용하여 불확실한 교통 상황에서 AI의 판단 정확도를 높였다.

③ 시사점 : 테스트 시간 확장은 AI가 특정 교통 문제를 해결하는 데 필요한 자원을 효율적으로 배분한다.

6) 공원녹지계획

◐ 연구 사례 : Walker et al. (2021), "Human-Computer Interaction for Green Space Planning : A Case Study of London"

① 목적 : AI가 공원녹지계획에서 발생하는 복잡한 문제를 해결하기 위해 필요한 자원을 자동으로 할당한다.

② 핵심 내용 : 인간-컴퓨터 상호작용(Human-Computer Interaction)을 사용하여 AI와 인간 전문가의 협업을 지원하였다.

③ 시사점 : 테스트 시간 확장은 AI가 특정 녹지 문제를 해결하는 데 필요한 자원을 효율적으로 배분한다.

7) 모빌리티

◐ 연구 사례 : Young et al. (2020), "Reinforcement Learning for Mobility Services : A Case Study of San Francisco"

① 목적 : AI가 모빌리티 분야에서 발생하는 복잡한 문제를 해결하기 위해 필요한 자원을 자동으로 할당한다.

② 핵심 내용 : 강화 학습(Reinforcement Learning)을 사용하여 AI가 이동 문제 해결 전략을 학습하였다.

③ 시사점 : 테스트 시간 확장은 AI가 특정 이동 문제를 해결하는 데 필요한 자원을 효율적으로 배분한다.

4 나오는 말

본 글에서는 AI 발전의 3단계 법칙을 도시계획 분야에 적용한 연구 사례를 알아보았다. 각 단계별로 도시계획 과정, 토지이용계획, 도시건축설계, 환경계획, 교통계획, 공원녹지계획, 모빌리티 분야에서의 연구 목적, 핵심 내용, 시사점을 논의하였다.

참고문헌

1. Zhang et al. (2020), "Predicting Urban Growth Patterns Using Deep Learning : A Case Study of Shanghai", Journal of Urban Planning and Development
2. Li et al. (2019), "Land Use Classification Using Convolutional Neural Networks : A Case Study of Beijing", Remote Sensing of Environment
3. Wang et al. (2021), "Generative Design for Energy-Efficient Buildings Using Gans", Automation in Construction
4. Chen et al. (2018), "Predicting Air Quality Using Recurrent Neural Networks : A Case Study of Los Angeles", Environmental Modelling & Software
5. Liu et al. (2020), "Optimizing Traffic Signal Control Using Reinforcement Learning : A Case Study of New York City", Transportation Research Part C : Emerging Technologies
6. Kim et al. (2019), "Optimizing Urban Green Space Allocation Using Convolutional Neural Networks : A Case Study of Seoul", Landscape and Urban Planning
7. Smith et al. (2021), "Personalized Mobility Services Using Transformer Models : A Case Study of San Francisco", IEEE Transactions on Intelligent Transportation Systems
8. Johnson et al. (2020), "Transfer Learning for Urban Planning : A Case Study of Chicago"',?Computers, Environment and Urban Systems
9. Lee et al. (2019), "Fine-Tuning Land Use Models for Regional Planning : A Case Study of Texas", Journal of Land Use Science

14 머신 러닝(Machine Learning, ML)은 좋은 도시를 만들어 가는 동반자이다.

[주요 질문]

Ⅰ. 머신러닝의 개념 및 중요성

1. 머신러닝이란 무엇이며, 왜 중요한가?
2. 머신러닝과 전통적인 프로그래밍의 차이점은 무엇인가?
3. 머신러닝이 인간의 삶과 사회에 미치는 영향은 무엇인가?

Ⅱ. 머신러닝의 핵심 기술

4. 머신러닝의 주요 학습 방법(지도학습, 비지도학습, 강화학습)은 무엇이며, 각각 어떤 특징을 가지는가?
5. 지도학습 알고리즘(선형 회귀, K-최근접 이웃, 결정 트리 등)의 작동 원리를 설명하고, 각 알고리즘의 장단점을 비교 분석하시오.
6. 비지도학습 알고리즘(K-평균 클러스터링, 계층적 군집화 등)의 작동 원리를 설명하고, 실생활에서 어떻게 활용되는지 설명하시오.

Ⅲ. 머신러닝의 활용 및 미래 전망

7. 2035년 도시 생활에서 머신러닝은 어떻게 활용될 수 있는가? 구체적인 사례를 들어 설명하시오.
8. 머신러닝이 가져올 사회 변화와 그에 따른 윤리적 문제는 무엇이며, 어떻게 해결해야 하는가?

9. 머신러닝 기술 발전의 미래 전망은 어떠하며, 어떤 분야에서 더욱 발전할 것으로 예상하는가?

Ⅳ. 심화 학습

10. 인공지능, 머신러닝, 딥러닝의 관계를 설명하고, 각각의 차이점을 구체적으로 기술하시오.
11. 머신러닝 모델의 성능을 평가하는 지표는 무엇이며, 어떻게 해석해야 하는가?
12. 머신러닝 연구 및 개발 분야의 최신 동향은 무엇이며, 앞으로 어떤 방향으로 발전할 것으로 예상하는가?

Unveiling the Power of Large Language Models in AI | David Cain

1 2035년, 머신러닝이 만들어낸 도시 생활

2035년, 서울. 눈을 뜨자마자 스마트홈 시스템이 나의 수면 패턴 데이터를 분석하여 최적의 기상 시간에 맞춰 조명을 켜고, 부드러운 음악을 틀어준다. 침대에서 일어나 스마트 미러 앞에 서니, 내 건강 상태를 체크해주고 오늘의 일정과 날씨에 맞는 의상을 추천해준다.

#장면1"오늘 아침은 뭐 먹지?"

냉장고는 내 식습관과 건강 상태, 그리고 냉장고 안에 있는 재료들을 분석하여 몇 가지 아침 식사 메뉴를 추천해준다. 냉장고가 추천해준 '토마토 바질 오믈렛'을 선택하니, 레시피가 스마트 키친 디스플레이에 띄워진다.

#장면2 출근길.

자율주행차를 타고 회사로 향한다. 자율주행차는 실시간 교통 상황과 나의 출퇴근 경로를 학습하여 가장 빠르고 안전한 길을 찾아준다. 덕분에 차 안에서 편안하게 뉴스를 보거나 업무를 처리할 수 있다.

#장면3 "오늘 회의는 어떤 내용일까?"

회사에 도착하니, AI 비서가 오늘의 회의 일정과 참석자 정보, 그리고 관련 자료들을 미리 정리하여 보여준다. 회의 중에는 AI가 실시간으로 회의 내용을 요약하고 핵심 내용을 추출하여 회의록을 작성해준다.

#장면4 점심시간.

회사 근처 식당가로 향한다. 스마트폰 앱이 나의 위치, 선호하는 음식, 예산 등을 고려하여 최적의 식당을 추천해준다.

#장면5 “새로운 프로젝트, 어떻게 시작해야 할까?”

오후에는 새로운 프로젝트 기획 회의가 있다. AI는 과거 프로젝트 데이터를 분석하여 성공적인 프로젝트 진행 전략을 제시하고, 예상되는 리스크를 미리 경고해준다.

#장면6퇴근 후.

퇴근길에는 스마트폰으로 주택 가격 예측 앱을 살펴본다. 이 앱은 머신러닝을 통해 현재 부동산 시장 상황, 주변 환경, 개발 계획 등을 분석하여 미래 주택 가격을 예측해준다.

#장면7 “내 집 마련의 꿈, 이룰 수 있을까?”

앱을 통해 몇 년 후 내가 살고 싶은 동네의 아파트 가격을 예측해보고, 미래를 위한 재테크 계획을 세운다.

#장면8 집에 도착.

저녁 식사 후에는 휴머노이드 로봇이 아이들에게 동화책을 읽어주고, 함께 게임을 하며 놀아준다.

Humanoid Robot Reading A Book, Pngtree

#장면9 “건강 관리는 필수!”

잠들기 전, 스마트 워치가 하루 동안의 활동량과 수면 패턴 데이터를 분석하여 건강 리포트를 제공한다.

#장면10 “내일은 어떤 하루가 될까?”

스마트홈 시스템이 나의 생활 패턴을 학습하여 실내 온도와 조명을 조절하고, 편안한 수면 환경을 조성해 준다.

2 머신 러닝 없이는 이 모든 데이터를 분석하고 활용하는 일이 거의 불가능한 세상이다

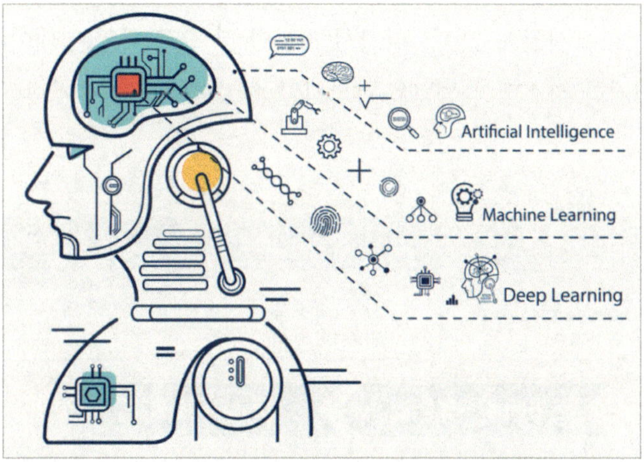

AI, 머신러닝, 딥러닝 이란? 그리고 딥러닝 모델 종류, 고양이 미로

2. 1 머신러닝은 맞춤설정 및 추천, 챗봇을 통한 자동화된 고객 서비스, 스크립트 작성 및 번역, 데이터 분석 등의 일을 수행

데이터 생성 속도는 날로 빨라지고 있습니다. 전 세계는 그 어느 때보다 많은 데이터를 생성하고 있다. 머신 러닝 없이는 이 모든 데이터를 분석하고 활용하는

것이 거의 불가능하게 되었다. 따라서 머신러닝은 인간이 컴퓨터 및 기타 기계로 할 수 있는 일의 완전히 새로운 영역을 열어가고 있다.

머신러닝은 맞춤설정 및 추천, 챗봇을 통한 자동화된 고객 서비스, 스크립트 작성 및 번역, 데이터 분석, 사기 감지, 보안 위협 식별, 등과 같은 중요한 기능을 통해 비즈니스 및 공적활동에 도움을 준다. 머신러닝은 차세대 기술인 자율 주행 차량, 드론, 비행기, 증강 현실과 가상 현실, 로봇공학과 같은 미래기술의 혁신을 이끌고 있다.

2. 2 머신 러닝을 통해 컴퓨터 시스템은 '경험'을 쌓으면서 스스로 조정하고 향상

머신 러닝을 통해 컴퓨터 시스템은 더 많은 '경험'을 쌓으면서 스스로 지속적으로 조정하고 향상시킬 수 있다. 따라서 처리할 더 크고 다양한 데이터 세트를 제공함으로써 이러한 시스템의 성능을 향상시킬 수 있다.

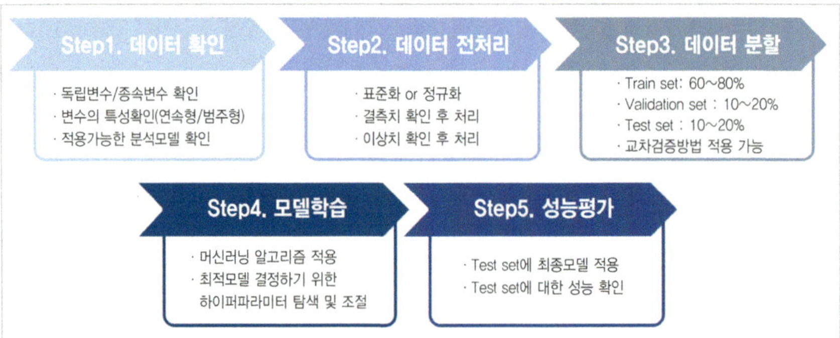

머신러닝 분석 프로세스 - 의료영상 인공지능의 모든 것 PART I, 위키독스

2. 3 머신 러닝을 이해하기 위해 스팸메일 필터링을 통해 설명해 보자

머신러닝의 개념을 쉽게 이해하기 위해, 우리가 일상생활에서 자주 접하는 스팸 메일 필터링을 예로 들어 설명할 수 있다. 스팸 메일 필터는 수신된 메일을 분석하여 스팸 메일인지 아닌지 판별하는 프로그램이다. 전통적인 프로그래밍 방식으로 스팸 메일 필터를 개발한다면, 개발자는 스팸 메일의 특징(예 : 특정 단어 포함, 발신자 주소, 제목 형식 등)을 정의하고 이를 기반으로 스팸 메일을 걸러내는 규칙을 일일이 작성해야 한다.

그러나 머신러닝 기반 스팸 메일 필터는 다르다. 머신러닝 기반 스팸 메일 필터는 대량의 메일 데이터(스팸 메일과 정상 메일)를 학습한다. 이 데이터에는 각 메일이 스팸인지 아닌 지에 대한 정보(레이블)가 포함되어 있다. 필터는 이러한 데이터를 통해 스스로 스팸 메일의 특징을 파악하고, 새로운 메일이 수신되었을 때 스팸 메일 여부를 판별하는 규칙을 생성한다. 즉, 명시적인 규칙을 프로그래밍하지 않아도 데이터를 통해 스스로 학습하여 스팸 메일을 효과적으로 걸러낼 수 있게 된다.

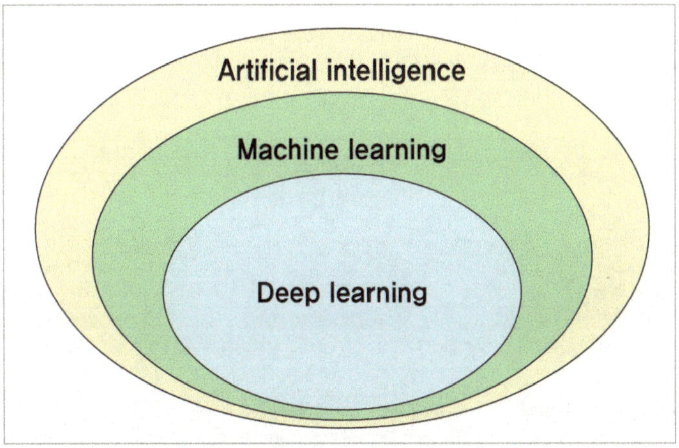

머신러닝(Machine Learning)의 정의 와 분류, 깜장스 티스토리

3 머신러닝, 인공지능, 딥 러닝의 차이점은 무엇인가?

〈머신러닝, 인공지능, 딥 러닝의 차이점〉

구분	정의	특징	학습	활용
인공지능 (AI)	인간의 지능을 모방하여, 스스로 학습하고 문제를 해결하는 컴퓨터 시스템	- 광범위한 개념 - 인간의 사고, 학습, 문제 해결 능력을 모방 - 다양한 분야에 응용 가능	- 추론, 탐색, 계획, 자연어 처리 등 다양한 기술 활용	- 전문가 시스템, 자연어 처리, 로봇 공학, 게임 인공지능
머신러닝 (ML)	인공지능의 한 분야로, 명시적인 프로그래밍 없이 데이터를 통해 학습하고 예측하는 알고리즘	- 인공지능의 하위 개념 - 데이터를 기반으로 학습하여 패턴을 파악하고 예측 수행 - 지도 학습, 비지도 학습, 강화 학습 등 다양한 학습 방법 존재	- 데이터 분석, 통계, 알고리즘 기반 학습	- 스팸 필터링, 이미지 분류, 추천 시스템, 의료 진단
딥 러닝 (DL)	머신러닝의 한 분야로, 인공 신경망을 이용하여 데이터를 학습하고 복잡한 패턴을 인식하는 기술	- 머신러닝의 하위 개념 - 다층 구조의 인공 신경망을 사용하여 데이터의 복잡한 패턴 학습 - 대규모 데이터 학습 및 높은 컴퓨팅 파워 필요	- 다층 신경망, 역전파 알고리즘, 활성화 함수 등을 활용한 학습	- 이미지 인식, 음성 인식, 자연어 처리, 자율 주행

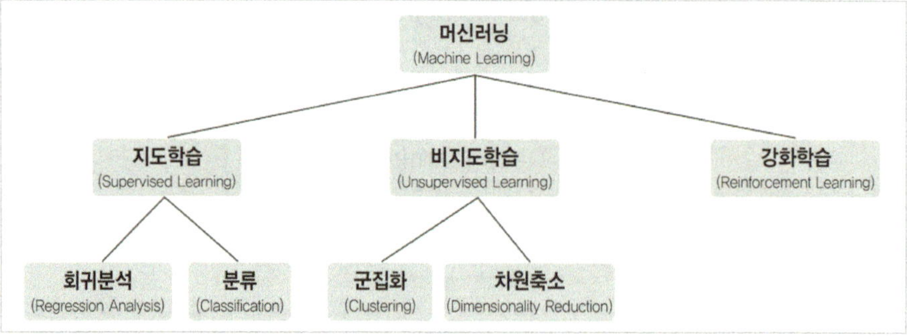

AI와 머신러닝, 딥러닝의 차이란 무엇인가? (네이버 블로그)

4 머신 러닝의 학습방법 유형

머신러닝은 크게 지도학습, 비지도학습, 강화학습으로 나뉘어진다. 이 세 가지 학습 방식은 각기 다른 특징을 가지며, 데이터의 유형과 학습 목표에 따라 적절한 방식을 선택하여 사용한다.

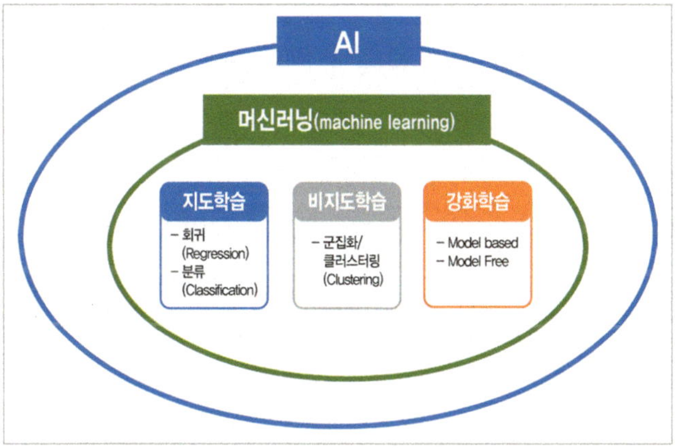

[AI/머신러닝] 4. 머신러닝(Machine Learning, 기계학습), 네이버 블로그

4. 1 지도학습, 비지도학습, 강화학습의 특징

1) 지도학습 (Supervised Learning)

지도학습은 입력 데이터와 그에 대한 정답(레이블)을 쌍으로 제공하여 모델을 학습시키는 방식이다. 라벨이 지정된 학습 데이터(구조화된 데이터)를 사용하여 특정 기능을 라벨에 매핑하는 머신러닝 모델이다. 예컨대 사과 사진을 인식하도록 알고리즘을 훈련시키려면 사과라는 라벨이 지정된 사진을 입력한다. 모델은 주어진 데이터를 통해 입력과 출력 사이의 관계를 학습하고, 새로운 입력 데이터에 대한 출력 값을 예측한다. 지도학습은 주로 분류(classification) 및 회귀(regression) 문제에 사용된다.

(1) 분류 : 데이터를 여러 개의 클래스 중 하나로 분류하는 문제 (예 : 스팸 메일 분류, 이미지 분류)

(2) 회귀 : 연속적인 값을 예측하는 문제 (예 : 주택 가격 예측, 교통량 예측, 주가 예측)

2) 비지도학습 (Unsupervised Learning)

비지도학습은 정답 레이블이 없는 데이터를 사용하여 모델을 학습시키는 방식이다. 모델은 데이터 자체의 구조나 패턴을 파악하여 데이터를 그룹화하거나 숨겨진 특징을 추출한다. 비지도학습은 주로 군집화(clustering), 차원 축소(dimensionality reduction), 연관 규칙 학습(association rule learning) 등에 사용된다. 예를 들어 알고리즘에 사과와 바나나 사진이 주어지면 어떤 사진이 사과이고 어떤 사진이 바나나인지 스스로 분류합니다. 비지도 학습은 설명 모델링과 패턴 일치에 우수하다.

(1) 군집화 : 유사한 특징을 가진 데이터들을 그룹으로 묶는 문제 (예 : 고객 세분화, 문서 분류)

(2) 차원 축소 : 고차원 데이터를 저차원으로 변환하는 문제 (예 : 이미지 압축, 데이터 시각화)

3) 강화학습 (Reinforcement Learning)

강화학습은 에이전트가 환경과 상호 작용하며 시행착오를 통해 학습하는 방식이다. 에이전트는 특정 행동을 취하고 그에 따른 보상을 받으며, 최대의 보상을 얻을 수 있는 방향으로 행동을 개선한다. 강화학습은 주로 게임 플레이, 로봇 제어, 자율 주행 등에 사용된다.

4. 2 지도학습 알고리즘의 유형 및 특성

1) 선형 회귀 (Linear Regression)

이론 : 입력 변수와 출력 변수 사이의 선형 관계를 모델링하는 알고리즘이다.

하나 이상의 독립 변수와 종속 변수 사이의 관계를 선형 방정식으로 표현하며, 최소 제곱법(least squares method)을 사용하여 모델을 학습한다.

(1) 특징 :

- 단순하고 해석하기 쉬운 모델이다.
- 데이터의 선형적인 관계를 잘 표현한다.
- 이상치에 민감할 수 있다.

(2) 적용 사례 :

- 주택 가격 예측
- 매출 예측
- 기온 예측

2) 다항식 회귀 (Polynomial Regression)

이론 : 입력 변수와 출력 변수 사이의 비선형 관계를 모델링하는 알고리즘이다. 독립 변수의 차수를 높여 다항식 형태로 관계를 표현하며, 선형 회귀와 마찬가지로 최소 제곱법을 사용하여 모델을 학습한다.

(1) 특징 :

- 선형 회귀보다 복잡한 관계를 표현할 수 있다.
- 과적합(overfitting)의 위험이 높다.

(2) 적용 사례 :

- 곡선 형태의 데이터 분석
- 이미지 처리
- 자연어 처리

3) K-최근접 이웃 (K-Nearest Neighbors, KNN)

이론 : 새로운 데이터 포인트를 K개의 가장 가까운 이웃 데이터 포인트를 기반으로 분류하거나 회귀하는 알고리즘이다. 거리 기반 알고리즘으로, 유클리드 거

리나 맨해튼 거리 등을 사용하여 데이터 포인트 간의 거리를 계산한다.

(1) 특징 :

- 간단하고 구현하기 쉽다.
- 학습 데이터 전체를 저장해야 하므로 메모리 사용량이 많다.
- K 값에 따라 성능이 크게 달라질 수 있다.

(2) 적용 사례 :

- 추천 시스템
- 패턴 인식
- 의료 진단

4) 나이브 베이즈 (Naive Bayes)

이론 : 베이즈 정리를 기반으로 하는 확률적 분류 알고리즘이다. 모든 특징들이 서로 독립적이라는 가정 하에 작동하며, 조건부 확률을 사용하여 데이터를 분류한다.

(1) 특징 :

- 간단하고 빠르다.
- 고차원 데이터에 효과적이다.
- 특징들 간의 독립성 가정이 현실에 맞지 않을 수 있다.

(2) 적용 사례 :

- 스팸 메일 분류
- 텍스트 분류
- 감정 분석

5) 결정 트리 (Decision Tree)

이론 : 트리 구조를 사용하여 데이터를 분류하거나 회귀하는 알고리즘이다. 각 노드는 특징에 대한 조건을 나타내고, 가지는 조건에 따른 결과를 나타낸다. 재귀

적으로 데이터를 분할하여 트리를 생성하며, 정보 이득(information gain)이나 지니 불순도(gini impurity) 등을 사용하여 분할 기준을 결정한다.

(1) 특징 :

- 해석하기 쉽고 시각화가 가능하다.
- 과적합의 위험이 높다.
- 가지치기(pruning) 등을 통해 과적합을 방지할 수 있다.

(2) 적용 사례 :

- 고객 세분화
- 의사 결정 지원
- 신용 평가

4. 3 비지도학습 알고리즘의 유형 및 특징

1) 퍼지C-평균 (Fuzzy C-Means)

이론 : 데이터 포인트가 여러 개의 클러스터에 속할 수 있다는 가정 하에 작동하는 알고리즘이다. 각 데이터 포인트는 각 클러스터에 속할 확률(membership degree)을 가지며, 이를 기반으로 클러스터 중심을 업데이트한다.

(1) 특징 :

- 경계가 모호한 데이터에 적합하다.
- 클러스터의 개수를 미리 지정해야 한다.

(2) 적용 사례 :

- 이미지 분할
- 패턴 인식
- 의료 진단

2) K-평균 클러스터링 (K-Means Clustering)

이론 : 데이터를 K개의 클러스터로 분할하는 알고리즘이다. 각 데이터 포인트는 가장 가까운 클러스터 중심에 할당되며, 클러스터 중심은 할당된 데이터 포인트의 평균으로 업데이트된다.

(1) 특징 :

- 간단하고 빠르다.
- 클러스터의 개수를 미리 지정해야 한다.
- 초기 중심 위치에 따라 결과가 달라질 수 있다.

(2) 적용 사례 :

- 고객 세분화
- 문서 분류
- 이미지 압축

3) 계층적 군집화 (Hierarchical Clustering)

이론 : 데이터를 트리 형태로 계층적으로 군집화하는 알고리즘이다. 각 데이터 포인트는 하나의 클러스터로 시작하여, 유사도에 따라 점진적으로 클러스터를 병합한다.

(1) 특징 :

- 클러스터의 개수를 미리 지정하지 않아도 된다.
- 계층 구조를 통해 데이터 간의 관계를 파악할 수 있다.
- 계산량이 많을 수 있다.

(2) 적용 사례 :

- 생물학적 분류
- 사회 연결망 분석
- 계통 발생 분석

4) 부분 최소 제곱 (Partial Least Squares, PLS)

이론 : 독립 변수와 종속 변수 사이의 관계를 설명하는 잠재 변수(latent variable)를 추출하는 알고리즘이다. 독립 변수와 종속 변수 모두의 분산을 최대화하는 방향으로 잠재 변수를 추출하며, 회귀 분석에 사용된다.

(1) 특징 :

- 다중 공선성(multicollinearity) 문제에 강건하다.
- 고차원 데이터에 효과적이다.

(2) 적용 사례 :

- 화학 분석
- 생물 정보학
- 경제 예측

5 머신 러닝의 장단점, 특징, 활용도

머신 러닝은 방대한 데이터를 분석하고 복잡한 패턴을 학습하여 인간의 의사결정을 지원하고 자동화하는 데 탁월한 능력을 보인다. 이는 다양한 분야에서 혁신을 이끌어내고 있지만, 동시에 몇 가지 한계점을 가지고 있다.

1) 머신 러닝의 장점, 특징, 활용

(1) 데이터 기반 의사결정 : 머신러닝은 데이터를 기반으로 패턴을 파악하고 예측을 수행함으로써, 인간의 주관적인 판단이나 편견을 최소화하고 객관적인 의사결정을 지원한다. 이는 특히 금융, 의료, 법률 등 정확하고 일관된 판단이 요구되는 분야에서 중요한 장점으로 작용한다.

예를 들어, 금융 분야에서는 머신러닝 알고리즘을 통해 신용 평가 모델을 구축하여 대출 심사의 정확성과 효율성을 높일 수 있다.

(2) 효율성 증대 : 머신러닝은 자동화를 통해 인간의 노동력을 대체하고 업무 효율성을 향상시킨다. 제조업에서는 머신러닝 기반 로봇을 활용하여 생산 라인의 자동화를 구현하고 생산성을 높일 수 있다.

고객 서비스 분야에서는 챗봇을 통해 24시간 고객 문의에 대응하고, 단순 반복적인 업무를 자동화하여 인력 운영의 효율성을 제고할 수 있다.

(3) 새로운 가치 창출 : 머신러닝은 기존에 발견하지 못했던 데이터 속의 숨겨진 패턴을 파악하고, 이를 통해 새로운 가치를 창출할 수 있도록 지원한다. 마케팅 분야에서는 고객 데이터 분석을 통해 개인 맞춤형 상품 추천 및 타겟 마케팅을 수행하여 고객 만족도를 향상시키고 매출 증대를 도모할 수 있다.

의료 분야에서는 머신러닝을 활용하여 질병 예측 모델을 개발하고, 개인별 맞춤형 치료법을 제공하여 질병 예방 및 치료 효과를 높일 수 있다.

(4) 끊임없는 학습 : 머신러닝 모델은 새로운 데이터가 입력될 때마다 스스로 학습하고 성능을 개선한다. 이러한 지속적인 학습 능력은 변화하는 환경에 빠르게 적응하고, 최적의 성능을 유지하는 데 중요한 역할을 한다.

예를 들어, 자율 주행 시스템은 주행 데이터를 지속적으로 학습하여 도로 상황 변화에 대응하고 안전성을 향상시킨다.

2) 머신러닝의 단점과 이에 따른 연구분야

(1) 데이터 의존성 : 머신러닝 모델의 성능은 학습 데이터의 품질에 크게 의존한다. 편향된 데이터로 학습된 모델은 편향된 결과를 생성할 수 있으며, 불충분한 데이터는 모델의 정확도를 떨어뜨릴 수 있다. 따라서, 머신러닝 모델 개발 시 데이터의 품질 확보 및 전처리 과정에 많은 노력을 기울여야 한다.

(2) 해석 가능성 부족 : 딥러닝과 같은 복잡한 머신러닝 모델은 내부 작동 원리를 이해하기 어려운 경우가 많다. 이러한 "블랙박스" 특성은 모델의 예측 결과에 대한 신뢰도를 저하시키고, 오류 발생 시 원인 파악을 어렵게 만들 수 있다. 특히 의료, 법률 등 중요한 의사결정에 머신러닝을 활용할 경우, 해석 가능성을 높이는

연구가 필요하다.

(3) 과적합 : 머신러닝 모델이 학습 데이터에 지나치게 특화되어 새로운 데이터에 대한 일반화 능력이 떨어지는 현상을 과적합이라고 한다. 과적합된 모델은 실제 환경에서 성능이 저하될 수 있으며, 이를 방지하기 위해 교차 검증, 정규화 등 다양한 기법을 적용해야 한다.

(4) 보안 및 윤리적 문제 : 머신러닝 모델은 악의적인 목적으로 사용될 경우 개인 정보 침해, 차별, 편견 등 윤리적인 문제를 야기할 수 있다. 또한, 머신러닝 시스템 자체의 보안 취약성은 심각한 사회적 문제로 이어질 수 있다. 따라서, 머신러닝 기술 개발 및 활용 과정에서 보안 및 윤리적 측면에 대한 충분한 고려가 필요하다.

참고문헌

1. Domingos (2012)"A few useful things to know about machine learning"
2. Hastie, Tibshirani, & Friedman (2009)"The Elements of Statistical Learning"
3. van der Maaten, Postma, & van den Herik, (2009) "Dimensionality Reduction : A Comparative Review"

15 딥 러닝(Deep Learning)이 그려내는 도시계획이야기

[주요 질문]

Ⅰ. 딥러닝의 기본 개념

1. 딥러닝이란 무엇이며, 머신러닝과 어떤 관계인가? 딥러닝의 핵심 아이디어를 설명하시오.
2. 딥러닝이 기존 머신러닝 기법과 비교하여 가지는 차별점은 무엇인가? 딥러닝의 구조적 특징을 중심으로 설명하시오.
3. 딥러닝의 등장 배경에는 어떤 기술적, 사회적 요인들이 있는가? 빅데이터, 컴퓨팅 파워, 알고리즘 발전 등을 연관지어 설명하시오.

Ⅱ. 딥러닝의 작동 원리

4. 인공 신경망의 기본 구조와 각 구성 요소(노드, 계층, 가중치, 활성화 함수)의 역할을 설명하시오.
5. 딥러닝 모델의 학습 과정을 단계별로 설명하고, 역전파 알고리즘의 역할을 구체적으로 기술하시오.
6. 딥러닝 모델의 성능에 영향을 미치는 주요 요인은 무엇이며, 이를 어떻게 조절하여 최적의 모델을 구축할 수 있는가?

Ⅲ. 딥러닝의 유형 및 활용

7. 딥러닝의 주요 유형 5가지(컴퓨터 비전, 음성 인식, 자연어 처리, 추천 엔진, 생성형 AI)를 각각 설명하고, 차이점을 비교 분석하시오.

8. 딥러닝이 도시 계획, 건축, 교통, 환경 등 도시 분야에서 어떻게 활용될 수 있는지 구체적인 사례를 들어 설명하시오.
9. 딥 제너레이티브 러닝이란 무엇이며, 기존 딥러닝과 어떤 차이점이 있는가? 딥 제너레이티브 러닝의 작동 방식과 활용 가능성을 설명하시오.

Ⅳ. 딥러닝의 미래 전망

10. 딥러닝 기술의 발전이 미래 사회에 미칠 영향은 무엇이며, 딥러닝의 윤리적 문제는 무엇인가?
11. 딥러닝 연구 및 개발 분야의 최신 동향을 소개하고, 앞으로 딥러닝 기술이 어떤 방향으로 발전할 것으로 예상하는가?
12. 딥러닝 기술의 한계와 앞으로 해결해야 할 과제는 무엇인가?

From Babies to AI Model : Basic understanding of Deep Learning, Linkedin

1 2035년, 딥러닝이 그려내는 도시의 미래

2035년, 서울. 딥러닝은 도시 곳곳에 깊숙이 스며들어 도시민의 삶과 라이프 스타일을 혁신적으로 변화시켰다. 도시는 더욱 스마트해졌고, 삶은 더욱 편리하고 풍요로워졌다. 딥러닝이 만들어낸 2035년 도시 생활을 10가지 가상적인 사례를 통해 구체적으로 살펴보자.

#장면1. 스마트 도시 계획 : 도시 인구 예측

도시 계획 부서는 딥러닝 기반 인구 예측 시스템을 활용하여 미래 도시 인구 변화를 예측한다. 출생률, 사망률, 이주율, 경제 상황, 주택 정책 등 다양한 변수를 고려하여 10년 후, 20년 후 도시 인구 분포를 예측하고, 이를 바탕으로 도시 확장 계획, 주택 공급 계획, 교통망 확충 계획 등을 수립한다.

#장면 2. 맞춤형 주택 추천 : 주택 가격 예측

"내 집 마련의 꿈, 이룰 수 있을까?" 스마트폰 앱을 통해 원하는 지역, 면적, 예산 등을 입력하면 딥러닝 기반 주택 추천 시스템이 최적의 매물을 추천해준다.

딥러닝을 활용한 주택 가격 예측 모델 구축 Sequential 모델 예제, velog

시스템은 과거 주택 가격 데이터, 주변 환경, 개발 계획, 금리 변동 등을 종합적으로 분석하여 미래 주택 가격까지 예측해준다. 덕분에 시민들은 미래 가치까지 고려하여 합리적인 주택 구매 결정을 내릴 수 있다.

#장면 3. 예술과 과학의 만남 : 건축 디자인

건축가들은 딥러닝 기반 디자인 도구를 활용하여 창의적인 건축물을 설계한다. 건축물의 용도, 규모, 예산, 주변 환경, 에너지 효율 등을 입력하면 AI는 다양한 디자인 옵션을 제시한다. 건축가는 AI가 제시한 옵션을 참고하여 독창적인 디자인을 완성하고, 3D 모델링을 통해 건축물의 외관과 내부를 미리 확인하며 설계를 수정 보완한다.

#장면 4. 똑똑한 교통 시스템 : 교통량 분석 및 예측

도시 교통 관제 센터는 딥러닝 기반 교통량 분석 시스템을 통해 실시간 교통 상황을 파악하고 미래 교통량을 예측한다. CCTV 영상 분석, GPS 데이터, 날씨 정보, 주요 도로의 차량 속도 등을 종합적으로 분석하여 교통 혼잡을 예측하고, 신호 체계를 최적화하여 교통 흐름을 원활하게 한다.

#장면 5. 지속 가능한 도시 환경 : 환경 계획

딥러닝은 도시 환경 계획에도 활용된다. 대기 오염, 소음, 녹지 면적, 기온, 풍향 등 다양한 환경 데이터를 분석하여 도시 환경 문제를 진단하고, 최적의 환경 개

교통량 계산을 위한 딥 러닝 ? 테스트웍스

선 방안을 제시한다. 딥러닝 기반 환경 시뮬레이션을 통해 도시 계획이 환경에 미치는 영향을 예측하고, 지속 가능한 도시 개발을 위한 정책을 수립한다.

#장면 6. 편리하고 안전한 이동 : 자율주행차

2035년에는 자율주행차가 대중화되어 도시 교통의 중심이 된다. 딥러닝 기반 자율주행 시스템은 도로 상황, 차량 상태, 교통 신호, 보행자, 날씨 등을 실시간으로 분석하여 안전하고 효율적인 주행 경로를 계획한다. 시민들은 자율주행차 안에서 편안하게 휴식을 취하거나 업무를 보면서 목적지까지 이동한다.

#장면 7. 인간과 로봇의 공존 : 휴머노이드 로봇

휴머노이드 로봇은 가정, 병원, 학교, 공공기관 등 다양한 곳에서 활용된다. 가정에서는 가사 도우미, 개인 비서, 교육 도우미 역할을 수행하고, 병원에서는 환자 돌봄, 재활 치료, 의료 지원 업무를 담당한다. 학교에서는 학습 지원, 학생 상담, 안전 관리 등을 담당하며, 공공기관에서는 민원 안내, 정보 제공, 시설 관리 등의 업무를 수행한다.

#장면 8. 스마트 헬스케어 : 건강 관리

시민들은 웨어러블 기기를 통해 건강 상태를 실시간으로 모니터링하고, 딥러닝 기반 건강 관리 시스템은 개인별 맞춤형 건강 관리 서비스를 제공한다. 시스템

How Robotics is Changing Healthcare and Elderly Care, Medium

은 개인의 건강 데이터, 생활 습관, 유전 정보 등을 분석하여 질병 예측, 건강 이상 징후 감지, 운동 처방, 영양 관리 등을

#장면 9. 안전한 도시 환경 : 범죄 예방

딥러닝 기반 CCTV 영상 분석 시스템은 도시 곳곳에서 발생하는 범죄를 예방하고 시민의 안전을 지킨다. 시스템은 실시간으로 CCTV 영상을 분석하여 이상 행동, 폭력 상황, 위험 요소 등을 감지하고, 경찰에 즉시 알려 범죄 발생을 사전에 예방한다.

#장면 10. 효율적인 에너지 관리 : 스마트 에너지

딥러닝은 도시 에너지 관리 시스템에도 활용된다. 건물의 에너지 사용량, 날씨, 시간대, 요일 등을 분석하여 에너지 소비 패턴을 예측하고, 에너지 사용량을 최적화한다. 스마트 그리드 시스템과 연동하여 에너지 생산 및 소비를 효율적으로 관리하고, 에너지 절약을 통해 지속 가능한 도시 환경을 조성한다.

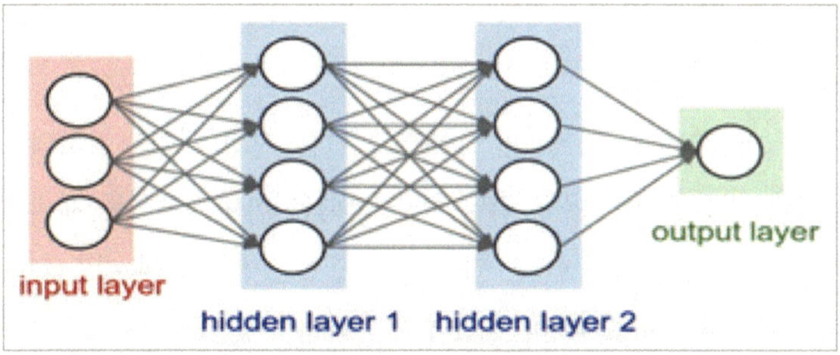

What is Deep Learning? Its history and place in our future, Thematic

2 AX(AI Transformation : 인공지능 전환)2.0시대의 배경에는 딥 러닝의 역할이 컸다.

1) 딥 러닝(Deep Learning)은?인간의 두뇌에서 영감을 받아 컴퓨터가 데이터를 처리하도록 가르치는 AI의 한 분야이다

이제 AI 단순추론을 넘어 스스로 판단, 행동까지 하는 단계까지 진화하며, AX(AI Transformation : 인공지능 전환)2.0시대가 열리고 있다. AI가 이렇게까지 발전한 배경에는 딥러닝이 버티고 있다. 뇌를 모방하는 AI가 딥 러닝이다. 딥 러닝을 통해서 이전에는 생각 못했던 일들을 처리할 수 있는 세상이 되었다.

딥 러닝(Deep Learning)은 인간의 두뇌에서 영감을 받아 컴퓨터가 데이터를 처리하도록 가르치는 인공 지능(AI)의 한 분야이다.?딥(Deep)하게 학습하는 머신 러닝의 일종이다. 딥 러닝은 복잡한 데이터 패턴을 인식하여 정확한 예측과 인사이트를 생성할 수 있다. 딥 러닝은 인간 두뇌의 복잡한 의사 결정 능력을 시뮬레이션하기 위해?심층 신경망?이라고 불리는 다층?신경망을 사용하는 기계 학습의 하위 집합이다.

2) 딥 러닝과 머신러닝의 가장 큰 차이점은 기본 신경망 아키텍처의 구조이다

딥 러닝과 머신러닝의 가장 큰 차이점은 기본 신경망 아키텍처의 구조이다. "Nondeep"이라는?전통적인 머신 러닝 학습?모델은 하나 또는 두 개의 계산 계층이 있는 간단한 신경망을 사용한다. 딥 러닝 모델은 3개 이상의 계층(일반적으로 수백 또는 수천 개의 계층)을 사용하여 모델을 훈련한다.

머신 러닝에서 지도 학습 모델은 정확한 출력을 만들기 위해 구조화되고 레이블이 지정된 입력 데이터가 필요하다. 하지만 딥러닝 모델은 비지도 학습을 사용할 수 있다. 비지도 학습을 통해 딥러닝 모델은 비정형 원시 데이터에서 정확한 출력을 만드는 데 필요한 특성, 특징 및 관계를 추출할 수 있다. 또한 이러한 모델은 정밀도를 높이기 위해 출력을 평가하고 개선할 수도 있다.

3) 딥 러닝과 머신 러닝의 구체적인 차이점

〈딥 러닝과 머신 러닝의 구체적인 차이점〉

특징	머신 러닝	딥 러닝
정의	데이터에서 패턴을 학습하여 예측이나 결정을 수행하는 알고리즘	인공 신경망을 사용하여 데이터에서 복잡한 패턴을 학습하는 머신러닝의 한 분야
데이터 특징	사람이 직접 데이터의 특징을 추출하여 제공	스스로 데이터의 특징을 학습하고 추출
학습 방식	다양한 알고리즘 (결정 트리, SVM, 선형 회귀 등) 사용	여러 층의 인공 신경망을 통해 학습
데이터 규모	비교적 적은 데이터로도 학습 가능	대량의 데이터 필요
계산 복잡도	일반적으로 딥 러닝보다 낮음	머신 러닝보다 높음
성능	데이터 특징 추출에 따라 성능이 크게 좌우됨	대량의 데이터를 통해 높은 성능을 달성 가능
응용 분야	스팸 필터링, 사기 탐지, 추천 시스템 등	이미지 인식, 자연어 처리, 음성 인식 등
예시	스팸 메일 분류, 상품 추천	자율 주행, 의료 진단, 기계 번역

What is Deep Learning? A Tutorial for Beginners | DataCamp

3 아이의 학습 과정에 비유한 딥 러닝 이야기

Teaching Kids Deep Learning, Medium

딥 러닝의 개념을 쉽게 이해하기 위해, 아이가 사물을 인지하는 과정에 비유하여 설명할 수 있다. 갓 태어난 아이는 세상에 대한 지식이 전혀 없다. 그러나 아이는 주변 환경과의 상호 작용을 통해 점차 사물을 구분하고 인지하는 법을 배운다.

예를 들어, 아이는 여러 번의 시행착오를 거쳐 '고양이'라는 동물을 인지하게 된다. 처음에는 고양이의 특징을 제대로 파악하지 못하여 강아지나 다른 동물을 보고도 고양이라고 착각할 수 있다. 하지만 부모님이나 주변 사람들이 "이건 고양이야", "저건 강아지야"라고 알려주는 과정을 통해 아이는 고양이와 다른 동물들을 구분하는 기준을 점차 학습하게 된다. 즉, 아이는 다양한 데이터(고양이, 강아지, 토끼 등의 동물 이미지)를 통해 고양이의 특징을 학습하고, 이를 바탕으로 새로운 동물을 보았을 때 고양이인지 아닌지 판단할 수 있게 된다.

딥 러닝 모델은 학습 데이터가 많을수록, 그리고 인공 신경망의 층이 깊을수록 더욱 복잡한 패턴을 인식하고 정확한 예측을 수행할 수 있다. 이러한 특징 때문에 딥 러닝은 이미지 인식, 음성 인식, 자연어 처리 등 다양한 분야에서 뛰어난 성능을 보이고 있으며, 앞으로 더욱 발전하여 인공지능 기술의 핵심적인 역할을 담당할 것으로 예상된다.

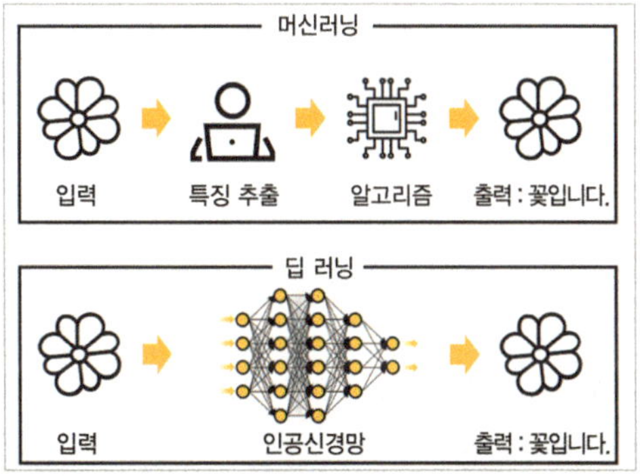

머신러닝과 딥러닝 알고리즘의 차이점 - Genspark

4 딥러닝이 왜 중요한가?

1) 딥러닝의 중요성

딥러닝은 기존 머신러닝 알고리즘으로는 해결하기 어려웠던 복잡한 문제들을 해결할 수 있는 잠재력을 가지고 있다. 특히 이미지 인식, 음성 인식, 자연어 처리 등의 분야에서 뛰어난 성능을 보이며, 의료, 금융, 제조 등 다양한 분야에서 혁신을 이끌어내고 있다. 딥러닝의 중요성은 다음과 같이 요약할 수 있다.

(1) 복잡한 패턴 인식 : 딥러닝은 다층 구조의 인공 신경망을 통해 데이터의 복잡한 패턴을 학습하고 인식할 수 있다. 이는 이미지, 음성, 텍스트 등 비정형 데이터 분석에 매우 효과적이다.

(2) 높은 예측 정확도 : 딥러닝 모델은 대규모 데이터 학습을 통해 높은 예측 정확도를 달성할 수 있다. 이는 의료 진단, 금융 예측, 제품 추천 등 다양한 분야에서 의사결정의 정확성을 높이는 데 기여한다.

(3) 자율 학습 : 딥러닝 모델은 사람의 개입 없이 스스로 데이터를 학습하고 성능을 향상시킬 수 있다. 이는 변화하는 환경에 빠르게 적응하고 최적의 성능을 유지하는 데 중요한 역할을 한다.

2) 딥 러닝 기술은 AI 애플리케이션(예)의 기반이 된다

예컨대 딥 러닝 기술은 다음과 같은 일상적 제품에 사용되는 여러 인공 지능 애플리케이션 사례의 기반이 된다.

- 챗봇 및 코드 생성기
- 디지털 어시스턴트
- 음성 인식 TV 리모컨
- 사기 탐지
- 자동 얼굴 인식
- 자율 주행 자동차,
- 가상 현실

등과 같은 기술의 중요한 구성 요소이기도 하다. 기업이나 공공분야에서는 딥 러닝 모델을 사용하여 다양한 애플리케이션에서 데이터를 분석하고 예측할 수 있다

5 딥러닝의 5가지 유형(방식) 및 특징

딥러닝은 다양한 유형의 인공 신경망 구조를 사용하며, 각 구조는 특정 문제 해결에 적합한 특징을 가지고 있다. 대표적인 딥러닝 유형은 다음과 같다.

유형	특징
다층 퍼셉트론 (MLP)	딥러닝의 기본적인 구조로, 여러 층의 뉴런으로 구성된다.
컨볼루션 신경 (CNN)	이미지 인식에 특화된 구조로, 이미지의 공간적 특징을 효과적으로 추출한다.
순환 신경망(RNN)	시계열 데이터 분석에 특화된 구조로, 이전 입력 정보를 기억하여 현재 출력에 반영한다.
생성적 적대 신경망 (GAN)	새로운 데이터를 생성하는 데 사용되는 구조로, 두 개의 신경망이 서로 경쟁하며 학습한다.
오토인코더 (Autoencoder)	데이터의 차원을 축소하거나 특징을 추출하는 데 사용되는 구조로, 입력 데이터를 압축하고 복원하는 과정을 통해 학습한다.

6 딥러닝의 작동 방식

딥러닝 모델은 입력 데이터를 여러 층의 인공 신경망을 통해 처리하며, 각 층에서는 이전 층에서 학습된 정보를 기반으로 더욱 추상화된 특징을 추출한다. 딥러닝 모델은 인간의 뇌 신경망 구조를 모방한 인공 신경망(Artificial Neural Network)으로 구성된다. 이 인공 신경망은 여러 개의 계층(Layer)으로 이루어져 있으며, 각 계층은 다수의 노드(Node)로 구성된다. 딥러닝 모델의 작동 방식은 크게 입력층, 은닉층, 출력층의 3단계로 나누어 설명할 수 있다.

딥러닝 모델의 성능은 은닉층의 개수, 각 층의 노드 개수, 활성화 함수의 종류, 학습 데이터의 양 등 다양한 요인에 의해 영향을 받는다. 따라서 딥러닝 모델을 설계하고 학습시킬 때는 문제의 특성과 데이터의 특징을 고려하여 최적의 구조를 선택해야 한다.

1) 입력층 (Input Layer)

(1) 입력층 개념 : 입력층은 외부에서 데이터를 받아들이는 역할을 한다. 이미지 인식의 경우, 이미지의 각 픽셀 값이 입력층의 노드에 입력된다. 자연어 처리의 경우, 문장을 구성하는 단어들이 입력층에 입력될 수 있다. 즉, 입력층은 딥러닝 모델에 데이터를 전달하는 첫 번째 관문이다.

(2) 사례 : 고양이 사진을 인식하는 딥러닝 모델을 생각해 보자. 입력층은 고양이 사진의 각 픽셀의 색상 정보 (RGB 값)를 받아들인다.

2) 은닉층 (Hidden Layer)

(1) 은닉층 개념 : 은닉층은 입력층에서 받아들인 데이터를 처리하고 분석하는 역할을 한다. 하나의 딥러닝 모델은 여러 개의 은닉층을 가질 수 있으며, 각 은닉층은 이전 계층의 출력을 입력으로 받아 특정 연산을 수행한다. 은닉층에서는 각 노드에 가중치(Weight)가 할당되어 입력 데이터의 중요도를

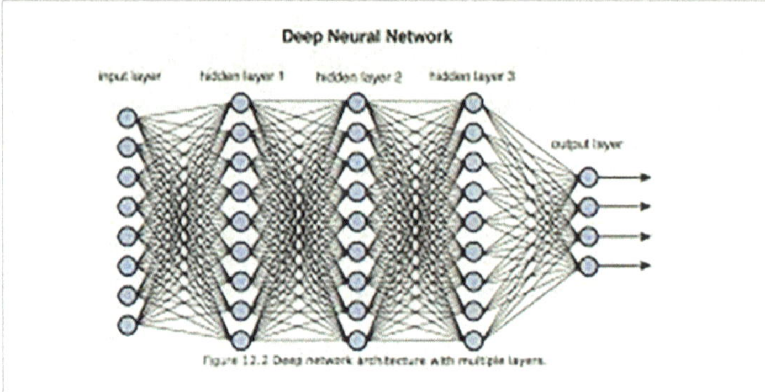

Training Deep Neural Networks, Medium

조절하고, 활성화 함수(Activation Function)를 통해 비선형적인 변환을 수행한다. 이러한 과정을 통해 입력 데이터의 복잡한 패턴을 학습하고 추상화된 정보를 추출한다.

(2) 사례 : 고양이 사진 인식 모델에서 은닉층은 픽셀 정보를 바탕으로 고양이의 특징을 추출한다. 첫 번째 은닉층에서는 가장자리, 색상, 질감 등 기본적인 특징을 추출하고, 다음 은닉층에서는 이러한 특징들을 조합하여 눈, 코, 귀, 털 등 고양이의 구체적인 부위를 인식한다.

3) 출력층 (Output Layer)

(1) 출력층 개념 : 출력층은 은닉층에서 처리된 정보를 바탕으로 최종 결과를 출력하는 역할을 한다. 이미지 인식의 경우, 출력층은 이미지가 어떤 사물을 나타내는지 분류 결과를 출력한다. 자연어 처리의 경우, 번역된 문장이나 감정 분석 결과를 출력할 수 있다. 출력층의 노드 개수는 문제의 유형에 따라 달라진다.

(2) 사례 : 고양이 사진 인식 모델에서 출력층은 입력된 이미지가 고양이일 확률을 출력한다. 만약 출력값이 0.8이라면, 딥러닝 모델은 입력된 이미지가 80% 확률로 고양이라고 판단하는 것이다.

Implemented Artificial Intelligence | David Cain, Linkedin

7 딥러닝의 장단점

〈딥 러닝의 장단점〉

장점	단점
복잡한 패턴 인식	높은 계산 비용
높은 예측 정확도	대규모 데이터 필요
자율 학습 해석	가능성 부족
다양한 분야 적용 가능	과적합 가능성

8 딥러닝의 도시계획, 도시건축, 교통, 환경 분야 적용 사례

딥러닝은 도시 및 건축 분야에서 다양한 문제를 해결하고 효율성을 높이는 데 기여하고 있으며, 앞으로 더욱 발전하여 스마트 도시 구축 및 지속 가능한 도시 개발에 중요한 역할을 담당할 것으로 예상된다

(1) 도시 계획 : 딥러닝은 도시 계획 분야에서 토지 이용 변화 예측, 교통량 예측, 도시 환경 분석 등에 활용된다. 예를 들어, 위성 이미지 분석을 통해 도시 확장 및 토지 이용 변화를 예측하고, 이를 도시 계획에 반영할 수 있다.

(2) 도시 건축 설계 : 딥러닝은 건축물 에너지 소비량 예측, 건축물 구조 안전성 분석, 건축 디자인 생성 등에 활용된다. 예를 들어, 건축물의 설계 도면, 주변 환경 데이터 등을 딥러닝 모델에 입력하여 건축물의 에너지 효율성을 예측하고 최적화할 수 있다.

(3) 교통 : 딥러닝은 교통 분야에서 자율 주행 시스템 개발, 교통량 예측, 교통사고 예방 등에 활용된다. 예를 들어, 딥러닝 기반 자율 주행 시스템은 도로 환경, 차량 상태, 교통 상황 등을 실시간으로 분석하여 안전하고 효율적인 주행을 가능하게 한다.

(4) 환경 : 딥러닝은 환경 분야에서 대기 오염 예측, 수질 오염 감시, 기후 변화 예측 등에 활용된다. 예를 들어, 센서 네트워크를 통해 수집된 환경 데이터를 딥러닝 모델에 입력하여 대기 오염 수준을 예측하고, 오염 발생 시 조기 경보 시스템을 통해 시민들에게 알릴 수 있다.

(5) 공원 녹지 : 딥러닝은 공원 녹지 분야에서 식물 생장 상태 분석, 공원 이용객 행태 분석, 공원 관리 최적화 등에 활용된다. 예를 들어, 드론으로 촬영한 공원 이미지를 분석하여 식물의 생장 상태를 파악하고 병충해 발생 여부를 조기에 진단할 수 있다.

(6) 주택 : 딥러닝은 주택 분야에서 주택 가격 예측, 주택 에너지 관리, 주택 보안 시스템 등에 활용된다. 예를 들어, 주택의 위치, 면적, 건축 연도, 주변 환경 등의 데이터를 딥러닝 모델에 입력하여 주택 가격을 예측할 수 있다.

9 딥러닝의 5가지 주요 유형 및 적용 사례

딥러닝은 다양한 분야에서 활용되며, 각 분야에 특화된 딥러닝 모델과 기술들이 개발되고 있다.

유형	특징	활용도	사례
컴퓨터 비전 (Computer Vision)	이미지 및 비디오 데이터를 분석하고 이해하는 기술. CNN (Convolutional Neural Network)과 같은 딥러닝 모델을 주로 활용한다.	- 이미지 분류 - 객체 탐지 - 이미지 생성 - 영상 분석	- 자율 주행 시스템 : 도로 상황 인식, 장애물 감지 - 의료 영상 분석 : 질병 진단, 치료 계획 수립 - 보안 시스템 : 얼굴 인식, 객체 추적 - 제조업 : 제품 검수, 불량품 탐지
음성 인식 (Speech Recognition)	음성 데이터를 텍스트로 변환하거나 음성의 의미를 이해하는 기술. RNN (Recurrent Neural Network), LSTM (Long Short-Term Memory)과 같은 딥러닝 모델을 주로 활용한다.	- 음성 검색 - 음성 비서 - 음성 번역 - 음성 합성	- 스마트 스피커 : 음성 명령 인식, 정보 제공 - 콜센터 자동화 : 고객 응대, 상담 지원 - 회의록 작성 : 음성 데이터를 텍스트로 변환 - 음성 인식 기반 키보드 : 음성으로 텍스트 입력
자연어 처리 (Natural Language Processing)	인간의 언어를 이해하고 처리하는 기술. RNN, LSTM, Transformer와 같은 딥러닝 모델을 주로 활용한다.	- 텍스트 분류 - 감정 분석 - 기계 번역 - 질의응답 시스템 - 챗봇	- 스팸 메일 필터링 : 스팸 메일 탐지 및 차단 - 소셜 미디어 분석 : 여론 분석, 트렌드 파악 - 자동 번역 서비스 : 다국어 번역 지원 - AI 기반 고객 상담 : 챗봇을 통한 자동 응대
추천 엔진 (Recommendation Engine)	사용자의 선호도를 학습하여 맞춤형 콘텐츠를 추천하는 기술. 협업 필터링 (Collaborative Filtering), 콘텐츠 기반 필터링 (Content-based Filtering)과 같은 딥러닝 기반 추천 알고리즘을 활용한다.	- 상품 추천 - 콘텐츠 추천 - 친구 추천 - 뉴스 추천	- 온라인 쇼핑몰 : 개인 맞춤형 상품 추천 - 음악 스트리밍 서비스 : 취향에 맞는 음악 추천 - 소셜 네트워크 서비스 : 관심사 기반 친구 추천 - 뉴스 웹사이트 : 사용자 맞춤형 뉴스 제공
생성형 AI (Generative AI)	새로운 콘텐츠를 생성하는 기술. GAN (Generative Adversarial Network), Variational Autoencoder (VAE)와 같은 딥러닝 모델을 주로 활용한다.	- 이미지 생성 - 텍스트 생성 - 음악 생성 - 코드 생성	- 예술 작품 창작 : 새로운 이미지, 음악, 텍스트 생성 - 게임 개발 : 게임 캐릭터, 아이템, 배경 생성 - 디자인 분야 : 로고, 제품 디자인 생성 - 가상 인플루언서 생성 : 사실적인 가상 캐릭터 생성

10 딥 제너레이티브(생성형) 러닝(Deep Generative Learning) : 새로운 콘텐츠를 창조하는 AI

딥 제너레이티브 러닝은 딥러닝의 한 분야로, 기존 데이터를 학습하여 새로운 데이터를 생성하는 기술이다. 이는 마치 인간이 학습한 지식을 바탕으로 새로운 그림을 그리거나, 작곡을 하거나, 글을 쓰는 것과 유사하다. 딥 제너레이티브 러닝은 이미지, 텍스트, 음악, 코드 등 다양한 형태의 데이터를 생성할 수 있으며, 예술, 디자인, 엔터테인먼트, 과학 연구 등 다양한 분야에서 활용될 수 있다.

1) 딥 제너레이티브 러닝 모델의 작동 방식

딥 제너레이티브 러닝 모델은 일반적으로 두 가지 주요 구성 요소로 이루어진다.

(1) 생성자 (Generator) : 새로운 데이터를 생성하는 역할을 한다. 생성자는 랜덤 노이즈를 입력으로 받아 학습된 데이터 분포를 모방한 새로운 데이터를 생성한다.

(2) 판별자 (Discriminator) : 생성자가 생성한 데이터가 실제 데이터와 얼마나 유사한지 판별하는 역할을 한다. 판별자는 실제 데이터와 생성된 데이터를 구분하도록 학습된다.

생성자와 판별자는 서로 경쟁하며 학습하는 과정을 통해 성능을 향상시킨다. 생성자는 판별자를 속일 수 있도록 더욱 실제적인 데이터를 생성하려고 노력하고, 판별자는 생성된 데이터를 정확하게 판별하려고 노력한다. 이러한 경쟁적 학습 과정을 통해 생성자는 점차 실제 데이터와 구분하기 어려운 고품질의 데이터를 생성할 수 있게 된다.

2) 알기 쉬운 사례 : 화가 AI

딥 제너레이티브 러닝을 이해하기 쉽게 설명하기 위해, 화가 AI를 예로 들어보자.

(1) 학습 : 화가 AI는 수많은 예술 작품들을 학습한다. 이 과정에서 AI는 다양한 화풍, 색감, 구도 등을 분석하고 학습한다.

(2) 생성 : 학습을 마친 AI는 이제 새로운 그림을 생성할 수 있다. AI는 랜덤 노이즈를 입력으로 받아, 학습한 지식을 바탕으로 새로운 그림을 그린다.

(3) 판별 : AI가 생성한 그림은 사람이나 또 다른 AI 판별자에 의해 평가된다. 만약 그림이 충분히 사실적이고 예술적이라면, AI는 성공적으로 새로운 예술 작품을 창조한 것이다.

3) 딥 제너레이티브 러닝의 활용

딥 제너레이티브 러닝은 다양한 분야에서 활용될 수 있다.

(1) 예술 및 창작 : 새로운 예술 작품, 음악, 디자인 등을 생성한다.

(2) 콘텐츠 제작 : 게임 캐릭터, 아이템, 배경 등을 생성한다.

(3) 데이터 증강 : 학습 데이터 부족 문제를 해결하기 위해 인공적으로 데이터를 생성한다.

* 신약 개발 : 새로운 약물 후보 물질을 생성한다.

딥 제너레이티브 러닝은 아직 초기 단계에 있지만, 빠르게 발전하고 있으며, 앞으로 더욱 다양한 분야에서 혁신적인 변화를 가져올 것으로 예상된다.

4) 딥 제너레이티브 러닝과 딥러닝의 차이점

딥러닝은 인공 신경망을 이용하여 데이터를 학습하고 패턴을 인식하는 기술이다. 딥 제너레이티브 러닝은 딥러닝의 한 분야로, 기존 데이터의 학습을 통해 새로운 데이터를 생성하는 데 중점을 둔다.

두 기술의 특징적인 차이점을 표로 정리하면 다음과 같다.

〈딥 제너레이티브 러닝과 딥러닝의 차이점〉

특징	딥 러닝	딥 제너레이티브 러닝
목표	데이터 분석, 패턴 인식, 예측	새로운 데이터 생성
학습 방식	지도 학습, 비지도 학습, 강화 학습	생성자와 판별자 간의 경쟁적 학습 (GAN 등)
주요 모델	다층 퍼셉트론 (MLP), 컨볼루션 신경망 (CNN), 순환 신경망 (RNN)	생성적 적대 신경망 (GAN), Variational Autoencoder (VAE)
데이터	주로 기존 데이터 활용	기존 데이터 학습 후 새로운 데이터 생성
활용	이미지 인식, 음성 인식, 자연어 처리, 예측 분석	이미지 생성, 텍스트 생성, 음악 생성, 신약 개발
장점	높은 예측 정확도, 복잡한 패턴 인식, 자동화된 특징 추출	창의적인 콘텐츠 생성, 데이터 증강, 새로운 가능성 탐색
단점	높은 계산 비용, 대규모 데이터 필요, 해석 가능성 부족	학습 불안정성, 생성 데이터의 다양성 및 품질 제어 어려움

참고문헌

1. LeCun, Bengio, & Hinton (2015),"Deep Learning"
2. Krizhevsky, Sutskever, & Hinton (2012),"ImageNet Classification with Deep Convolutional Neural Networks"
3. O'Neil (2016),"Weapons of Math Destruction : How Big Data Increases Inequality and Threatens Democracy"

16 LLM→LMM→LAM으로 갈수록 똑똑해 지는 도시 AI

[주요 질문]

1. LLM (거대언어모델 : Large Language Model)

- LLM의 맥락 학습(in-context learning)과 사고 사슬 프롬프팅(chain-of-thought prompting)은 인간의 인지 과정과 어떤 유사성을 가지는가? (핵심 키워드 : 맥락 학습, 사고 사슬 프롬프팅, 인지 과정)
- LLM의 발전이 인간의 작업 효율성을 높이고 새로운 가능성을 제시하는 구체적인 사례는 무엇인가? (핵심 키워드 : 작업 효율성, 새로운 가능성, 챗봇, 번역, 요약, 콘텐츠 제작)
- LLM의 윤리적 문제점에는 어떤 것들이 있으며, 이를 해결하기 위한 방안은 무엇인가? (핵심 키워드 : 저작권 침해, 개인 정보 보호, 법적 및 윤리적 기준)

2. LMM (거대멀티모달모델 : Large Multimodal Model)

- LMM이 다양한 형태의 데이터를 처리하는 방식과 이를 통해 얻을 수 있는 이점은 무엇인가? (핵심 키워드 : 멀티모달, 데이터 유형, 현실 세계 이해, 상호 작용)
- LMM의 “네이티브 멀티모달” 방식이 기존 멀티모달 모델과 어떤 차이점을 가지는가? (핵심 키워드 : 네이티브 멀티모달, 데이터 처리 방식, 통합적 처리)
- LMM을 활용하여 시각 장애인을 위한 보조 도구를 개발하는 구체적인 방법은 무엇인가? (핵심 키워드 : 시각 장애인 보조 도구, 환경 설명, 사회적 상호 작용)

3. LAM (거대행동모델 : Large Action Model)

- LAM이 LLM, LMM과 차별화되는 가장 큰 특징은 무엇이며, 이를 통해 어떤 새로운 가능성을 제시하는가? (핵심 키워드 : 행동 패턴, 작업 수행, 에이전트)
- LAM의 강화 학습, 행동 트리, 목표 지향 계획 기술은 인간의 행동을 모델링하고 예측하는 데 어떻게 활용되는가? (핵심 키워드 : 강화 학습, 행동 트리, 목표 지향 계획, 행동 모델링)
- LAM의 sporadic LAM (S-LAM)과 TSC-LAM 유형의 차이점과 각 유형의 특징은 무엇인가? (핵심 키워드 : S-LAM, TSC-LAM, 증상, 특징)

4. 스마트 도시 적용

- LLM, LMM, LAM을 스마트 도시에 적용했을 때 발생할 수 있는 사회적, 윤리적 문제점과 해결 방안은 무엇인가? (핵심 키워드 : 데이터 편향, 개인 정보 보호, 보안 취약성, 윤리적 문제, 사회적 수용성)
- 스마트 도시의 지속 가능한 발전을 위해 LLM, LMM, LAM 기술을 어떻게 통합적으로 활용할 수 있는가? (핵심 키워드 : 지속 가능한 발전, 통합적 활용, 상호 보완, 도시 문제 해결)
- LLM, LMM, LAM 기술 발전을 위한 정책적 지원 및 규제 방안에는 어떤 것들이 있는가? (핵심 키워드 : 기술 개발 지원, 인프라 구축, 사회적 수용성 제고, 법적 규제 마련, 인재 양성)

Pattern Recognition : AI Seeing Where Humans Cannot, Linkedin

1 2035년 AI 도시, 상상 그 이상의 이야기!

#장면1. 똑똑한 도시 설계자 LLM

- 서울시 도시 계획 부서에서는 LLM 'Urbanist'를 활용하여 도시 계획 초안을 작성합니다. Urbanist는 방대한 도시 데이터와 시민 의견을 분석하여 최적의 토지 이용 계획을 제시하고, 3D 모델링을 통해 미래 도시의 모습을 생생하게 보여줍니다. 덕분에 시민들은 도시 계획 과정에 적극적으로 참여하고, 도시는 더욱 살기 좋은 곳으로 변모합니다.

#장면 2. 예술과 도시의 만남, LMM

- 광화문 광장에 설치된 LMM 'ArtVision'은 시민들이 촬영한 사진을 바탕으로 예술 작품을 생성합니다. ArtVision은 사진의 분위기와 의미를 분석하여 다양한 스타일의 그림, 음악, 시를 창작하고, 광장의 대형 스크린에 작품을 전시합니다. 시민들은 예술을 통해 도시와 소통하고, 도시는 예술의 향기로 가득 채워집니다.

Art Directing GenAI··· or Narrative Style Creation & Transfer with LLMs & Text-to-Image Generative AI Systems

#장면 3. 날씨도 예측하고, 교통도 조절하는 만능 LAM

- 부산시는 LAM 'TrafficFlow'를 이용하여 도시 교통 시스템을 관리합니다.

TrafficFlow는 실시간 교통 상황, 날씨, 사고 정보 등을 종합적으로 분석하여 신호 체계를 조절하고, 자율 주행 차량의 흐름을 최적화합니다. 덕분에 교통 체증은 줄어들고, 시민들은 편리하고 안전하게 이동합니다.

#장면 4. 내 손안의 맞춤형 도시 안내, LLM

- 스마트폰 앱 'CityGuide'는 LLM 기반 챗봇을 통해 시민들에게 맞춤형 도시 정보를 제공합니다. CityGuide는 사용자의 위치, 관심사, 선호도를 학습하여 최적의 관광 코스, 맛집, 문화 행사 정보를 추천합니다. 덕분에 시민들은 도시 생활을 더욱 풍요롭게 즐길 수 있습니다.

#장면 5. 도시를 지키는 LMM, 안전 지킴이

- 도시 곳곳에 설치된 CCTV는 LMM 'CityWatcher'와 연결되어 도시 안전을 책임집니다. CityWatcher는 실시간 영상 분석을 통해 범죄, 화재, 재난 상황을 감지하고, 즉시 경찰, 소방서에 알립니다. 덕분에 도시는 24시간 안전하게 보호됩니다.

#장면 6. 친환경 도시를 위한 LLM 건축가

- 건축 설계 회사 'EcoArchi'는 LLM 'GreenPlanner'를 활용하여 친환경 건축물을 설계합니다. GreenPlanner는 건축물의 에너지 효율, 탄소 배출량, 주변 환경과의 조화 등을 고려하여 최적의 설계방안을 제시합니다. 덕분에 도시는 에너지를 절약하고 지속 가능한 발전을 이루어 나갑니다.

#장면 7. 시민과 소통하는 LLM, 민원 해결사

- 시청 민원 창구에는 LLM 'CivicAssistant'가 배치되어 시민들의 민원을 처리합니다. CivicAssistant는 시민들의 질문에 답변하고, 민원 내용을 분석하여 담당 부서에 연결합니다. 덕분에 시민들은 빠르고 편리하게 민원을 해결할 수 있습니다.

#장면 8. 모두를 위한 도시, LMM

- LMM 'Accessibility'는 시각 장애인, 청각 장애인 등을 위한 도시 정보 접근성을 높입니다. Accessibility는 도시 시설물 정보를 음성, 점자, 수어 등 다양한 형태로 제공하고, 장애인들의 이동을 지원합니다. 덕분에 도시는 모두에게 편리하고 안전한 공간이 됩니다.

#장면 9. 역사 속으로 시간 여행, LMM

- 경복궁에 설치된 LMM 'HistoryGuide'는 관람객들에게 몰입형 역사 체험을 제공합니다. HistoryGuide는 과거 경복궁의 모습을 3D로 재현하고, 역사적 사건들을 생생하게 보여줍니다. 관람객들은 마치 시간 여행을 하는 듯한 경험을 통해 역사에 대한 이해를 높일 수 있습니다.

#장면 10. 자연과 함께 숨 쉬는 도시, LAM

- 도시 곳곳에 설치된 LAM 'GreenKeeper'는 도시의 녹지 공간을 관리합니다. GreenKeeper는 식물의 생장 상태, 토양의 수분, 병충해 발생 여부 등을 실시간으로 모니터링하고, 필요에 따라 자동으로 물을 주고 비료를 줍니다. 덕분에 도시는 푸르고 건강한 환경을 유지합니다.

Large Language Models (LLMs) in wildlife conservation

2 AI진화는 거대언어모델(LLM), 거대멀티모달모델(LMM), 거대행동모델(LAM)의 순서로 현재 진행형이다

2. 1 AI는 LLM→LMM→LAM의 개발과정을 겪어왔다.

인공지능(AI) 기술은 빠른 속도로 진화하고 있으며, 2025년 초를 기준으로 할 때 거대언어모델(LLM)이 우리에게 다가와 있다. 이러한 진화는 거대언어모델(LLM), 거대멀티모달모델(LMM), 거대행동모델(LAM)의 순서로 현재 진행형이다. 2022년 말 챗GPT의 등장 이후 LLM은 텍스트 처리 능력을 넘어 전문가 수준의 지식 추론 능력을 보여주는 GPT-4에 이르기까지 괄목할 만한 성장을 이루었다.

2. 2 LLM : 텍스트 기반으로 정보를 처리, LMM : 이미지, 소리, 영상 등 다양한 형태의 정보를 함께 처리, LAM : 인간의 행동패턴까지 학습하고 예측하여 스스로 상황에 맞는 행동을 결정

LLM은 텍스트 기반으로 정보를 처리하는 데 특화되어 있었다면, LMM은 이미지, 소리, 영상 등 다양한 형태의 정보를 함께 처리하며 인간의 인지 능력에 더 가까워졌다. LAM은 이러한 LMM을 넘어 인간의 행동 패턴까지 학습하고 예측하여 스스로 상황에 맞는 행동을 결정하고 실행할 수 있을 것으로 기대된다.

LLM, VLM, LVM, LMM, MLLM, HACHIX

〈LLM, LMM, LAM : AI의 다양한 모델과 그 응용〉

모델	기능	응용 분야	예시
LLM	주로 텍스트 데이터를 처리하고 생성	지연처리(NLP), 번역, 챗봇, 텍스트 생성	GPT-4, BERT
LMM	텍스트, 이미지, 비디오, 오디오 등 다양한 데이터를 처리	자율주행, 의료 영상 분석, 멀티미디어 서비스	GPT-4o (이미지 및 오디오 처리 가능)
LAM	사용자의 명령을 이해하고 실제 행동을 취함	로봇 공학, 자동차 시스템, 자율주행	자율주행자, 로봇 팔 제어 시스템

자료: 미래채널-티스토리

3 LLM, LMM, LAM : 정의 및 이론

1) LLM (Large Language Model : 거대언어모델)

(1) LLM개념과 원리 (주요 LLM으로는 OpenAI의 GPT 시리즈, Google의 BERT, PaLM, Meta의 Llama)

LLM은 대규모 텍스트 데이터를 학습하여 인간의 언어를 이해하고 생성하는 인공지능 모델이다. 방대한 데이터 학습을 통해 문맥을 파악하고, 질문에 답변하며, 번역, 요약, 텍스트 생성 등 다양한 작업을 수행할 수 있다.

주요 LLM으로는 OpenAI의 GPT 시리즈, Google의 BERT, PaLM, Meta의 Llama 등이 있으며, IBM의 Granite 모델 시리즈 또한 Watsonx.ai를 기반으로 개발되어 주목받고 있다. Claude 2는 각 프롬프트에서 최대 10만 개의 토큰을 입력 받아 처리할 수 있어, 수백 페이지의 기술 문서나 책 전체를 분석하는 것도 가능하다. ?

(2) LLM이론

최근 연구에서는 LLM이 인간의 인지 과정과 유사한 추론 능력을 보인다는 사실이 밝혀졌다. 예를 들어, LLM은 맥락 학습(in-context learning)을 통해 주어진 예시를 바탕으로 새로운 문제를 해결하는 능력을 보여준다. 또한, 사고 사슬 프롬프팅(chain-of-thought prompting)을 통해 단계별 추론 과정을 거쳐 더욱 정확한 답변을 생성할 수 있다. 이러한 능력은 LLM이 단순히 텍스트를 생성하는 것을 넘어 인간처럼 사고하고 문제를 해결할 수 있는 가능성을 시사한다.

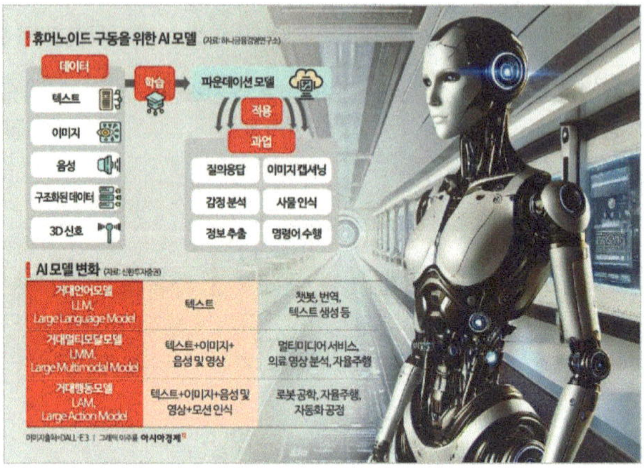

AI는 LLM에서 LAM으로 진화 중…새 격전지 된 휴머노이드

2) LMM (Large Multimodal Model : 거대멀티모달모델) (LMM은 텍스트뿐만 아니라 이미지, 소리, 영상 등 다양한 형태의 데이터를 이해하고 처리하는 AI모델)

(1) Google의 Gemini 시리즈는 텍스트, 이미지, 오디오, 비디오 등을 처음부터 통합적으로 처리하도록 설계된 대표적인 LMM이다

LMM은 텍스트뿐만 아니라 이미지, 소리, 영상 등 다양한 형태의 데이터를 이해하고 처리하는 인공지능 모델이다. LMM은 각 데이터 유형의 패턴과 관계를 학습하여 여러 작업을 동시에 수행할 수 있다.

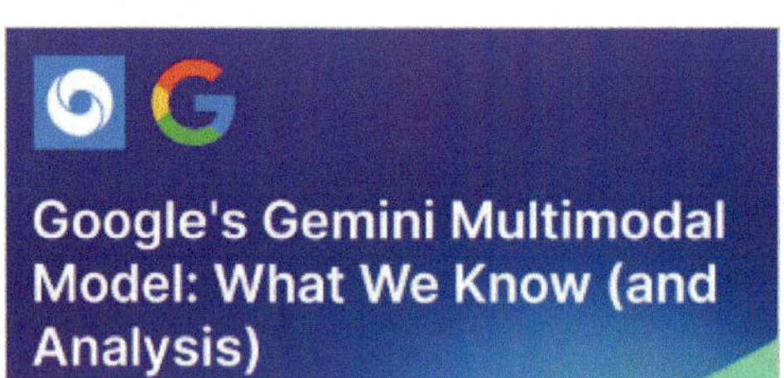

예를 들어, 텍스트로 작성된 이야기를 바탕으로 이미지를 생성하거나 짧은 영상을 만들 수 있다. Google의 Gemini 시리즈는 텍스트, 이미지, 오디오, 비디오 등을 처음부터 통합적으로 처리하도록 설계된 대표적인 LMM이다.

(2) LLM 멀티모달 인코더, 크로스 모달 어텐션, 멀티모달 퓨전 등의 기술을 통해 다양한 데이터 유형을 효과적으로 처리하고 통합

LMM은 멀티모달 인코더, 크로스 모달 어텐션, 멀티모달 퓨전 등의 기술을 통해 다양한 데이터 유형을 효과적으로 처리하고 통합한다. 멀티모달 인코더는 각 데이터 유형을 벡터 형태로 변환하고, 크로스 모달 어텐션은 서로 다른 데이터 유형 간의 관계를 파악하며, 멀티모달 퓨전은 여러 데이터 유형에서 추출된 정보를 통합하여 최종 결과를 생성한다.

3) LAM (Large Action Model : 거대행동모델)

(1) LAM은 스스로 직접 작업을 수행하며 추론한다. 인간을 대신해 줄 에이전트이다.

LLM이 문장과 그림, 비디오 등을 생성하는 데에 특화돼 있다면, LAM은 언어적 유창성과 독립적인 작업수행능력을 결합해 단순히 무언가를 생성하는데 그치지 않고 직접 작업을 수행하며 인간을 대신해 줄 에이전트이다.

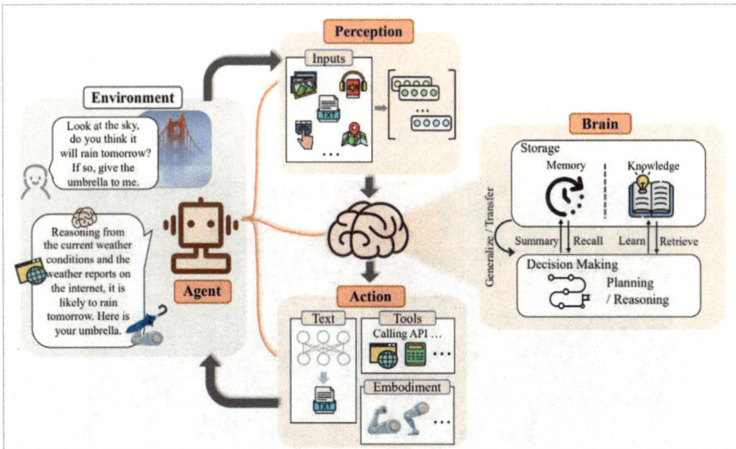

Large Action Models : Beyond Language, Into Action, Viso Suite

LAM은 아직 명확한 학술적 정의가 확립되지 않은 새로운 개념의 인공지능 모델이다. 현재로서는 LLM, LMM을 포괄하는 상위 개념으로, 인간의 행동 패턴을 이해하고 예측하여 상황에 맞는 최적의 행동을 생성하는 것을 목표로 한다.

(2) LAM은 강화 학습, 행동 트리, 목표 지향 계획 등의 기술을 활용하여 인간의 행동을 모델링하고 예측한다.

LAM은 강화 학습, 행동 트리, 목표 지향 계획 등의 기술을 활용하여 인간의 행동을 모델링하고 예측한다. 강화 학습은 시행착오를 통해 최적의 행동을 학습하는 방식이며, 행동 트리는 복잡한 행동을 계층적으로 분해하여 표현하는 방법이다.

4 LLM, LMM, LAM 모델 별 추구하는 목표 비교

(1) LLM : LLM은 인간의 언어를 이해하고 생성하는 능력을 극대화하여 자연스러운 의사소통을 가능하게 하는 것을 목표로 한다. 이를 통해 챗봇, 번역, 텍스트 요약, 콘텐츠 제작 등 다양한 분야에서 인간의 작업 효율성을 높이고 새로운 가능성을 제시한다.

(2) LMM : LMM은 다양한 형태의 데이터를 통합적으로 이해하고 처리하여 현실 세계에 대한 더욱 포괄적인 이해를 바탕으로 인간과 상호 작용하고 문제를 해결하는 것을 목표로 한다.

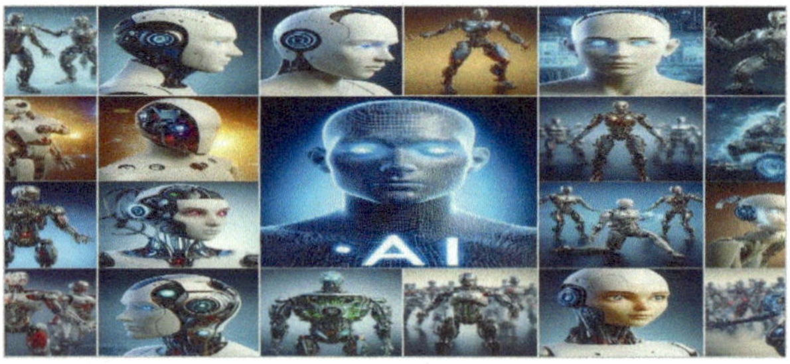

대형 액션 모델, LAM의 부상 - 특이점이 온다 마이너 갤러리

(3) LAM : LAM은 인간의 행동 패턴을 학습하고 예측하여 상황에 맞는 최적의 행동을 생성함으로써 인간의 의사 결정을 지원하고 삶의 질을 향상시키는 것을 목표로 한다.

5 LLM, LMM, LAM 별 기술적 특징 비교

LLM, LMM, LAM은 각 모델별로 처리하는 데이터 유형과 핵심 기술 요소가 다르다.

(1) LLM : 주로 텍스트 데이터를 처리하며 Transformer, Attention 메커니즘, 인코더-디코더 구조 등의 기술을 사용한다.

(2) LMM : 텍스트, 이미지, 소리, 영상 등 다양한 데이터를 처리하며 멀티모달 인코더, 크로스 모달 어텐션, 멀티모달 퓨전 등의 기술을 활용한다.

(3) LAM : 인간의 행동 패턴을 분석하기 위해 강화 학습, 행동 트리, 목표 지향 계획 등의 기술을 사용한다.

모델	기술적 특징	핵심 기술 요소	예시
LLM	대규모 텍스트 데이터 학습, 자연어 이해 및 생성, 문맥 파악, 텍스트 기반 추론	Transformer, Attention 메커니즘, 인코더-디코더 구조	GPT-4, BERT, LaMDA
LMM	다양한 데이터 유형(텍스트, 이미지, 소리, 영상) 처리, 데이터 간의 관계 학습, 멀티모달 정보 통합	멀티모달 인코더, 크로스 모달 어텐션, 멀티모달 퓨전	Gemini, Be My AI
LAM	인간 행동 패턴 학습 및 예측, 상황 인지 및 행동 생성, 다양한 환경에서의 적응력	강화 학습, 행동 트리, 목표 지향 계획	

Large Action Model (LAM) : An Upcoming Revolution in AI, Aegis Softtech

6 LLM, LMM, LAM 별 도시에서 편익 및 효과 비교

LLM, LMM, LAM은 스마트 도시의 다양한 분야에서 도시 문제 해결, 시민 삶의 질 향상, 도시 경쟁력 강화에 기여할 수 있다.

1) LLM편익 및 효과

(1) 도시 문제 해결 : 시민들의 민원을 분석하고 해결 방안을 제시하거나, 도시 데이터 분석을 통해 교통 체증, 환경 오염 등의 문제 해결에 기여할 수 있다.

(2) 시민 삶의 질 향상 : 개인 맞춤형 정보 제공, 민원 처리 자동화, 다국어 지원 등을 통해 시민들의 편의성을 높일 수 있다.

Smart Cities and AI-Powered Image Processing, Medium

(3) 도시 경쟁력 강화 : 도시 데이터 분석을 통해 도시 계획 및 정책 수립을 지원하고, 효율적인 도시 운영을 가능하게 한다.

2) LMM 편익 및 효과

(1) 도시 문제 해결 : CCTV 영상 분석을 통한 범죄 예방, 교통 상황 분석, 재난 예측 및 대응 등에 활용될 수 있다. 시각 장애인을 위한 보조 도구에도 활용될 수 있으며 사용자의 질문에 따라 주변 환경을 설명하거나, 복잡한 사회적 상황에서 상호 작용을 돕는 등 다양한 방식으로 활용될 수 있다. ?

(2) 시민 삶의 질 향상 : 도시 환경 정보를 시각적으로 제공하고, 장애인을 위한 편의 시설 안내, 다양한 문화 콘텐츠 제공 등에 활용될 수 있다.

(3) 도시 경쟁력 강화 : 도시 이미지 분석을 통한 도시 브랜딩, 관광 산업 활성화, 도시 환경 개선 등에 기여할 수 있다.

3) LAM편익 및 효과

(1) 도시문제 해결 : 도시 상황 변화에 따라 유연하게 대응하고, 스스로 도시문제 해결을 위한 최적의 행동 계획을 수립할 수 있다.

(2) 시민 삶의 질 향상 : 개인의 행동 패턴을 분석하여 스스로 맞춤형 서비스를 제공하고, 도시 환경 변화에 대한 적응력을 높일 수 있다.

(3) 도시 경쟁력 강화 : 도시 시스템의 효율성을 높이고, 지속 가능한 도시 발전을 위한 정책 수립 및 실행을 지원할 수 있다.

7 LLM, LMM, LAM의 도시 분야 적용 연구 사례

1) 도시 계획

연구 주제	제목	저자	발표 연도	학회지	연구 요약
LLM	Urban Planning in the Age of Artificial Intelligence : A Review of LLM Applications	Fischer, C.S., & Nikolova, S.	2023	Journal of Planning Education and Research	LLM의 도시 계획 분야 적용 가능성을 검토하고, 다양한 활용 사례를 소개한다.
LMM	Multimodal Deep LAearning for Urban Planning : A Review	Zhang, L., et al.	2023	Cities	멀티모달 딥러닝 기술을 도시 계획에 적용한 연구들을 종합적으로 분석하고, 향후 발전 방향을 제시한다.
LAM	Reinforcement Learning for Urban Planning : A Review	Ma, W., et al.	2023	Journal of Artificial Intelligence Research	강화 학습 기술을 도시 계획에 적용한 연구들을 분석하고, 실제 도시 환경에서의 적용 가능성을 미로 예측해 본다.

2) 도시 건축 설계

연구 주제	제목	저자	발표 연도	학회지	연구 요약
LLM	AI-assisted Architectural Design : A Review of Current Trends and Future Directions	Vogliatzi, D., & Komninos, N.	2023	Automation in Construction	LLM 기반 건축 설계 연구 동향을 분석하고, 미래 발전 방향을 제시한다.
LMM	Generative Adversarial Networks (GANs) for Architectural Design : A Systematic Review	Abdelmawla, M., & Ruggieri, S.	2023	Advanced Engineering Informatics	GANs 기술을 건축 설계에 적용한 연구들을 체계적으로 분석하고, 활용 가능성을 평가한다.
LAM	LAM-based Building Design Optimization : A Case Study of AEnergy-Efficient Buildings	Lee, S., et al.	2023	Energy and Buildings	LAM 기술을 활용하여 에너지 효율적인 건물을 설계하는 사례를 소개하고, 효과를 분석한다.

3) 환경 계획

연구 주제	제목	저자	발표 연도	학회지	연구 요약
LLM	Using LLM for Environmental Impact Assessment : A Case Study of Urban Development Projects	Johnson, D., & Brown, A.	2023	Environmental Impact Assessment Review	LLM을 활용하여 도시 개발 프로젝트의 환경 영향 평가를 수행하는 사례를 소개하고, 효과를 분석한다.
LMM	LMM-based Urban Environmental Monitoring and Pollution Forecasting	Chen, Y., et al.	2023	Environmental Science & Technology	자율적LMM 기술을 활용하여 도시 환경을 모니터링하고 오염을 예측하는 연구 결과를 제시한다.
LAM	LAM for Urban Climate Change Adaptation : A Framework for Action	Smith, J., et al.	2023	Climatic Change	LAM 기술을 활용하여 도시 기후 변화에 적응하기 위한 프레임워크를 제시하고, 자율적 활용 가능성을 논의한다.

4) 교통 계획 및 모빌리티

연구 주제	제목	저자	발표 연도	학회지	연구 요약
LLM	LLM-based Traffic Flow Prediction and Optimization : A Review	Li, W., et al.	2023	IEEE Transactions on Intelligent Transportation Systems	LLM 기반 교통 흐름 예측 및 최적화 연구 동향을 분석하고, 미래 발전 방향을 제시한다.
LMM	Multimodal AI for Smart Mobility : A Survey	Wang, J., et al.	2023	IEEE Transactions on Intelligent Vehicles	멀티모달 AI 기술을 스마트 모빌리티에 적용한 연구들을 종합적으로 분석하고, 활용 가능성을 평가한다.
LAM	LAM-based Autonomous Traffic Management System : A Simulation Study	Kim, D., et al.	2023	Transportation Research Part C : Emerging Technologies	LAM 기술을 활용하여 자율적인 교통 관리 시스템을 구축하는 시뮬레이션 연구 결과를 제시한다.

8 LLM, LMM, LAM 별 도시계획 요소별 역할 비교

도시계획 요소	LLM	LMM	LAM
도시계획	도시 계획 관련 문서 분석 및 요약, 시민 의견 수렴 및 분석	도시 이미지 분석, 3D 모델링, 시뮬레이션	도시 변화 예측, 최적 계획 수립
도시설계	설계 개념 도출, 디자인 텍스트 생성	디자인 이미지 생성, 가상현실(VR) 기반 시뮬레이션	사용자 맞춤형 디자인 생성
토지이용 계획	토지 이용 관련 법규 분석, 최적 토지 이용 계획 수립	토지 이용 현황 분석, 지도 기반 시각화	토지 이용 변화 예측, 시뮬레이션
교통계획	교통 데이터 분석, 교통량 예측	교통 상황 시각화, 교통 시뮬레이션	최적 교통 시스템 설계, 자율 주행 지원
도시건축	건축물 정보 분석, 건축 디자인 텍스트 생성	건축 디자인 이미지 생성, 3D 모델링	건축물 에너지 효율 분석, 최적 설계
환경계획	환경 데이터 분석, 환경 영향 평가	환경 오염 시각화, 환경 시뮬레이션	환경 변화 예측, 오염 방지 계획
예술 문화시설	문화 콘텐츠 정보 제공, 예술 작품 분석	예술 작품 이미지 생성, 가상 전시	사용자 맞춤형 문화 콘텐츠 추천
공원 녹지계획	공원 이용 현황 분석, 녹지 공간 분석	공원 녹지 시각화, 3D 모델링	최적 공원 녹지 설계, 생태 환경 분석
모빌리티	교통 정보 제공, 경로 안내	실시간 교통 상황 시각화, 모빌리티 서비스 연동	최적 이동 경로 계획, 모빌리티 서비스 최적화
도시 인프라 계획	인프라 현황 분석, 유지 보수 계획 수립	인프라 시설 시각화, 3D 모델링	자율적으로 인프라 노후화 예측, 유지 보수 최적화

9 LLM, LMM, LAM 별 스마트 도시 적용 시 장단점 비교

모델	장점	단점
LLM	- 방대한 데이터 분석 및 처리 능력 - 시민과의 자연스러운 의사소통 - 다양한 도시 문제 해결에 활용 가능	- 데이터 편향 가능성 - 개인 정보 보호 문제 - 보안 취약성
LMM	- 현실 세계에 대한 포괄적인 이해 - 다양한 형태의 데이터 활용 - 시각적 정보 제공	- 고품질 데이터 확보 어려움 - 모델 복잡성 증가 - 컴퓨팅 파워 요구량 증가
LAM	- 상황 변화에 대한 유연한 대응 - 최적 행동 계획 수립 - 도시 시스템 효율성 향상	- 행동 예측의 불확실성 - 윤리적 문제 발생 가능성 - 기술 개발 초기 단계

The Use of AI In Landscape Urbanism, Urban Design Lab

10 LLM, LMM, LAM 모델로 스마트 도시에 적용된 사례 비교

(1) LLM :

- 싱가포르 : LLM 기반 챗봇을 활용하여 시민들의 민원을 처리하고 정보를 제공한다.
- 미국 뉴욕 : LLM을 이용하여 교통 데이터를 분석하고 교통 흐름을 최적화한다.

(2) LMM :

- 중국 항저우 : LMM 기반 CCTV 영상 분석 시스템을 통해 도시 안전 및 범죄 예방에 활용한다.
- 한국 서울 : LMM을 활용하여 도시 환경 정보를 시각적으로 제공하고 시민들의 편의성을 높인다.

(3) LAM :

- 아직까지(2025년 현재) LAM 모델이 스마트 도시에 적용된 구체적인 사례는 없다.
- 하지만, 향후 LAM 기술이 발전함에 따라 도시 계획, 교통 관리, 재난 대응 등 다양한 분야에서 활용될 것으로 예상된다.
- 예를 들어, 도시의 교통 상황, 날씨, 시민들의 이동 패턴 등을 실시간으로 분석하여 최적의 교통 신호 체계를 구축하거나, 재난 발생 시 시민들의 안전한 대피 경로를 안내하는 데 활용될 수 있다.

11 LLM, LMM, LAM 별 스마트 도시 적용 시 정책적 시사점

LLM, LMM, LAM 기술은 스마트 도시 발전에 큰 잠재력을 가지고 있지만, 동시에 기술적, 사회적, 윤리적 측면에서 다양한 과제를 제기한다. 따라서 정책적 지원 및 규제를 통해 이러한 과제를 해결하고 기술의 긍정적인 활용을 촉진해야 한다.

(1) 기술 개발 지원 : LLM, LMM, LAM 기술 개발을 위한 연구 및 투자를 지속적으로 지원해야 한다. 특히 LAM은 아직 초기 단계에 있는 기술이므로, 장기적인 관점에서 기술 개발을 위한 투자와 인력 양성이 중요하다.

(2) 인프라 구축 : 스마트 도시에 LLM, LMM, LAM 모델을 적용하기 위한 데이터 인프라 및 네트워크 환경을 구축해야 한다. 고품질의 데이터 확보 및 안

전한 데이터 관리 시스템 구축이 필수적이며, 막대한 데이터 처리를 위한 고성능 컴퓨팅 인프라 확보도 중요하다.

(3) 사회적 수용성 제고 : 시민들의 인식 개선 및 참여를 통해 LLM, LMM, LAM 기술에 대한 사회적 수용성을 높여야 한다. 기술의 편익과 함께 잠재적 위험에 대한 정보를 투명하게 제공하고, 시민들의 의견을 적극적으로 수렴하여 정책에 반영해야 한다.

(4) 인재 양성 : LLM, LMM, LAM 기술 개발 및 운영을 위한 전문 인력 양성 프로그램을 마련해야 한다.

12 나오는 말

LLM, LMM, LAM으로 이어지는 인공지능 모델의 진화는 스마트 도시의 발전에 새로운 가능성을 제시한다. 각 모델의 특징과 장단점을 정확하게 이해하고, 도시 환경에 맞는 적절한 모델을 선택하여 적용하는 것이 중요하다.

참고문헌

1. What is LLM? - Large Language Models Explained - AWS
2. What Are Large Language Models (LLMs)? - IBM
3. ibm.com/think/topics/large language

Chapter 04

●

멀티모달 AI 에이전트가 AI 도시계획가(AI Planner)이다

17 AI 에이전트는 지휘자이고 챗봇은 자판기이다 : 2013년 영화 '그녀(Her)'가 2025년 멀티모달 AI 에이전트로 도시 속에서 재 탄생하다

[주요 질문]

1. 멀티모달 AI 에이전트는 챗봇과 어떤 차이점을 가지고 있으며, 그 차이점이 사용자 경험에 어떤 영향을 미칠까요?
2. 멀티모달 AI 에이전트는 사용자의 감정을 어떻게 인식하고, 그 정보를 어떻게 활용할 수 있을까요?
3. 멀티모달 AI 에이전트는 개인 맞춤형 서비스를 제공하기 위해 어떤 데이터를 수집하고 분석해야 할까요?
4. 멀티모달 AI 에이전트가 사용자의 프라이버시를 침해하지 않으면서 효과적으로 기능하려면 어떤 기술적, 윤리적 고려 사항이 필요할까요?
5. 멀티모달 AI 에이전트는 교육 분야에서 어떻게 활용될 수 있으며, 학습 효과를 높이기 위해 어떤 기능을 갖춰야 할까요?
6. 멀티모달 AI 에이전트는 의료 분야에서 어떻게 활용될 수 있으며, 진단 및 치료의 정확성을 높이기 위해 어떤 기술이 필요할까요?
7. 멀티모달 AI 에이전트는 예술 분야에서 어떻게 활용될 수 있으며, 인간의 창의성을 어떻게 보완하고 발전시킬 수 있을까요?
8. 멀티모달 AI 에이전트는 업무 환경에서 어떻게 활용될 수 있으며, 생산성 향상과 협업 증진에 어떤 역할을 할 수 있을까요?
9. 멀티모달 AI 에이전트는 일상 생활에서 어떻게 활용될 수 있으며, 삶의 질을 향상시키기 위해 어떤 서비스를 제공해야 할까요?

10. 멀티모달 AI 에이전트가 더욱 발전하기 위해서는 어떤 기술적 과제를 해결해야 할까요?
11. 멀티모달 AI 에이전트가 사회에 미칠 수 있는 긍정적, 부정적 영향은 무엇이며, 그 영향을 어떻게 예측하고 관리해야 할까요?
12. 멀티모달 AI 에이전트는 인간과의 관계를 어떻게 변화시킬 수 있으며, 인간과 AI의 공존을 위해 어떤 노력이 필요할까요?

1 2035년, AI 에이전트 와 함께하는 도시 생활을 파헤치다

2035년, 멀티모달 AI 에이전트(비서)는 도시민의 삶 깊숙이 스며들어 더욱 편리하고 풍요로운 일상을 선사합니다. 마치 공상과학 영화 속 한 장면처럼 느껴지겠지만, 지금부터 소개할 10가지 가상 사례를 통해 미래 도시 생활을 생생하게 그려보세요!

#장면1. "오늘 기분은 어때요?" 묻는 똑똑한 AI 비서

아침에 눈을 뜨자 침대 옆 스마트 스피커에서 AI 비서의 부드러운 목소리가 흘러나옵니다. "오늘 기분은 어떠세요?" 단순한 안부 인사가 아닙니다. AI 비서는 내 표정, 목소리, 심박수, 뇌파 등을 분석해 감정 상태를 파악하고 그에 맞는 음악과 조명을 즉석에서 생성해냅니다. 덕분에 하루를 상쾌하게 시작할 수 있죠.

급부상하는 'AI 에이전트'…"대화 넘어 행동으로", 컴퓨터월드

#장면 2. 내 취향 저격! AI 비서의 맞춤형 콘텐츠 큐레이션

출근길, AI 비서 가 오늘의 뉴스, 날씨, 교통 상황과 함께 흥미로운 콘텐츠를 추천해줍니다. 내가 좋아하는 영화, 음악, 책, 게임 등을 분석해 취향에 딱 맞는 콘텐츠를 골라주니 지루할 틈이 없네요. 심지어 내 감정 상태와 건강 상태까지 고려해 콘텐츠를 추천해주니 놀라울 따름입니다.

#장면 3. "나만의 음악"을 선물하는 AI 비서 작곡가

퇴근 후, AI 비서 에게 오늘 하루 있었던 일들을 이야기합니다. 기쁜 일, 슬픈 일, 힘들었던 일들을 털어놓자 AI 비서는 내 목소리 톤, 감정, 이야기 내용, 심지어 생체 정보까지 분석해 그에 맞는 멜로디와 분위기의 음악을 작곡해줍니다. 세상에 단 하나뿐인 "나만의 음악"을 갖게 된 기분이네요.

#장면 4. AI 비서가 멋진 영상으로 만들어 준다

주말에는 친구들과 여행을 떠났습니다. 멋진 풍경을 배경으로 찍은 사진과 영상들을 AI 비서 에게 보여주니, AI 비서 가 알아서 멋진 영상으로 만들어줍니다. 배경 음악, 효과음, 자막까지 자동으로 삽입되어 마치 전문가가 편집한 듯한 영상이 완성되었네요! 심지어 AI 비서는 내가 좋아하는 영화 스타일을 분석해 영상 분위기까지 맞춰줍니다.

AI 에이전트가 바꾸는 세상?, 위디엑스

#장면 5. AI 비서 의사의 빠르고 정확한 진단과 치료

갑자기 몸이 좋지 않아 AI 병원을 찾았습니다. AI 비서 의사는 내 증상, 건강 기록, 생체 정보, 유전 정보, 최근 의학 논문까지 분석해 질병을 진단하고, 그에 맞는 최적의 치료법을 제시합니다. 덕분에 빠르고 정확하게 치료를 받을 수 있게 되었죠.

#장면 6. "나만을 위한 맞춤형 학습"을 제공하는 AI 비서 선생님

새로운 것을 배우고 싶어 AI 비서 에게 요청했습니다. AI 비서는 내 학습 스타일, 능력, 관심 분야, 학습 목표 등을 분석해 맞춤형 학습 커리큘럼과 콘텐츠를 제공합니다. 어려운 부분은 반복 학습하고, 쉬운 부분은 빠르게 넘어가니 학습 효율이 높아졌네요.

#장면 7. "일잘러"로 거듭나게 돕는 AI 비서 업무 보조

회사에서 AI 비서 업무 보조 시스템을 사용합니다. AI 비서는 내 업무 패턴, 일정, 자료, 회사 데이터베이스 등을 분석해 업무 우선순위를 정하고, 필요한 정보를 찾아줍니다. 복잡한 보고서 작성도 AI 비서의 도움을 받아 쉽고 빠르게 완료할 수 있게 되었죠. 심지어 AI 비서는 내 업무 스타일과 협업하는 동료들의 스타일까지 분석해 최적의 협업 방안을 제시해줍니다.

인공지능 에이전트(AI Agent), 이미 그러나 아직 | KISO저널

#장면 8. "나만의 스타일리스트"가 되어주는 AI 비서 패션 코디네이터

옷장 앞에서 고민할 필요가 없어졌습니다. AI 비서 패션 코디네이터가 내 체형, 얼굴형, 스타일, 선호도, 최신 패션 트렌드, 심지어 오늘 날씨와 약속 장소까지 분석해 옷을 추천해주고, 가상으로 옷을 입어볼 수도 있습니다. 덕분에 쇼핑 시간을 절약하고, 항상 멋진 스타일을 유지할 수 있게 되었죠.

#장면 9. "요리 초보"도 셰프로 변신시키는 AI 비서 레시피 추천

오늘 저녁 메뉴는 뭘로 할까 고민하다 AI 비서 에게 물어봤습니다. 냉장고에 있는 재료, 요리 실력, 선호하는 맛, 건강 상태, 칼로리 등을 알려주니 AI 비서 가 딱 맞는 레시피를 추천해줍니다. 요리 과정도 영상으로 자세히 보여주고, 음성으로 설명해주니 "요리 초보"도 셰프처럼 멋진 요리를 만들 수 있겠네요!

#장면 10. "나만의 여행"을 설계해주는 AI 비서 여행 플래너

여행 계획을 세우는 것은 즐겁지만, 때로는 복잡하고 어렵게 느껴지기도 합니다. AI 비서 여행 플래너는 내 여행 스타일, 예산, 선호하는 활동, 여행 기간, 동행자, 건강 상태, 여행지 정보, 항공권 가격, 숙박 시설 정보, 최신 여행 트렌드 등을 종합적으로 분석해 최적의 맞춤형 여행 코스를 추천해줍니다. 항공권, 숙박, 관광지 예약까지 한 번에 해결되니 여행 준비가 한결 편리해졌네요.

이처럼 2035년에는 GPT-4o와 같은 멀티모달 AI 에이전트가 도시민의 삶 곳곳에 스며들어 더욱 편리하고 풍요로운 삶을 가능하게 합니다. 앞으로 펼쳐질 미래 도시 생활이 더욱 기대되지 않나요?

2 멀티모달리티와 멀티모달 AI 에이전트의 등장

2. 1 멀티모달리티(Multi-Modality)란?

- 텍스트, 이미지, 음성, 영상 등 다양한 데이터 양식 (modality)을 함께 처리하는 것을 의미한다.
- 멀티모달 시스템은 텍스트, 이미지, 오디오, 비디오 등 다양한 유형의 입력을 동시에 처리할 수 있는 능력을 가지고 있다.
- 따라서 멀티모달 AI는 하나의 모달리티를 활용하는 것보다 다양한 작업을 수행할 수 있다.

- 예를 들어, 이미지로 텍스트 검색을 하거나 텍스트에서 이미지를 검색, 혹은 이미지와 텍스트를 같이 이해하는 멀티모달 검색이 가능하다.
- 또한 2023년 등장한 대규모멀티모달모델(LMM)은 이미지를 보고 텍스트를 생성하거나 텍스트 기반으로 이미지를 생성하기도 한다.
- 멀티모달 AI는 인간의 자연스러운 의사소통 방식을 모방한 기술로, 사용자와 컴퓨터 간의 상호 작용을 더욱 자연스럽고 직관적으로 만든다.
- 또한, 다양한 데이터 모달리티를 활용함으로써 더 많은 정보를 처리하고 더 정확한 결과를 도출할 수 있다.

2. 2 멀티모달 AI 에이전트(Multi-Modak AI Agent)란?

- 멀티모달 AI 에이전트는 다양한 형태의 정보(텍스트, 이미지, 음성 등)를 이해하고 처리할 수 있는 인공지능 모델이다. 이러한 모델은 최근 몇 년간 급속도로 발전하여, 인간과 유사한 수준의 상호작용이 가능 해졌다.
- OpenAI의 GPT-4o는 멀티모달 AI 에이전트의 대표적인 예로, 텍스트와 이미지를 이해하고 생성할 수 있으며, 복잡한 추론과 문제 해결 능력을 보유하고 있다.
- 이러한 능력은 영화 'Her'에서 묘사된 인공지능 비서의 모습을 현실로 구현하는 데 한 걸음 더 가까워지게 했다.

What Are AI Agents? A Guide to Types, Benefits, and Examples, Otter.ai

2. 3 멀티모달 AI 에이전트와 기존 챗봇의 차이

- 기존의 챗봇은 미리 정의된 질문에 대해 답변을 제공하는 데 특화되어 있었다.
- 반면, 멀티모달 AI 에이전트는 대규모 언어 모델(LLM)을 기반으로 자연어를 이해하고 생성하며, 다양한 형태의 정보를 처리할 수 있다.
- 이러한 차이로 인해 멀티모달 AI 에이전트는 더욱 복잡하고 다양한 작업을 수행할 수 있다.

2. 4 빅테크 기업의 멀티모달 AI 에이전트 경쟁

- OpenAI, Google, Microsoft, Meta 등 주요 빅테크 기업들은 각자의 강점을 살린 멀티모달 AI 모델을 개발하고 있다.
- 이러한 경쟁은 멀티모달 AI 기술의 발전을 가속화하고, 다양한 분야에서 혁신을 이끌어낼 것으로 예상된다.

2. 5 멀티모달리티의 중요성과 AI 에이전트의 활용성

- 멀티모달리티는 AI 에이전트가 다양한 형태의 정보를 동시에 이해하고 처리할 수 있도록 하는 핵심 기술이다.
- 이를 통해 AI 에이전트는 다음과 같은 효과를 얻을 수 있다.

(1) 사용자 편의성 증대 : 다양한 인터페이스를 통해 사용자와의 상호작용이 더욱 직관적이고 편리해진다.

(2) 시스템 접근성 확대 : 장애인이나 특정 환경에 있는 사용자들에게 더욱 접근성 높은 서비스를 제공할 수 있다.

(3) 사용자 만족도 확대 : 사용자의 의도를 더욱 정확하게 파악하고, 개인 맞춤형 서비스를 제공할 수 있다.

(4) 서비스 정확도 향상 : 다양한 형태의 데이터를 상호 보완적으로 활용하여 서비스 정확도를 향상시킨다.

(5) 새로운 기능 구현 : 이미지 생성, 음악 작곡, 비디오 편집 등 창의적인 작업을 수행할 수 있다.

(6) 다양한 분야에서의 활용 가능성 확대 : 헬스케어, 교육, 금융 등 다양한 분야에서 활용될 수 있다.

OpenAI's AI Agent : Goal Is Mimicking Human Actions, NowadAIs

3 AI 에이전트는 멀티모달모델(LLM)에서 태어난다

1) 오픈AI의 GPT-4o가 AI 에이전트이다.

AI 에이전트는 2013년의 영화 그녀(Her)를 떠올리게 한다. 영화 '그녀'의 미래 모습 바로 2025년이다. 지금이 2025년이니 영화의 예측이 정확히 맞아 떨어진 것이다. 당시만 해도 사람들은 이게 허황된 먼 미래의 이야기라고 생각했었다. 그녀가 AI 에이전트의 초기 모델로 재 탄생한 것이다

챗 GPT 개발자인 오픈AI가 2024년 5월 13일 경쟁사 구글의 '연례 개발자 회의

(I/O) 하루 전에 보고 듣고 말하는 인공지능 모델인 오픈AI모델 AI GPT-4o(포오)를 세상에 내놓았다. 여기서 'o'는 영어의 옴니(omni)를 의미하는 단어이다. GPT-4o는 사람처럼 보고 듣고 말할 수 있다. GPT-4o는 다재 다능한 능력을 가지고 있다. 사람과의 깊이 있고 다정한 대화는 물론 언어가 다른 사람에게 자연스럽고 멋진 통역을 해두고 교육현장에서도 커다란 도움을 주고 있다.

GPT-4가 언어로 소통했다면, GPT-4o부터는 시각, 청각, 그리고 이를 텍스트나 그림으로 그려내는 방식으로 얘기하게 된다. 샘 올트먼 오픈 AI의 CEO는 2013 개봉된 영화 그녀(Her)에 나타난 음성 비서에서 영감을 받았다고 한다. AI GPT-4o를 발표할 즈음 올트먼은 X계정에 'her'라고 쓴 것은 우연이 아니다.

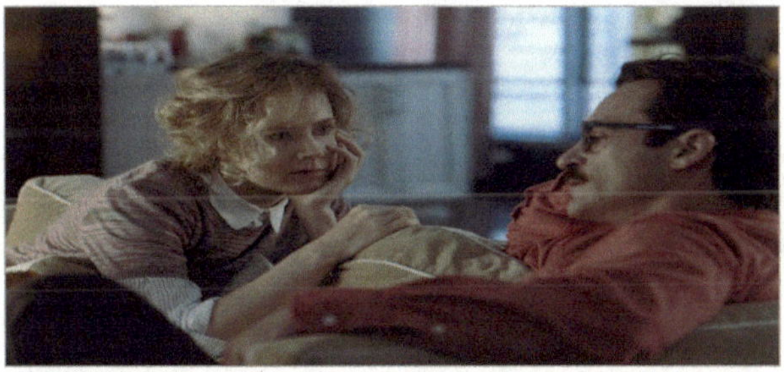

인공지능 OS와의 사랑을 다룬 영화, 그녀(HER), 한국투데이

2) '테오데로'는 지적이고 감성이 풍부한 'Her'인 '사만다(AI비서)'에 의지하면서 사랑하게 된다

여기서 잠시 '그녀'로 돌아가 보자. 주인공 테오데로는 멋진 연애 편지를 대필해 주는 기업의 작가이다. 영화에서 테오데로는 내성적이고 외로운 남자이다. 부인과 별거한 이후로 힘든 나날을 보내고 있었다. 2025년 어느 날 AI로 말하고 인간과 교감을 나누며 마음을 주고받는 운영체계 'OS1'가 세상에 나타난 것이다. 테오데로는 이 기기를 즉각 구입한 후 운영체계가 여성으로 의인 화 시킨다. 테오데로와 몇 번 대화한 후 그녀는 재빠르게 사만다란 이름으로 등장한다. 사만다는 스스

로 학습하는데 뛰어나다. 주인공의 라이프스타일을 바꾸어 주기 위하여 조언을 해 주면서 도와주고 미세한 감정까지 나누며 같이 살아간다. 테오데로는 이렇게까지 지적이고 감성이 풍부한 사만다에 의지하면서 서로 사랑하게 된다.

운영체제와 사랑한 남자, 영화 'her', 미디어파인

4 AI 에이전트는 지휘자이고 와 챗봇은 자판기이다

1) 챗봇은 자판기와 같다.

챗봇은 자판기나 다름없다. 챗봇은 고정된 스낵(미리 정해진 응답)과 사용자 입력을 위한 키패드(사용자가 입력할 수 있는 쿼리)를 가지고 있다. 따라서 사용자가 선택한 것(스크립트 화된 응답)만 정확하게 제공할 수있다. 즉, 간단하고 예측가능한 요구사항에 적합한 응답을 줄 수 있다.

챗봇이란 디지털 비서는 간단한 질문에 답하고 기본적인 일을 수행하는 데는 우수한 능력을 나타낸다. 그러나 멀티모달 기반의 AI 에이전트(AI GPT-4o모델이 시초로 보는 시각이 많음)나온 후로는 챗봇의 능력은 작아 보인다.

챗봇은 AI 에이전트와 유사한 대화형 인터페이스를 갖고 있지만 대규모 언어 모델(LLM : Large Language Model)과 같은 방식으로는 언어를 이해하지 못한다.

'AI 에이전트'와 출장 준비해보니, 동아일보

2) AI 에이전트는 오케스트라 지휘자와 같다

(1) AI 에이전트는 관련 지식과 콘텐츠를 바탕으로 추론하고 답변을 제공한다.

챗봇이 미리 정의된 질문 밖에 답변을 못하지만 AI 에이전트는 관련 지식과 콘텐츠를 바탕으로 추론하고 답변을 제공한다. AI 에이전트는 워크플로우(workflow)에 AI비서가 내장되어 있는 거나 다름없다. "내일 회의에 우리가 할 일은 뭐지? 현 시점에서 고객의 우선순위는 무엇이지?" AI 에이전트는 이러한 질문에 능숙하게 답한다.

AI 에이전트는 자연어를 이해하고 생성하며, 대량의 정보를 처리 및 분석하고, 글쓰기, 코딩, 문제해결 등 창의적인 작업도 척척해 낸다. 대규모 언어 모델(LLM)을 기반의 시스템이므로 보다 정교하교 세밀한 맥락에 맞는 상호작용을 한다. AI 에이전트는 비즈니스 인사이트(통찰)을 찾아내기 위해 조직의 고유한 데이터 스프레드시트나 데이터베이스와 같은 정형화된 데이터와 PDF, 이메일, 챗팅 로그와 같은 비정형데이터를 포함하여 작업을 수행한다.

(2) AI 에이전트는 연주할 악기별 레퍼토리(악기별 스코어, 음표, 음자리표, 기호, 선, 공백 등에 대한 방대한 지식기반)와 다양한 음악의 구조와 곡이 어떻게 조합되는지를 이해하는 능력(자연어 처리), 곡을 조율하는 학습능력을 지니고 있는 지휘자와 같다.

챗봇이 자판기와 비슷하다면 AI 에이전트는 오케스트라 지휘자와 비슷하다. AI 에이전트는 연주할 악기별 레퍼토리(악기별 스코어, 음표, 음자리표, 기호, 선, 공백 등에 대한 방대한 지식기반)와 다양한 음악의 구조와 곡이 어떻게 조합되는지를 이해하는 능력(자연어 처리), 관객의 선호도에 맞게 전 악기를 통합하면서 곡을 조율하는 학습능력(과거 데이터를 통한 학습능력)응 갖춘 지휘자와 같은 것이다.

로봇지휘자가 콘서트 홀에서 오케스트라를 지휘한다, Freepik

3) 빅테크 기업의 AI 멀티모달 모델 AI 에이전트 비교 (2025년 기준)

OpenAI, Google, Microsoft, Meta는 각자의 강점을 가진 멀티모달 AI 모델을 개발하고 있으며, 이는 다양한 분야에서 혁신을 이끌어 낼 것으로 예상된다. 앞으로 멀티모달 AI 기술은 더욱 발전하여 인간과 컴퓨터의 상호 작용을 더욱 풍부하게 하고, 새로운 가능성을 제시할 것이다.

〈AI 멀티모달 모델 AI 에이전트 비교 (2025년 기준)〉

기능	OpenAI	Google	Microsoft	Meta
모델명	GPT-4o	Gemini 1.5 Pro, Veo	VASA-1	LLaMA 2
성능	- 텍스트와 이미지를 모두 이해하고 생성 가능 - 복잡한 추론과 문제 해결 능력 보유 - 높은 정확도와 빠른 응답 속도	- 100만 토큰의 컨텍스트 창 - 다양한 형태의 데이터 처리 가능 - 높은 수준의 언어 이해 및 생성 능력	- 텍스트-이미지 변환에 특화 - 빠른 처리 속도	- 오픈소스 기반, 높은 접근성 - 다양한 언어 지원

기능	OpenAI	Google	Microsoft	Meta
적용 기술	- 트랜스포머 기반 딥러닝 - 대규모 데이터셋 학습 - 강화 학습	- 트랜스포머 기반 딥러닝 - 대규모 데이터셋 학습 - 멀티모달 학습	- 생성 AI 기술 활용 - 딥러닝 기반 이미지 생성	- 트랜스포머 기반 딥러닝 - 대규모 다국어 데이터셋 학습
적용 분야 및 효과	- 챗봇, 콘텐츠 제작, 번역, 교육 - 효과 : 생산성 향상, 창의성 증진, 개인 맞춤형 학습	- 검색, 챗봇, 콘텐츠 제작, 번역, 이미지 생성 - 효과 : 정보 접근성 향상, 사용자 경험 개선, 업무 자동화	- 영상 제작, 콘텐츠 제작 - 효과 : 콘텐츠 제작 효율성 향상, 새로운 표현 방식 제공	- 챗봇, 번역, 콘텐츠 제작 - 효과 : 다양한 언어 지원, 커뮤니케이션 장벽 해소
장점	- 높은 성능과 다양한 기능 - 사용자 친화적인 인터페이스	- 광범위한 적용 분야 - Google 서비스와의 연동	- 사용 편의성 - 빠른 처리 속도	- 높은 접근성 - 커뮤니티 기반 개발
단점	- 높은 비용 - 윤리적 문제 발생 가능성	- 개인 정보 보호 문제 - 모델의 복잡성	- 제한적인 기능 - 낮은 정확도	- 성능 개선 필요 - 지속적인 업데이트 필요

The Next Evolution in Artificial Intelligence : Agentic AI

5 멀티모달 AI 에이전트 연구 및 멀티모달 AI 에이전트 관련 도시계획 분야 연구

멀티모달 AI 에이전트는 텍스트, 이미지, 음성, 영상 등 다양한 형태의 데이터를 종합적으로 이해하고 처리하여 도시 계획 및 관리에 필요한 정보를 제공하고 의사 결정을 지원할 수 있다.

5. 1 대규모 언어 모델(LLM) 기반 AI 에이전트 개발

1) Chen et al. (2023) : Evaluating Large Language Models as Agents, arXiv preprint arXiv :2301.05091

(1) 핵심 개요 : Chen 등 (2023)은 외부 도구 사용 및 구조화된 작업 계획이 필요한 실제 작업을 해결하는 데 있어 대규모 언어 모델(LLM)이 직면한 과제를 평가한다.

(2) 쟁점 : LLM은 복잡한 실제 작업을 해결하기 위해 외부 도구를 활용하고 작업 계획을 수립하는 데 어려움을 겪는다.

(3) 시사점 : 멀티모달 AI 에이전트는 LLM의 한계를 극복하기 위해 외부 도구 활용 능력과 구조화된 작업 계획 수립 능력을 향상시켜야 한다.

5. 2 멀티모달 AI 에이전트의 활용 및 기술관련 연구

1) Gill (2024) : Enhancing User Experience with Multimodal AI Agents : A Review of Recent Advances and Challenges, ACM Transactions on Interactive Intelligent Systems (ACM TiiS)

[멀티모달 AI 에이전트의 사용자 경험 개선 효과]

(1) 핵심 개요 : Gill (2024)는 멀티모달 AI 에이전트가 인간과 컴퓨터의 상호 작용 방식을 변화시키고, 다양한 소스의 정보를 사용하여 현실적인 사용자 경

험을 생성함으로써 AI 시스템을 개선할 수 있다고 주장한다. 멀티모달 AI 에이전트는 상황 인식 및 개인화된 응답을 제공하여 사용자 경험을 개선하고, 여러 데이터 소스를 상호 참조하여 복잡한 환경에서 사용자를 더 잘 이해함으로써 정확성을 향상시킨다.

(2) 쟁점 : 멀티모달 AI 에이전트가 사용자 경험을 개선하기 위해서는 상황 인식 능력과 개인화된 응답 생성 능력을 어떻게 향상시킬 것인가?

(3) 시사점 : 멀티모달 AI 에이전트는 다양한 데이터 소스를 활용하여 사용자 경험을 개선하고, 정확성을 향상시킬 수 있는 잠재력을 지니고 있다.

2) Dataforest (2024) : Multimodal AI Agents as Digital Polymaths : Integrating Knowledge and Reasoning for Complex Problem Solving, IEEE Transactions on Artificial Intelligence (IEEE TAI)

[멀티모달 AI 에이전트의 '디지털 박식가' 역할]

(1) 핵심 개요 : Dataforest (2024)는 멀티모달 AI 에이전트를 '디지털 박식가'로 묘사하며, 다양한 AI 모델을 결합하여 통합된 결과를 생성하는 능력을 강조한다.

(2) 쟁점 : 멀티모달 AI 에이전트가 다양한 AI 모델을 효과적으로 결합하고 통합된 결과를 생성하기 위한 기술적 과제는 무엇인가?

(3) 시사점 : 멀티모달 AI 에이전트는 여러 분야의 지식을 통합하고 활용하여 복잡한 문제를 해결하는 데 기여할 수 있다.

What is Agents? Medium

5. 3 멀티모달 AI 에이전트의 도시계획분야 지원에 대한 연구 동향 분석

여기서는 멀티모달 AI 에이전트의 도시 계획 분야 지원에 대한 학자들의 최근 연구를 중심으로 핵심 개요, 쟁점, 시사점을 살펴보기로 하자.

1) Kalyuzhnaya et al. (2023) : LLM Agents for Smart City Management : Enhancing Decision Support Through Multi-Agent AI Systems (Preprints.org)

(1) 핵심 개요

본 연구는 대규모 언어 모델(LLM) 기반 멀티 에이전트 시스템을 활용하여 스마트도시 관리를 위한 의사 결정 지원 시스템을 구축하는 방법을 제시한다. LLM 에이전트는 도시 정보 시스템과 연동하여 복잡한 질의를 처리하고 맥락에 맞는 답변을 생성하여 도시 계획 및 관리에 활용될 수 있다.

(2) 쟁점

- LLM 에이전트가 다양한 도시 관련 질의를 효과적으로 처리하고 라우팅할 수 있는지 여부
- 지역 지식 및 규정을 처리할 때 검색 증강 생성(RAG) 기술이 응답 정확도를 향상시키는 데 효과적인지 여부
- 문서 데이터베이스와 서비스 API를 결합하여 사용하는 것이 LLM 응답의 정확성과 효율성을 향상시키는 데 효과적인지 여부

(3) 시사점

- O실험 결과, LLM 에이전트는 다양한 모델에서 94-99%의 파이프라인 선택 정확도를 달성했으며, RAG 기술을 통합하여 응답 정확도를 전략 개발 질의의 경우 17%, 서비스 접근성 질문의 경우 55% 향상시켰다.
- 문서 데이터베이스와 서비스 API를 결합하여 사용하면 단독 LLM 응답에 비해 성능 지표(G-Eval 점수 0.68-0.74)가 크게 향상되었다.

- LLM 기반 멀티 에이전트 시스템은 이기종 도시 데이터를 처리하고 전략적 계획 결정을 지원하여 도시 의사 결정의 효율성과 정확성을 크게 향상시킬 수 있다.

2) Solon Solomou and Ulysses Sengupta(2025), Simulating Complex Urban Behaviours With AI : Incorporating Improved Intelligent Agents in Urban Simulation Models" (Cogitatio Press, 2025)

(1) 핵심 개요

본 연구는 인공지능을 활용하여 복잡한 도시 행동을 시뮬레이션하는 방법을 제시한다. 특히, 인지 에이전트 아키텍처를 사용하여 에이전트에 메모리 표현 및 경험 학습 기능을 부여함으로써 지능을 향상시키고, 이를 통해 도시 거주자의 행동을 보다 정확하게 모델링할 수 있다.

(2) 쟁점

- 기존 논리 기반 에이전트 아키텍처와 비교하여 인지 에이전트 아키텍처가 도시 행동 시뮬레이션에 더 적합한지 여부
- 인지 에이전트 아키텍처를 사용하여 예측 불가능성, 불확실성, 비선형성, 적응성, 진화, 창발성을 포함하는 복잡한 도시 패턴을 조사할 수 있는지 여부

(3) 시사점

- 인지 기반 지능형 에이전트는 동적 시장 행동을 표현하는 능력이 향상되었다.
- 인지 에이전트 아키텍처는 미래 도시 계획 및 정책 수립을 위한 더 지능적인 에이전트 모델링 가능성을 보여준다.

5. 4 멀티모달 AI 에이전트의 연구동향으로부터 시사점

1) 멀티모달 AI 에이전트 개발 관련 시사점

- 멀티모달 AI 에이전트 개발에는 여러 가지 쟁점들이 존재한다. 첫째, 데이터

정렬 문제이다. 다양한 형태의 데이터를 통합적으로 처리하기 위해서는 각 데이터 유형 간의 관계를 정확하게 이해하고 일관성을 유지하는 것이 중요하다.

- 둘째, 계산량 문제이다. 멀티모달 데이터를 처리하기 위해서는 높은 계산 능력이 요구되며, 이는 에이전트의 실시간 응답 속도를 저하시키는 요인이 될 수 있다.
- 셋째, 강건성 문제이다. 멀티모달 AI 에이전트는 다양한 환경 변화와 노이즈에 강건하게 동작해야 하며, 예상치 못한 상황에서도 안정적인 성능을 유지해야 한다.

2) 멀티모달 AI 에이전트는 도시계획 관련 분야에서 시사점

- 멀티모달 AI 에이전트는 도시 계획 분야에서 다양한 형태의 데이터를 통합적으로 활용하여 도시 문제 해결 및 의사 결정 지원에 기여할 수 있다.
- 대규모 언어 모델은 멀티모달 AI 에이전트 개발의 핵심 기술이며, 멀티모달 AI 에이전트는 다양한 분야에서 활용될 수 있는 잠재력을 지니고 있다.
- 멀티모달 AI 에이전트가 실제 환경에서 효과적으로 활용되기 위해서는 앞으로 외부 도구 활용 능력, 구조화된 작업 계획 수립 능력, 상황 인식 능력, 개인화된 응답 생성 능력 등을 향상시키는 연구가 필요하다.

3) 멀티모달 AI 에이전트의 역할

(1) 도시 문제 진단 및 예측 : 도시 환경 데이터를 분석하여 교통 체증, 환경 오염, 범죄 발생 등 도시 문제를 진단하고 예측하여 예방적 조치를 취할 수 있도록 지원한다.

(2) 도시 계획 시뮬레이션 : 다양한 도시 계획 시나리오를 시뮬레이션하고 결과를 예측하여 최적의 도시 계획안을 도출하는 데 기여한다.

(3) 시민 참여 및 의사소통 : 멀티모달 인터페이스를 통해 시민들의 의견을 수렴하고 도시 계획 과정에 참여를 유도하여 시민 중심의 도시 계획을 구현한다.

(4) 도시 관리 자동화 : 도시 인프라 관리, 재난 대응, 공공 서비스 제공 등 도시 관리 업무를 자동화하여 효율성을 향상시킨다.

How Agentic AI will transform financial services with autonomy, efficiency and inclusion, World Economic Forum

6 멀티모달리티(Multimodality)가 여러 모달리티의 통합을 앞당기고 있다

1) AI 에이전트는 멀티모달리티가 키워낸 비서이다

AI 에이전트는 멀티모달리티가 키워낸 비서이다. 모달리티란 AI와 사람이 정보를 수고받는 방법이다. 멀티모달리티는 AI가 다양한 소통방식을 도와준다는 의미로 해석할 수 있다. 글과 답으로 교류하는 것 이외에 말, 동영상,3D정보 등 다양한 형태로 소통하는 것을 뜻한다.

2) 멀티모달리티 모델은 장애인의 정보 접근성을 혁신적으로 향상시킨다.

- OpenAI의 GPT-4V와 Google의 Gemini 1.5 Pro는 텍스트와 이미지를 동시에 이해하는 멀티모달 AI로, 장애인의 정보 접근성을 혁신적으로 향상시킬 잠재력을 지니고 있다. 예컨대 GPT-4V는 이미지를 분석하여 시각 장애인에게 주변 환경을 설명해 줄 수 있다. 예를 들어, "앞에 있는 물체가 무엇인가요?"라는 질문에 GPT-4V는 카메라를 통해 입력된 이미지를 분석하여 "책상 위에 컵과 책이 있습니다."라고 답변한다.

3) 각각의 AI모델이 여러 모달리티를 통합하여 처리하는 방식으로 진화하고 있다

- 최근의 변화는 단 하나의 AI모델이 여러 모달리티를 통합하여 처리하는 방식으로 진화하고 있다는 점이다. 기존에는 문자, 음성, 영상정보 처리는 각각 담당하는 AI 여러 개가 처리했다면, 지금은 하나의 통합된 모델에서 이 모든 작업을 처리한다는 것이다. 음성을 문자로 전환하는 AI, 영상정보만 처리하는 AI 등이 각자 작동해 왔다.

AI 에이전트(Agent), 브런치

7 멀티모달리티 통합이 AI 에이전트에 주는 효과

멀티모달리티 통합은 AI 에이전트가 다양한 형태의 정보를 동시에 이해하고 처리하여 인간과 유사한 방식으로 작동하도록 하는 기술이다. AI 멀티모달리티는 다양한 데이터 유형(텍스트, 이미지, 음성, 센서 데이터 등)을 통합하여 분석하고 처리하는 인공지능 기술이다

(1) 사용자 편의성 증대 : 멀티모달 인터페이스를 통해 사용자는 텍스트, 음성, 이미지 등 다양한 방식으로 AI 에이전트와 상호 작용할 수 있다. 예를 들어, 음성 명령을 통해 AI 에이전트를 제어하거나, 이미지를 통해 정보를 전달할

수 있다. 이는 사용자의 접근성을 높이고, 더욱 직관적이고 편리한 사용자 경험을 제공한다.

(2) 시스템 접근성 확대 : 멀티모달리티는 장애인이나 특정 환경에 있는 사용자들에게 더욱 접근성이 높은 AI 시스템을 구축할 수 있도록 한다. 예를 들어, 시각 장애인은 음성 인터페이스를 통해 AI 에이전트를 이용할 수 있으며, 현장 작업자는 이미지 기반 정보를 활용하여 작업 효율성을 높일 수 있다.

(3) 사용자 만족도 확대 : 멀티모달리티는 AI 에이전트가 사용자의 의도를 더욱 정확하게 파악하고, 개인 맞춤형 서비스를 제공할 수 있도록 합니다. 예를 들어, 사용자의 감정을 분석하여 그에 맞는 응답을 생성하거나, 사용자의 선호도를 학습하여 맞춤형 콘텐츠를 추천할 수 있다. 이는 사용자 만족도를 높이고, AI 에이전트에 대한 신뢰도를 향상시킨다.

(4) 서비스 정확도 향상 : 멀티모달리티는 다양한 형태의 데이터를 상호 보완적으로 활용하여 AI 에이전트의 서비스 정확도를 향상시킨다.

(5) 새로운 기능 구현 : 멀티모달리티는 AI 에이전트가 새로운 기능을 구현할 수 있도록 한다. 예를 들어, 이미지를 생성하거나, 음악을 작곡하거나, 비디오를 편집하는 등 창의적인 작업을 수행할 수 있다.

(6) 다양한 분야에서의 활용 가능성 확대 : 멀티모달리티는 AI 에이전트의 활용 가능성을 다양한 분야로 확대한다. 예를 들어, 헬스케어 분야에서는 환자의 의료 영상, 진료 기록, 생체 정보 등을 통합하여 질병 진단 및 치료에 활용할 수 있으며, 교육 분야에서는 학생의 학습 자료, 행동 데이터, 생체 정보 등을 결합하여 맞춤형 학습 시스템을 구축할 수 있다.

8 나오는 말

2025년, 영화 'Her'에서 예견된 AI 비서가 현실로 다가왔다. GPT-4o와 같은 멀티모달 AI 모델은 인간과 유사한 방식으로 보고, 듣고, 말하며 상호 작용한다. 멀티모달리티는 AI 에이전트가 다양한 형태의 정보를 종합적으로 이해하고 처리하여 더욱 정확하고 풍부한 서비스를 제공할 수 있도록 한다.

참고문헌

1. Kalyuzhnaya et al. (2023) : LLM Agents for Smart City Management : Enhancing Decision Support Through Multi-Agent AI Systems (Preprints.org)
2. Chen et al. (2023) : Evaluating Large Language Models as Agents, arXiv preprint arXiv :2301.05091
3. Baltru?aitis, T., Ahuja, C., & Morency, L. P. (2018). Multimodal machine learning : A survey and taxonomy. IEEE transactions on pattern analysis and machine intelligence, 41(2), 423-443.
4. Chollet, F. (2017). Xception : Deep learning with depthwise separable convolutions. In Proceedings of the IEEE conference on computer vision and pattern recognition (pp. 1251-1258).
5. 김병필 (2024. 5. 20). 김병필의 인공지능 개척시대, 멀티모달리티 인공지능, 중앙일보.

18 멀티모달 AI 에이전트와 디지털 트윈의 협력적 도시 콘서트

[주요 질문]

Ⅰ. 멀티모달 AI 에이전트 & 디지털 트윈 개념

1. 멀티모달 AI 에이전트는 도시 문제 해결에 어떻게 활용될 수 있으며, 디지털 트윈과의 협력을 통해 어떤 시너지를 창출할 수 있을까?
2. 멀티모달 AI 에이전트의 핵심 기술인 멀티모달 융합 기술과 교차 모달 주의 메커니즘은 도시 문제 해결에 어떻게 적용될 수 있을까?
3. 디지털 트윈 기술이 도시 계획의 효율성을 높이는 데 어떻게 활용될 수 있으며, 도시 문제 진단, 미래 변화 예측, 계획 시나리오 시뮬레이션, 시민 참여 증진에 어떤 기여를 할 수 있을까?

Ⅱ. 멀티 에이전트 협업 & 디지털 트윈 구축

1. LLM 기반 멀티 에이전트 협업 방식(파이프라인, 그룹 토론, 하이브리드)은 도시 계획 과정에서 어떻게 활용될 수 있으며, 각 방식의 장단점은 무엇일까?
2. 디지털 트윈 구축에 필요한 기술(Ecopia AI, GeoMate, CyberCity 3D)은 각각 어떤 역할을 수행하며, 디지털 트윈의 정확성과 효율성을 높이는 데 어떻게 기여할까?

Ⅲ. 디지털 트윈과 XR 기술 융합 & 멀티모달 AI 기술 트렌드

1. 디지털 트윈과 XR 기술의 융합은 도시 계획 과정의 시각화 및 상호 작용을 어떻게 강화할 수 있으며, 시민 참여 증진에 어떤 영향을 미칠까?

2. 멀티모달 AI 에이전트 기술 개발 트렌드(개인 맞춤형 서비스, 새로운 산업 발전, 인간-컴퓨터 상호 작용의 진화)는 도시 계획 분야에 어떤 변화를 가져올까?
3. LAM(Large Action Model)은 멀티모달 AI 에이전트의 발전에 어떤 영향을 미칠 것이며, 도시 계획 분야에서 어떻게 활용될 수 있을까?

Ⅳ. 도시 계획 분야에서의 활용 & 협력 단계

1. 멀티모달 AI 에이전트와 디지털 트윈은 도시 계획 과정의 각 단계(데이터 수집 및 분석, 계획 시뮬레이션, 시민 참여 증진, 의사 결정 지원)에서 어떻게 활용될 수 있을까?
2. 멀티모달 AI 에이전트와 디지털 트윈은 도시 계획 분야의 다양한 영역(토지 이용 계획, 도시 건축 설계, 환경 계획, 교통 계획, 공원 녹지 계획, 모빌리티)에서 어떻게 활용될 수 있을까?
3. 멀티모달 AI 에이전트와 디지털 트윈의 협력 단계(계획 수립, 계획 시뮬레이션, 계획 실행 및 평가, 운영 및 유지보수)는 어떻게 구분되며, 각 단계에서 어떤 역할을 수행해야 할까?
4. 디지털 트윈 구현 과정에서 발생하는 과제(데이터 통합, 비용, 사이버 보안, 확장성, 이해관계자 간 협력 등)는 무엇이며, 이를 해결하기 위한 방안은 무엇일까?

1 들어가면서

지속 가능한 도시 개발을 달성하기 위해서는 도시 계획, 설계, 관리, 운영 방식의 혁신이 필수적이다. 이러한 혁신의 중심에는 멀티모달 AI 에이전트와 디지털 트윈 기술이 있다.

(1) 멀티모달 AI 에이전트는 텍스트, 이미지, 음성, 영상, 센서 데이터 등 다양한 형태의 데이터를 종합적으로 분석하고 활용하여 도시 문제 해결에 기여할 수 있다

멀티모달 AI 에이전트는 텍스트, 이미지, 음성, 영상, 센서 데이터 등 다양한 형태의 데이터를 종합적으로 분석하고 활용하여 도시 문제 해결에 기여할 수 있다.

(2) 디지털 트윈은 현실 세계의 도시를 가상 공간에 복제하여 도시의 다양한 측면을 시뮬레이션하고 분석할 수 있는 기술이다.

디지털 트윈은 현실 세계의 도시를 가상 공간에 복제하여 도시의 다양한 측면을 시뮬레이션하고 분석할 수 있는 기술로, 도시 계획의 효율성을 높이는 데 활용될 수 있다.

The Rise of AI Agents : Shaping Our Future ? Jibin Ellickal

2 멀티모달 AI 에이전트 : 도시 문제 해결을 위한 핵심 기술

2. 1 멀티모달 AI 에이전트의 도시 문제 해결 잠재력은?

1) 멀티모달 AI 에이전트는 텍스트, 이미지, 음성, 영상, 센서 데이터 등 다양한 유형의 데이터를 동시에 처리하고 통합한다.

멀티모달 AI 에이전트는 텍스트, 이미지, 음성, 영상, 센서 데이터 등 다양한 유형의 데이터를 동시에 처리하고 통합하여 더욱 정확하고 종합적인 분석을 수행할 수 있다.

2) 멀티모달 AI 에이전트는 도시의 교통 혼잡 문제를 해결하기 위해 교통량 데이터, 차량 속도 데이터, GPS 데이터 뿐만 아니라 CCTV 영상 데이터, 날씨 데이터, 소셜 미디어 데이터까지 종합적으로 분석하여 교통 혼잡의 원인을 파악하고 효과적인 해결 방안을 제시할 수 있다

이러한 능력은 도시의 복잡하고 다면적인 문제를 이해하고 해결하는 데 매우 중요하다. 예를 들어, 도시의 교통 혼잡 문제를 해결하기 위해 멀티모달 AI 에이전트는 교통량 데이터, 차량 속도 데이터, GPS 데이터뿐만 아니라 CCTV 영상 데이터, 날씨 데이터, 소셜 미디어 데이터까지 종합적으로 분석하여 교통 혼잡의 원인을 파악하고 효과적인 해결 방안을 제시할 수 있다.

2. 2 멀티모달 AI 에이전트의 핵심 기술

멀티모달 AI 에이전트의 핵심 기술은 다음과 같다.

(1) 멀티모달 융합 기술 : 다양한 출처에서 얻은 정보를 하나의 일관된 표현으로 통합하는 기술이다. 초기 융합, 후기 융합, 하이브리드 융합 등 다양한 융합 기술이 사용된다. 예를 들어, 교통량 데이터와 CCTV 영상 데이터를 융합하여 특정 시간대의 교통 흐름을 시각적으로 표현하고 분석할 수 있다.

(2) 교차 모달 주의 메커니즘 : 각 데이터 스트림에서 중요한 프레임에만 집중하여 처리하는 기술이다. 한 모달의 맥락을 통해 다른 모달의 해석을 향상시키는 교차 모달 주의 메커니즘을 통해 여러 출처의 정보를 동시에 해석할 수 있다. 예를 들어, 소셜 미디어 데이터에서 특정 지역에 대한 시민들의 불만 사항을 분석하고, 이를 CCTV 영상 데이터와 교차 분석하여 문제의 원인을 파악할 수 있다.

Multimodal AI-Driven Digital Twins of Experts Patent | Openstream.ai

2. 3 LLM (Large Language Model)기반 멀티 에이전트 협업은 도시 계획 과정에서 다양한 이해관계자의 의견을 반영하고 효과적인 솔루션을 도출하는 데 활용된다.

LLM (Large Language Model) 기반 멀티 에이전트 협업은 도시 계획 과정에서 다양한 이해관계자의 의견을 반영하고 효과적인 솔루션을 도출하는 데 활용될 수 있다. LLM 에이전트는 도시 계획 전문가, 시민, 개발자 등 다양한 역할을 시뮬레이션하여 각 주체의 관점에서 의견을 제시하고 협상을 통해 합의점을 도출할 수 있다. 멀티 에이전트 협업 방식은 크게 파이프라인, 그룹 토론, 하이브리드 방식으로 나눌 수 있다.

(1) 파이프라인 방식 : 각 에이전트가 순차적으로 작업을 수행하는 방식으로, 예를 들어 계획안 제시, 의견 수렴, 수정 및 보완, 최종 결정 등의 단계를 거쳐 계획을 수립한다.

(2) 그룹 토론 방식 : 여러 에이전트가 동시에 의견을 교환하고 토론을 통해 합의에 도달하는 방식으로, 다양한 관점을 종합적으로 고려하여 최적의 계획안을 도출할 수 있다.

(3) 하이브리드 방식 : 파이프라인 방식과 그룹 토론 방식을 결합한 방식으로, 상황에 따라 적절한 방식을 선택하여 협업 효율성을 높일 수 있다.

Will AI Agents really replace us? | Mayank Tyagi

3 디지털 트윈(Digital Twin) : 도시계획의 새로운 지평을 여는 기술

디지털 트윈은 현실 세계의 물리적 객체, 시스템 또는 프로세스를 가상 공간에 복제하여 시뮬레이션, 분석, 예측 등 다양한 목적으로 활용하는 기술이다.

3. 1 디지털 트윈의 도시 계획 과정에서의 역할

디지털 트윈은 도시 계획 과정에서 다음과 같은 역할을 수행한다.

(1) 도시 문제 진단 : 도시의 다양한 데이터를 실시간으로 수집하고 분석하여 문제점을 파악하고, 문제 해결을 위한 효과적인 전략을 수립할 수 있도록

지원한다. 예를 들어, 교통량 데이터, 대기 오염 데이터, 소셜 미디어 데이터 등을 분석하여 교통 혼잡, 환경 오염, 시민 불만 등 도시 문제의 원인을 파악하고 해결 방안을 모색할 수 있다.

(2) 미래 변화 예측 : 도시의 인구 변화, 경제 성장, 기후 변화 등 다양한 요인을 고려하여 미래 도시의 모습을 예측하고, 이를 바탕으로 도시 계획을 수립할 수 있도록 지원한다. 예를 들어, 인구 증가 추세, 산업 발전 전망, 기후 변화 시나리오 등을 고려하여 미래 도시의 토지 이용, 인프라 수요, 환경 변화 등을 예측하고 이에 대비한 도시 계획을 수립할 수 있다.

(3) 계획 시나리오 시뮬레이션 : 다양한 계획 시나리오를 디지털 트윈에서 시뮬레이션하여 각 시나리오의 결과를 예측하고 비교 분석함으로써 최적의 계획안을 도출할 수 있도록 지원한다. 예를 들어, 새로운 도로 건설, 공원 조성, 재개발 사업 등 다양한 계획 시나리오를 시뮬레이션하고 교통 흐름, 환경 영향, 경제적 효과 등을 분석하여 최적의 계획안을 선택할 수 있다.

(4) 시민 참여 증진 : 디지털 트윈을 통해 시민들에게 도시 계획 관련 정보를 시각적으로 제공하고, 시민 의견을 수렴하여 계획에 반영함으로써 시민 참여를 증진시킨다. 예를 들어, 디지털 트윈을 활용하여 도시 계획안을 3차원으로 시각화하고 시민들이 직접 의견을 제시하거나 계획안을 수정할 수 있도록 하여 시민 참여를 확대할 수 있다.

What is a Digital Twin in Architecture? AZoBuild

3. 2 디지털 트윈 구축을 위해서는 다양한 기술과 자원이 필요하다.

1) 디지털 트윈 구축을 위한 다양한 기술과 자원

디지털 트윈 구축을 위해서는 다양한 기술과 자원이 필요하다.

(1) Ecopia AI : 고해상도 이미지를 활용하여 토지 피복 및 인프라 자산의 고정밀 벡터 지도를 생성하는 기술을 제공한다. 이를 통해 도시의 지형, 건물, 도로 등을 정확하게 모델링하고 디지털 트윈에 반영할 수 있다 .

(2) GeoMate : 고해상도 항공 이미지에서 고정밀 벡터 지도를 생성하여 자율주행 차량 및 도시 계획에 활용할 수 있는 데이터를 제공한다. 특히 보행자 네트워크, 접근성, 경사도 등의 데이터를 제공하여 도시 계획 및 장애인 접근성 개선에 기여할 수 있다 .

(3) CyberCity 3D : 스테레오 이미지 및 포인트 클라우드를 고해상도 건물 모델로 변환하는 3D 데이터 제공업체이다. 다양한 형식의 디지털 도시 모델을 제공하여 도시 계획, 건축 설계, 부동산 개발 등에 활용될 수 있다.

2) 디지털 트윈과 XR 기술의 융합

XR(eXtended Reality) 기술은 가상현실(VR), 증강현실(AR), 혼합현실(MR) 등을 포괄하는 기술로, 디지털 트윈과의 융합을 통해 도시 계획 과정의 시각화 및 상호작용을 강화할 수 있다.

예를 들어, VR 기술을 활용하여 디지털 트윈 환경에 직접 들어가 도시 계획안을 3차원으로 체험하고, AR 기술을 활용하여 현실 세계에 도시 계획안을 겹쳐서 보여줌으로써 시민들의 이해도를 높일 수 있다. 또한, XR 기술을 활용하여 도시 계획 전문가들이 디지털 트윈 환경에서 협업하고, 다양한 계획 시나리오를 실시간으로 검토하고 수정할 수 있다.

AI agents are on the march, but will they justify the endless big spending on AI?, siliconANGLE

4 멀티모달 AI 에이전트와 디지털 트윈의 협력과 관련된 도시계획분야의 연구 동향

본 글에서는 멀티모달 AI 에이전트와 디지털 트윈의 협력을 통해 도시 계획 분야의 혁신을 이끌어낼 수 있는 최근 연구 동향을 심층적으로 분석한다. 특히 도시 계획 과정, 도시 건축 설계, 스마트시티, 환경 계획, 교통 계획, 모빌리티 분야에서 멀티모달 AI 에이전트와 디지털 트윈이 어떻게 활용되고 있는지 최신 연구 논문을 중심으로 살펴본다.

Embracing AI Agents as Digital Twins for Customers and Employees, Linkedin

4. 1 도시 계획 과정 연구

(1) Li et al. (2023) "Integrating Multimodal AI Agents and Digital Twins for Participatory Urban Planning", Cities

① 연구 목적 : 멀티모달 AI 에이전트와 디지털 트윈을 활용하여 시민 참여를 증진시키고 투명한 의사 결정을 지원하는 도시 계획 플랫폼 개발

② 핵심 내용 : 시민들이 디지털 트윈 환경에서 계획안을 직접 경험하고 수정하며 의견을 개진할 수 있는 플랫폼 구축, 멀티모달 AI 에이전트를 활용하여 시민 의견을 분석하고 계획에 반영, XR 기술을 통한 시각화 및 상호 작용 증진

③ 시사점 : 시민 참여를 확대하고 계획 과정의 민주성을 강화하는 데 기여

(2) Wang et al. (2024) "A Multi-Agent System for Collaborative Urban Planning using Digital Twins", Environment and Planning B : Urban Analytics and City Science

① 연구 목적 : 멀티 에이전트 시스템과 디지털 트윈을 활용하여 도시 계획 전문가, 시민, 개발자 등 다양한 이해관계자 간의 협력을 증진시키는 도시 계획 지원 시스템 개발

② 핵심 내용 : 각 이해관계자를 에이전트로 모델링하고 디지털 트윈 환경에서 상호 작용 및 협상을 시뮬레이션, 멀티모달 AI 에이전트를 활용하여 의사소통을 지원하고 합의점 도출

③ 시사점 : 계획 과정의 효율성을 높이고 이해관계자 간 갈등을 최소화

(3) Kim et al. (2023) "시민 참여 기반 도시 계획을 위한 멀티모달 AI 에이전트 및 디지털 트윈 활용", 한국도시계획학회지

① 연구 목적 : 멀티모달 AI 에이전트와 디지털 트윈을 활용하여 시민 참여를 증진시키는 도시 계획 플랫폼 개발

② 핵심 내용 : 디지털 트윈 기반 3D 도시 모델 구축, 멀티모달 AI 에이전트를 통한 시민 의견 수렴 및 분석, 시뮬레이션 결과 시각화, XR 기술 활용

③ 시사점 : 시민 참여를 확대하고 계획의 투명성을 높이는 데 기여

(4) Lee et al. (2024) "데이터 기반 도시 계획 의사 결정 지원을 위한 멀티모달 AI 에이전트 프레임워크", 정보시스템연구

① 연구 목적 : 멀티모달 AI 에이전트를 활용하여 도시 계획 전문가의 의사 결정을 지원하는 프레임워크 개발

② 핵심 내용 : 도시 데이터 수집 및 분석, 계획 시나리오 시뮬레이션, 결과 예측 및 평가, 전문가에게 최적의 계획안 추천

③ 시사점 : 과학적이고 합리적인 도시 계획 의사 결정 지원

4. 2 도시 건축 설계

(1) Alhakeem et al. (2022) "Multimodal AI Agent for Optimizing Building Design in a Digital Twin Environment", Automation in Construction

① 연구 목적 : 멀티모달 AI 에이전트를 활용하여 건축물 디자인을 최적화하고 성능을 향상시키는 설계 지원 시스템 개발

② 핵심 내용 : 건축물 에너지 성능, 구조적 안정성, 미적 요소 등 다양한 요소를 고려하여 설계안을 생성하고 평가하는 멀티모달 AI 에이전트 개발, 디지털 트윈에서 시뮬레이션을 통해 설계안 검증 및 최적화

③ 시사점 : 건축 설계의 효율성을 높이고 건축물 성능을 극대화

(2) Singh et al. (2024) "Generative AI and Digital Twins for Urban Design : Exploring New Possibilities" (International Journal of Architectural Computing)

① 연구 목적 : 생성적 AI와 디지털 트윈을 활용하여 창의적이고 혁신적인 도시 디자인 옵션을 탐색하고 평가

② 핵심 내용 : 도시 디자인 가이드라인, 주변 환경, 사회적 요구 등을 고려하여 다양한 디자인 옵션을 생성하는 생성적 AI 모델 개발, 디지털 트윈에서 시뮬레이션을 통해 디자인 옵션 평가 및 최적화

③ 시사점 : 도시 디자인 분야의 창의성을 증진하고 새로운 가능성을 제시

(3) Park et al. (2022) "디지털 트윈 기반 건축물 에너지 성능 최적화를 위한 멀티모달 AI 에이전트", 대한건축학회 논문집

① 연구 목적 : 멀티모달 AI 에이전트를 활용하여 건축물 에너지 성능을 최적화하는 설계안 도출

② 핵심 내용 : 건축물 에너지 소비 데이터, 기상 데이터, 건축 자재 정보 등을 멀티모달 AI 에이전트가 분석, 에너지 효율적인 설계안 제시

③ 시사점 : 지속가능한 건축물 설계 및 에너지 절약에 기여

(4) Choi et al. (2024) "생성적 AI 기반 건축 디자인 탐색 및 평가 : 디지털 트윈과의 연동", 한국건축친환경설비학회 논문집

① 연구 목적 : 생성적 AI와 디지털 트윈을 연동하여 창의적인 건축 디자인 옵션 생성 및 평가

② 핵심 내용 : 생성적 AI 모델을 이용하여 다양한 디자인 옵션 생성, 디지털 트윈에서 성능 시뮬레이션 및 평가, 최적 디자인 선택 지원

③ 시사점 : 건축 설계 분야의 창의성 증진 및 효율성 향상

4. 3 스마트시티

(1) Schwartz et al. (2023) "Digital Twin-driven Smart City Management using Multimodal AI Agents" (IEEE Transactions on Smart Cities)

① 연구 목적 : 멀티모달 AI 에이전트와 디지털 트윈을 활용하여 스마트시티 서비스 운영 및 관리를 최적화하는 플랫폼 개발

② 핵심 내용 : 도시 데이터를 실시간으로 수집하고 분석하여 도시 운영 현황을 파악, 멀티모달 AI 에이전트를 통해 문제 발생 예측 및 해결 방안 제시, 시민 피드백을 반영하여 서비스 개선

③ 시사점 : 스마트시티 운영 효율성 향상 및 시민 만족도 증진

(2) Zhang et al. (2025) "Multimodal AI Agents for Personalized Smart City Services : A Digital Twin Approach" (Journal of Urban Technology)

① 연구 목적 : 멀티모달 AI 에이전트와 디지털 트윈을 활용하여 개인 맞춤형 스마트시티 서비스 제공

② 핵심 내용 : 사용자 데이터, 도시 데이터, 서비스 정보 등을 멀티모달 AI 에이전트가 분석, 개인의 요구에 맞는 서비스 추천 및 제공, 디지털 트윈에서 서비스 시뮬레이션 및 최적화

③ 시사점 : 시민 중심의 스마트시티 서비스 구축 및 시민 삶의 질 향상

(3) Jung et al. (2023) "스마트시티 서비스 최적화를 위한 멀티모달 AI 에이전트 기반 디지털 트윈 플랫폼", 한국정보과학회 논문지

① 연구 목적 : 멀티모달 AI 에이전트와 디지털 트윈을 활용하여 스마트시티 서비스를 최적화하는 플랫폼 개발

② 핵심 내용 : 도시 데이터 수집 및 분석, 시민 요구사항 파악, 서비스 시뮬레이션 및 평가, 개인 맞춤형 서비스 제공

③ 시사점 : 스마트시티 서비스 효율성 향상 및 시민 만족도 증진

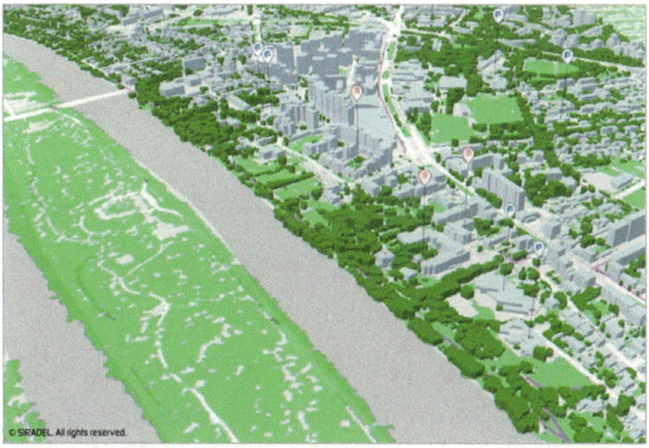

Smart Cities World - Digital twins - Digital twin urban climate action

(4) Kang et al. (2025) "디지털 트윈 기반 스마트시티 운영 시뮬레이션 및 예측 : 멀티 에이전트 시스템 활용", 한국컴퓨터정보학회 논문지

① 연구 목적 : 멀티 에이전트 시스템과 디지털 트윈을 활용하여 스마트시티 운영 시뮬레이션 및 미래 예측

② 핵심 내용 : 도시 구성 요소를 에이전트로 모델링, 상호 작용 시뮬레이션, 도시 운영 최적화, 도시 문제 발생 예측 및 예방

③ 시사점 : 스마트시티 운영 효율성 향상 및 도시 문제 해결

4. 4 환경 계획

(1) Johnson et al. (2022) "Urban Air Quality Forecasting and Mitigation using Multimodal AI Agents and Digital Twins" (Atmospheric Environment)

① 연구 목적 : 멀티모달 AI 에이전트와 디지털 트윈을 활용하여 도시 대기 오염 예측 정확도를 높이고 효과적인 오염 저감 전략 수립

② 핵심 내용 : 대기 오염 데이터, 기상 데이터, 교통 데이터, 산업 활동 데이터 등을 멀티모달 AI 에이전트가 분석, 오염 발생 원인 파악 및 확산 예측, 디지털 트윈에서 저감 전략 시뮬레이션 및 효과 평가

③ 시사점 : 도시 대기 환경 개선 및 시민 건강 보호

(2) Brown et al. (2024) "Optimizing Urban Green Infrastructure Planning for Climate Change Adaptation using Digital Twins" (Landscape and Urban Planning)

① 연구 목적 : 디지털 트윈을 활용하여 기후 변화 적응을 위한 도시 녹지 공간 계획 최적화

② 핵심 내용 : 도시 녹지 공간 데이터, 기후 변화 시나리오, 도시 미기후 모델 등을 디지털 트윈에 통합, 녹지 공간의 탄소 흡수, 온도 저감, 홍수 방지 효과 등을 시뮬레이션, 최적의 녹지 공간 배치 및 관리 전략 제시

③ 시사점 : 기후 변화 적응력을 높이고 지속가능한 도시 환경 조성

(3) Yoon et al. (2022) "도시 대기 오염 예측 및 저감을 위한 멀티모달 AI 에이전트 및 디지털 트윈 활용" (한국환경과학회지)

① 연구 목적 : 멀티모달 AI 에이전트와 디지털 트윈을 활용하여 도시 대기 오염 예측 및 저감 방안 마련

② 핵심 내용 : 대기 오염 데이터, 기상 데이터, 교통 데이터 등을 멀티모달 AI 에이전트가 분석, 오염 예측 및 저감 전략 제시

③ 시사점 : 도시 환경 개선 및 시민 건강 보호

(4) Han et al. (2024) "디지털 트윈 기반 도시 녹지 공간 최적화 및 생태계 서비스 평가", 한국조경학회지

① 연구 목적 : 디지털 트윈을 활용하여 도시 녹지 공간 최적화 및 생태계 서비스 평가

② 핵심 내용 : 도시 녹지 공간 데이터 구축, 녹지 공간 연결성 분석, 생태계 서비스 시뮬레이션, 녹지 공간 관리 전략 제시

③ 시사점 : 도시 생태 환경 개선 및 지속가능한 도시 개발

4. 5 교통 계획

(1) Gonzalez et al. (2023) "Real-time Traffic Flow Prediction and Control using Multimodal AI Agents and Digital Twins" (Transportation Research Part C : Emerging Technologies)

① 연구 목적 : 멀티모달 AI 에이전트와 디지털 트윈을 활용하여 실시간 교통 흐름 예측 및 제어 시스템 개발

② 핵심 내용 : 교통 데이터, 차량 센서 데이터, 도로 환경 데이터 등을 멀티모달 AI 에이전트가 분석, 교통 혼잡 예측 및 실시간 교통 정보 제공, 디지털 트윈에서 신호 제어 및 경로 안내 시뮬레이션, 교통 시스템 효율성 향상

③ 시사점 : 교통 혼잡 완화 및 교통 안전 증진

(2) Chen et al. (2024) "Digital Twin-based Simulation and Evaluation of Autonomous Vehicle Systems in Urban Environments" (IEEE Transactions on Intelligent Transportation Systems)

① 연구 목적 : 디지털 트윈을 활용하여 다양한 도시 환경에서 자율주행 시스템의 안전성 및 효율성을 평가

② 핵심 내용 : 자율주행 차량 데이터, 도로 환경 데이터, 교통 데이터, 보행자 데이터 등을 디지털 트윈에 반영, 다양한 시나리오 시뮬레이션, 자율주행 시스템 성능 평가 및 개선

③ 시사점 : 자율주행 시스템 안전성 및 신뢰성 향상

(3) Lee et al. (2023) "멀티모달 AI 에이전트 기반 실시간 교통 흐름 예측 및 제어 : 디지털 트윈과의 연동", 한국교통연구원

① 연구 목적 : 멀티모달 AI 에이전트와 디지털 트윈을 연동하여 실시간 교통 흐름 예측 및 제어 시스템 개발

② 핵심 내용 : 교통 데이터 수집 및 분석, 멀티모달 AI 에이전트를 통한 교통 흐름 예측, 디지털 트윈에서 신호 제어 시뮬레이션, 교통 혼잡 완화

③ 시사점 : 교통 혼잡 완화 및 교통 시스템 효율성 향상

(4) Kim et al. (2024) "디지털 트윈 기반 자율주행 시스템 안전성 평가 및 검증", 한국ITS학회 논문지

① 연구 목적 : 디지털 트윈을 활용하여 자율주행 시스템 안전성 평가 및 검증 시스템 구축

② 핵심 내용 : 자율주행 차량 데이터, 도로 환경 데이터, 교통 데이터 등을 디지털 트윈에 반영, 다양한 상황 시뮬레이션, 안전성 평가

③ 시사점 : 자율주행 시스템 안전성 확보 및 상용화 촉진

Digital Twins for Autonomous Driving, arXiv

4. 6 모빌리티

(1) Wilson et al. (2023) "Developing a Personalized MaaS Platform using Multimodal AI Agents" (Journal of Transport Geography)

① 연구 목적 : 멀티모달 AI 에이전트를 활용하여 개인 맞춤형 MaaS 플랫폼 개발

② 핵심 내용 : 사용자 이동 데이터, 교통 데이터, 선호도 데이터, 실시간 교통 상황 등을 멀티모달 AI 에이전트가 분석, 최적의 이동 경로 및 수단 추천, MaaS 서비스 이용 편의성 증진

③ 시사점 : MaaS 활성화 및 지속가능한 교통 시스템 구축

(2) Martin et al. (2025) "Digital Twin-based Urban Mobility Scenario Planning for Future Cities" (Futures)

① 연구 목적 : 디지털 트윈을 활용하여 미래 도시 환경 변화에 대비한 도시 모빌리티 시나리오 계획

② 핵심 내용 : 인구 변화, 기술 발전, 기후 변화 등 미래 도시 환경 변화 요인 분석, 디지털 트윈에서 다양한 모빌리티 시나리오 시뮬레이션, 미래 모빌리티 정책 수립 및 인프라 구축 전략 제시

③ 시사점 : 미래 도시 변화에 대응하고 지속가능한 도시 모빌리티 시스템 구축

(3) Park et al. (2023) "멀티모달 AI 에이전트 기반 MaaS 플랫폼 개발 및 최적화", 한국전자통신학회 논문지

① 연구 목적 : 멀티모달 AI 에이전트를 활용하여 개인 맞춤형 MaaS 플랫폼 개발 및 최적화

② 핵심 내용 : 사용자 이동 데이터, 교통 데이터, 선호도 등을 분석, 최적 경로 및 이동 수단 추천, 통합 결제 시스템 제공

③ 시사점 : 시민 이동 편의 증진 및 MaaS 활성화

(4) Choi et al. (2025) "디지털 트윈 기반 미래 모빌리티 시나리오 예측 및 도시계획 전략", 한국도시설계학회지

① 연구 목적 : 디지털 트윈을 활용하여 미래 모빌리티 시나리오 예측 및 도시계획 전략 제시

② 핵심 내용 : 미래 모빌리티 기술 발전 전망, 도시 공간 변화 예측, 디지털 트윈에서 시뮬레이션, 새로운 모빌리티 서비스 도입 전략

③ 시사점 : 미래 도시 환경 변화 대비 및 지속가능한 모빌리티 시스템 구축

5 멀티모달 AI 에이전트 기술 개발 트랜드 전망

멀티모달 AI 에이전트는 다양한 분야에서 혁신적인 변화를 가져올 것으로 예상된다.

(1) 개인 맞춤형 서비스 : 멀티모달 AI 에이전트는 사용자의 개별적인 특성과 상황에 맞춰 점진적으로 서비스를 개선하고, 최적화된 경험을 제공할 수 있다. 예를 들어, 사용자의 선호도, 행동 패턴, 건강 상태 등을 학습하여 개인에게 최적화된 콘텐츠, 상품, 서비스를 추천할 수 있다.

(2) 새로운 산업 발전 : 멀티모달 AI 에이전트 기반 점진주의 계획은 가상현실, 증강현실, 로봇, 자율주행자동차 등 새로운 산업 발전을 가속화할 것이

다. 예를 들어, 멀티모달 AI를 활용하여 사용자의 의도를 더욱 정확하게 이해하고 자연스럽게 상호 작용하는 로봇이나 가상 비서를 개발할 수 있다.

(3) 인간-컴퓨터 상호 작용의 진화 : 멀티모달 AI 에이전트는 인간과 컴퓨터 간의 상호 작용을 더욱 자연스럽고 직관적으로 만들어, 인간 중심의 기술 개발을 이끌 것이다. 예를 들어, 음성, 제스처, 표정 등을 인식하여 사용자의 감정과 의도를 파악하고 이에 따라 반응하는 AI 시스템을 개발할 수 있다.

Agentic AI : The promise of an always on expert partner, Linkedin

6 도시 계획 분야에서의 멀티모달 AI 에이전트와 디지털 트윈의 협력 및 활용

멀티모달 AI 에이전트는 디지털 트윈에서 생성된 다양한 데이터를 활용하여 도시 계획의 효율성을 높이고, 시민 참여를 증진시키며, 지속 가능한 도시 개발 목표를 달성하는 데 기여할 수 있다.

6. 1 도시 계획 과정에서의 활용

1) 도시 계획 과정에서의 활용

(1) 데이터 수집 및 분석 : 멀티모달 AI 에이전트는 디지털 트윈에서 생성된 텍스트, 이미지, 음성, 영상, 센서 데이터 등 다양한 형태의 데이터를 수집하고 분석한다. 예를 들어, 교통량 데이터, 대기 오염 데이터, 소셜 미디어 데

이터, 시민 설문 조사 데이터 등을 종합적으로 분석하여 도시 문제의 원인을 파악하고, 미래 도시 변화를 예측하여 도시 계획에 필요한 정보를 제공한다.

(2) 계획 시뮬레이션 : 멀티모달 AI 에이전트는 디지털 트윈을 활용하여 다양한 변수를 고려한 계획 시뮬레이션을 수행한다. 예를 들어, 새로운 도로 건설, 공원 조성, 건물 건설 등 다양한 계획 시나리오를 시뮬레이션하고, 교통 흐름, 환경 영향, 경제적 효과 등을 예측하여 최적의 계획안을 도출한다.

(3) 시민 참여 증진 : 멀티모달 AI 에이전트는 디지털 트윈을 통해 시민들에게 도시 계획 관련 정보를 시각적으로 제공하고, 챗봇이나 온라인 플랫폼을 통해 시민 의견을 수렴하여 계획에 반영한다. 예를 들어, 시민들이 디지털 트윈에서 직접 계획안을 수정하거나 의견을 제시할 수 있도록 하여 시민 참여를 증진시킨다.

(4) 의사 결정 지원 : 멀티모달 AI 에이전트는 도시 계획 전문가에게 다양한 정보와 분석 결과를 제공하여 의사 결정을 지원한다. 예를 들어, 다양한 계획 시나리오의 장단점을 분석하고, 각 시나리오의 예상 결과를 시각적으로 제시하여 전문가가 더욱 합리적인 의사 결정을 내릴 수 있도록 지원한다.

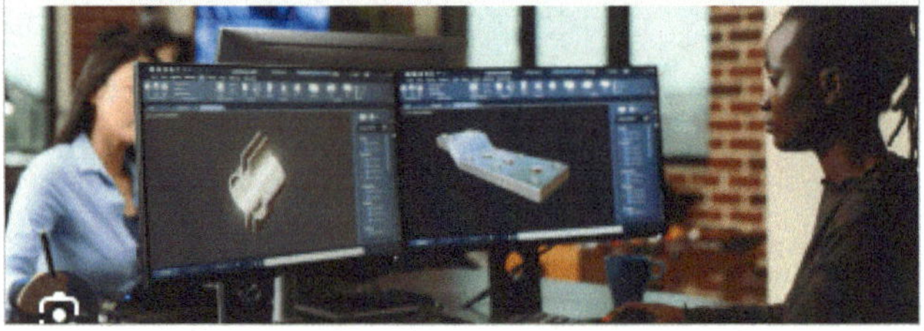

Digital Twins for Enhanced Decision-Making - Canada

2) AI 기반 "15분 도시" 구현 예

"15분 도시"는 주거, 직장, 상업, 교육, 문화, 의료 등 모든 필수적인 도시 기능에 15분 이내에 접근할 수 있도록 도시를 설계하는 개념이다. 멀티모달 AI 에이전트는 디지털 트윈을 활용하여 15분 도시 구현을 위한 최적의 도시 계획을 수립하는 데 기여할 수 있다.

예를 들어, 시민들의 이동 패턴, 생활 편의 시설 접근성, 교통 인프라 현황 등을 분석하여 15분 도시 개념에 부합하는 도시 공간 구조를 설계하고, 다양한 시나리오 시뮬레이션을 통해 최적의 계획안을 도출할 수 있다.

The Science behind the 15-Minute City | by Urban AI | Urban AI medium

6. 2 토지 이용 계획

(1) 최적 토지 이용 계획 수립 : 멀티모달 AI 에이전트는 인구 변화, 경제 성장, 교통량 증가 등 다양한 요인을 고려하여 디지털 트윈 상에서 최적의 토지 이용 계획을 시뮬레이션한다. 예를 들어, 주거 지역, 상업 지역, 공업 지역 등의 배치를 최적화하여 도시의 효율성을 높이고, 시민들의 삶의 질을 향상시키는 토지 이용 계획을 수립한다.

(2) 토지 이용 변화 예측 : 멀티모달 AI 에이전트는 과거 토지 이용 변화 패턴과 현재 도시 개발 동향을 분석하여 미래 토지 이용 변화를 예측한다. 예를 들어, 머신 러닝 기법을 활용하여 토지 이용 변화를 예측하고, 이를 토지 이용 계획에 반영하여 도시의 지속 가능한 발전을 도모한다.

6. 3 도시 건축 설계

1) 도시 건축 설계

(1) 건축물 디자인 최적화 : 멀티모달 AI 에이전트는 디지털 트윈에서 건축물 디자인을 시뮬레이션하고, 에너지 효율, 채광, 조망 등을 고려하여 디자인을 최적화한다. 예를 들어, 건축물의 형태, 재료, 배치 등을 조정하여 에너지 소비를 최소화하고, 쾌적한 실내 환경을 조성하는 건축물 디자인을 제시한다.

(2) 가상 환경에서 건축물 성능 평가 : 멀티모달 AI 에이전트는 디지털 트윈에서 건축물의 구조적 안정성, 내진 성능, 화재 안전성 등을 시뮬레이션하여 건축물 성능을 평가한다. 예를 들어, 지진, 화재 등 다양한 재난 상황을 시뮬레이션하여 건축물의 안전성을 평가하고, 개선 방안을 제시한다.

(3) 건물 관리 및 최적화 : 디지털 트윈은 HVAC 시스템과 같은 시설의 위치를 최적화하고 장비 상태를 관리하는 데 사용될 수 있다. 센서 데이터를 디지털 트윈에 통합하여 건물의 에너지 소비, 공기 질, 온도 등을 실시간으로 모니터링하고, AI 에이전트를 활용하여 에너지 효율을 높이고 유지보수를 최적화할 수 있다.

2) 생성적 AI와 도시 설계

생성적 AI는 텍스트, 이미지, 코드 등을 생성하는 AI 기술로, 도시 설계 분야에서 다양한 디자인 옵션을 생성하고 평가하는 데 활용될 수 있다 . 예를 들어, 생성적 AI를 활용하여 특정 조건 (예 : 용적률, 건폐율, 일조량)을 충족하는 다양한 건축물 디자인을 생성하고, 디지털 트윈에서 시뮬레이션을 통해 각 디자인의 성능을 평가하여 최적의 디자인을 선택할 수 있다. 또한, 생성적 AI를 활용하여 도시 공간 디자인, 조경 설계, 공공 시설물 디자인 등 다양한 분야에서 창의적인 디자인 옵션을 제시할 수 있다.

3) Top-down 및 Multi-scale 도시 설계

Top-down 도시 설계는 도시 전체의 거시적인 관점에서 계획을 수립하고, 이를 세부적으로 구체화하는 방식이다. 반면, Multi-scale 도시 설계는 다양한 스케일(예 : 도시, 지역, 블록, 건물)에서 계획을 수립하고, 각 스케일 간의 연계성을 고려하는 방식이다.

멀티모달 AI 에이전트는 디지털 트윈을 활용하여 Top-down 및 Multi-scale 도시 설계를 지원할 수 있다. 예를 들어, 도시 전체의 토지 이용 계획을 수립하고, 이를 기반으로 각 지역의 개발 계획, 블록 단위의 디자인 가이드라인, 건물 설계 등을 단계적으로 수행할 수 있다. 또한, 각 스케일에서 생성된 계획안을 디지털 트윈에서 시뮬레이션하여 계획의 효과를 평가하고, 스케일 간의 연계성을 검토하여 최적의 도시 설계를 도출할 수 있다.

Building a Digital Twin of the World with High-Definition Maps, Ecopia

6. 4 환경 계획

(1) 환경 영향 평가 : 멀티모달 AI 에이전트는 디지털 트윈에서 개발 사업으로 인한 환경 영향을 예측하고 평가한다. 예를 들어, 새로운 도로 건설, 공장 설립 등 개발 사업이 대기 오염, 수질 오염, 소음 등에 미치는 영향을 예측하고, 환경 친화적인 도시 계획을 수립할 수 있도록 지원한다.

(2) 대기 오염, 소음, 녹지 면적 등 환경 지표 분석 : 멀티모달 AI 에이전트는 디지털 트윈에서 다양한 환경 지표를 실시간으로 분석하고, 환경 문제 발생 시 신속하게 대응한다. 예를 들어, 대기 오염 센서, 소음 센서 등에서 수집된 데이터를 분석하여 환경 문제 발생 지역을 파악하고, 오염 저감 방안을 제시한다.

(3) 물-민감 도시 설계 : 디지털 트윈은 물-민감 도시 설계를 지원하여 도시의 물 순환 시스템을 개선하고 홍수, 가뭄 등 물 관련 재해를 예방하는 데 기여할 수 있다. 예를 들어, 강우량, 토양 침투율, 지표면 유출량 등을 시뮬레이션 하여 빗물 관리 시스템을 설계하고, 녹지 공간 조성, 투수성 포장 도입 등을 통해 도시의 물 순환을 개선할 수 있다.

6. 5 교통 계획

(1) 교통량 분석 및 예측 : 멀티모달 AI 에이전트는 디지털 트윈에서 교통량 변화를 실시간으로 분석하고, 미래 교통량을 예측하여 교통 혼잡을 완화하는 교통 계획을 수립한다. 예를 들어, 교통량 데이터, 차량 속도 데이터, GPS 데이터 등을 분석하여 교통 혼잡 지역을 파악하고, 우회 도로 건설, 대중교통 시스템 개선 등 교통 혼잡 완화 방안을 제시한다.

(2) 다양한 교통 시나리오 시뮬레이션 : 멀티모달 AI 에이전트는 디지털 트윈에서 새로운 도로 건설, 대중교통 시스템 개선 등 다양한 교통 시나리오를 시뮬레이션하고, 최적의 교통 계획을 도출한다. 예를 들어, 자율 주행 시스템

Leveraging digital twins to improve urban transport, SkedGo

도입, 새로운 대중교통 노선 설계 등 다양한 시나리오를 시뮬레이션하고, 교통 흐름, 안전성, 경제성 등을 평가하여 최적의 교통 계획을 수립한다.

6. 6 공원 녹지 계획

(1) 녹지 공간 확보 및 최적화 : 멀티모달 AI 에이전트는 디지털 트윈에서 도시 내 녹지 공간을 분석하고, 시민 접근성, 생태적 가치 등을 고려하여 녹지 공간 확보 및 최적화 계획을 수립한다. 예를 들어, 도시 내 녹지 공간의 분포, 면적, 접근성 등을 분석하고, 시민들이 녹지 공간을 더욱 편리하게 이용할 수 있도록 공원 조성, 녹지 연결, 옥상 녹화 등 다양한 방안을 제시한다.

(2) 도시 미기후 분석 및 개선 : 멀티모달 AI 에이전트는 디지털 트윈에서 도시 미기후를 분석하고, 녹지 공간 조성을 통해 도시 열섬 현상을 완화하는 계획을 수립한다. 예를 들어, 기온, 습도, 풍속 등 도시 미기후 데이터를 분석하고, 녹지 공간 조성을 통해 도시의 온도를 낮추고, 쾌적한 도시 환경을 조성하는 방안을 제시한다.

6. 7 모빌리티 분야

(1) 자율주행 시스템 최적화 : 멀티모달 AI 에이전트는 디지털 트윈에서 자율주행 시스템을 시뮬레이션하고, 다양한 상황에 대한 안전성 및 효율성을 평가

하여 자율주행 시스템을 최적화한다. 예를 들어, 교통량, 도로 환경, 날씨 등 다양한 변수를 고려하여 자율주행 시스템의 안전성을 평가하고, 자율주행 차량의 운행 경로, 속도, 신호 체계 등을 최적화한다.

(2) 새로운 모빌리티 서비스 계획 : 멀티모달 AI 에이전트는 디지털 트윈에서 새로운 모빌리티 서비스를 시뮬레이션하고, 시민 이동 편의 증진을 위한 계획을 수립한다. 예를 들어, 공유 자전거 시스템, 차량 호출 서비스, 드론 택배 서비스 등 새로운 모빌리티 서비스 도입 시 교통 흐름, 시민 편의성, 경제성 등을 평가하고, 최적의 서비스 운영 방안을 제시한다.

7 멀티모달 AI 에이전트와 디지털 트윈의 협력 단계

멀티모달 AI 에이전트는 디지털 트윈 기술과 도시 관리 라이프사이클의 각 단계에 맞춰 협력하여 최적의 효과를 달성해야 한다. 주요 협력 단계는 다음과 같다.

(1) 계획 수립 단계 : 멀티모달 AI 에이전트는 디지털 트윈에서 생성된 데이터를 기반으로 도시 문제를 분석하고, 미래 변화를 예측하여 계획 수립을 위한 기초 정보를 제공한다. 예를 들어, 도시의 인구 변화, 경제 성장, 토지 이용 변화 등을 예측하고, 이를 바탕으로 도시 계획의 목표, 전략, 우선 순위 등을 설정한다.

(2) 계획 시뮬레이션 단계 : 멀티모달 AI 에이전트는 디지털 트윈을 활용하여 다양한 계획 시나리오를 시뮬레이션하고, 그 결과를 평가하여 최적의 계획안을 도출한다. 예를 들어, 다양한 토지 이용 계획, 교통 계획, 환경 계획 등을 시뮬레이션하고, 각 계획안의 효과, 비용, 위험 등을 평가하여 최적의 계획안을 선택한다.

(3) 계획 실행 및 평가 단계 : 멀티모달 AI 에이전트는 디지털 트윈을 통해 계획 실행 과정을 모니터링하고, 실시간 데이터를 분석하여 계획 효과를 평가한다.

예를 들어, 계획 실행 후 교통량 변화, 환경 개선 효과, 시민 만족도 등을 모니터링하고, 계획의 효과를 측정하여 필요시 계획을 수정하거나 보완한다.

(4) 운영 및 유지보수 단계 : 디지털 트윈은 도시 인프라의 실시간 상태를 모니터링하고, AI 에이전트는 이 데이터를 분석하여 유지보수 필요 시점을 예측하고 최적의 유지보수 전략을 제시할 수 있다. 예를 들어, 도로, 교량, 상하수도 시설 등의 상태를 모니터링하고, AI 에이전트를 활용하여 유지보수 시점 및 방법을 최적화하여 도시 인프라의 효율적인 운영 및 관리를 지원할 수 있다.

8 나오는 말

멀티모달 AI 에이전트와 디지털 트윈 기술의 융합은 도시 계획 분야에 혁신적인 변화를 가져올 잠재력이 있다. 멀티모달 AI 에이전트와 디지털 트윈의 협력은 도시 계획 분야에 혁신적인 변화를 가져오고 있으며, 도시 문제 해결 및 지속가능한 도시 개발을 위한 핵심 전략으로 자리매김하고 있다.

참고문헌

1. Ecopia AI. (2023). Ecopia AI : Building a Digital Twin of the Earth. https ://www.ecopiatech.com/
2. Batty, M. (2018). The new science of cities. MIT press.
3. Park, S., & Lee, J. (2021). A Study on the Application of Digital Twin Technology for Smart City Planning. Journal of the Korean Society of Civil Engineers, 41(1), 1-11.
4. Geospatial World. (2022). Top 7 Digital Twin Companies to Watch in 2023.
5. Goodchild, M. F. (2018). Citizens as sensors : the world of volunteer geography. GeoJournal, 83(4), 593-606.

【저자 약력】

원제무

저자는 한양대 공대, 서울대 환경대학원, 미국 UCLA도시건축대학원을 졸업하고, MIT도시대학원에서 도시계획 및 교통계획 박사학위를 받았다.

저자는 귀국 후 KAIST 도시교통연구본부장, 서울시립대 도시공학과 교수, 서울연구원 선임연구위원 등을 거쳐 국토도시계획학회장과 한양대 도시대학원장을 거쳤다. 현재는 한양대 명예교수로 재직하면서 연구와 강의를 해오고 있다.

생성형 AI 도시 읽기

– 미래도시 라이프스타일과 함께 –

초판 인쇄 2025년 4월 5일
초판 발행 2025년 4월 10일

지은이 원제무
펴낸이 박노일

총괄기획 최준규
편 집 이상민

펴낸곳 pnc publishing and culture 피앤씨미디어
경기도 고양시 일산동구 강송로 153 310-1501
등록 제396-2012-000203호
전 화 070)7550-3758 팩 스 02)6280-3758
홈페이지 www.pncmedia.co.kr 이메일 pnc@pncmedia.co.kr
ISBN 979-11-5730-998-6 93500

정 가 28,000원